Las Vegas

3e édition
Alain L

We were somewhere around Barstow on the edge of the desert when the drugs began to take hold. I remember saying something like "I feel a bit lightheaded; maybe you should drive...."
And suddenly there was a terrible roar all around us and the sky was full of what looked like huge bats, all swooping and screeching and diving around the car, which was going about a hundred miles an hour with the top down to Las Vegas.

- Hunter S. Thompson
Fear And Loathing In Las Vegas

Nous étions quelque part autour de Barstow sur le bord du désert lorsque les drogues ont commencé à faire effet.
Je me souviens d'avoir dit quelque chose comme «J'ai la tête qui tourne, tu devrais peut-être prendre le volant...».
Puis, tout à coup, un rugissement terrifiant retenti autour de nous.
Le ciel était rempli de chauves-souris géantes, virevoltant, hurlant et plongeant sur notre voiture qui roulait à toit ouvert à plus de 100 milles à l'heure sur la route de Las Vegas.

mieux voyager

Auteur
Alain Legault

Mise à jour
Alexandra Gilbert

Éditeur
Olivier Gougeon

Éditrice adjointe
Marie-Josée Guy

Directeur de production
André Duchesne

Correcteur
Pierre Daveluy

Infographistes
Marie-France Denis
Bradley Fenton
Pierre Ledoux

Cartographes
Pascal Biet
Stéphanie Rivet

Photographies
Page couverture
Inmagine
Planches couleur
Las Vegas News Bureau
Dynamicgraphics
PhotoDisc
Las Vegas Monorail
© Le Cirque du Soleil/ Tomas Muscionico, Veronique Vial, Phillip Dixon
© Dreamstime.com/ Daniel Vineyard, Daren Horwood, Chee-onn Leong, Dan Klimke, Eric Foltz
© iStockphoto.com/ Brian Espinosa, Bill Dodge, Toby Fraley, Harry Thomas

Remerciements

Annick St-Laurent; Lisa M. Jacob, du Las Vegas Convention and Visitors Authority; Janet McGlone, de Las Vegas Monorail.

Les Guides de voyage Ulysse reconnaissent l'aide financière du gouvernement du Canada par l'entremise du Programme d'aide au développement de l'industrie de l'édition (PADIÉ) pour leurs activités d'édition.

Les Guides de voyage Ulysse tiennent également à remercier le gouvernement du Québec – Programme de crédit d'impôt pour l'édition de livres – Gestion SODEC.

Catalogage avant publication de Bibliothèque et Archives Canada

Legault, Alain, 1967 12 juin-

Las Vegas
3e éd.
(Guide de voyage Ulysse)
Comprend un index.
ISBN 13 978-2-89464-774-5
1. Las Vegas (Nev.) - Guides. I. Titre. II. Collection.

F849.L35L43 2006 917.93'1350434 C2006-940734-7

Bibliothèque et Archives nationales du Québec
Dépôt légal – Deuxième trimestre 2007
ISBN 13 978-2-89464-774-5
Imprimé au Canada

Sommaire

Liste des cartes

Liste des encadrés

Légende des cartes

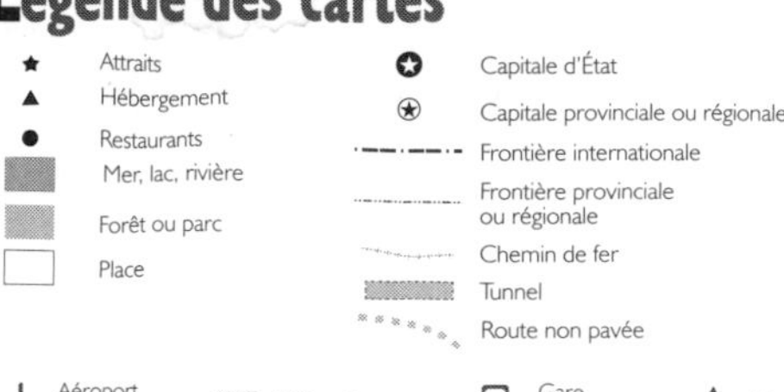

Symboles utilisés dans ce guide

- Air conditionné
- Animaux domestiques admis
- Baignoire à remous
- Casino
- Centre de conditionnement physique
- Coffret de sûreté
- Cuisinette
- Foyer
- Label Ulysse pour les qualités particulières d'un établissement
- Moustiquaire
- Piscine
- Réfrigérateur
- Restaurant
- Sauna
- Spa
- **P** Stationnement
- Télécopieur
- Téléphone
- Ventilateur
- ***pdj*** Petit déjeuner inclus dans le prix de la chambre
- bc Salle de bain commune
- *tlj* Tous les jours

Classification des attraits touristiques

★★★	À ne pas manquer
★★	Vaut le détour
★	Intéressant

Classification de l'hébergement

L'échelle utilisée donne des indications de prix pour une chambre standard pour deux personnes, avant taxe, en vigueur durant la haute saison.

$	moins de 70$
$$	de 70$ à 100$
$$$	de 101$ à 130$
$$$$	plus de 130$

Classification des restaurants

L'échelle utilisée dans ce guide donne des indications de prix pour un repas complet pour une personne, avant les boissons, les taxes et le pourboire.

$	moins de 15$
$$	de 15$ à 30$
$$$	de 31$ à 60$
$$$$	plus de 60$

Tous les prix mentionnés dans ce guide sont en dollars américains.

Les sections pratiques aux bordures grises répertorient toutes les adresses utiles. Repérez ces pictogrammes pour mieux vous orienter:

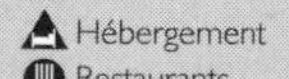

À moi...

Las Vegas!

Vous ne disposez que de quelques jours pour découvrir Las Vegas et ses secrets? Vous êtes branché casinos, spectacles à grand déploiement ou plein air? Quelles que soient la durée de votre séjour ou vos préférences, cette sélection d'attraits saura personnaliser votre découverte de *Sin City*, pour que ce voyage ne ressemble à aucun autre!

Las Vegas en temps et lieux

■ Quelques heures...

Si vous désirez découvrir plusieurs casinos d'intérêt, utilisez le **réseau de transport sur monorail**. Il vous permettra de vous déplacer plus rapidement entre les casinos et leurs attraits thématiques.

Naturellement, **une balade à pied sur le désormais légendaire *Strip***, le jour ou la nuit, constitue une aventure en soi, puisqu'elle vous initiera au merveilleux monde de la réplique et du factice. Visitez ainsi un peu de Paris, New York, Venise, les Tropiques et pourquoi pas l'Égypte... et ce, en un temps record.

Le **Mirage** renferme quelques curiosités qui valent le déplacement lorsqu'on dispose de seulement quelques heures. La nuit venue, son **volcan** en éruption éblouira les plus incrédules d'entre vous, tandis que son **Siegfried & Roy's Secret Garden and Dolphin Habitat** partage sans retenue tous les secrets liés aux dauphins et autres animaux d'Asie et d'Afrique dans un environnement tantôt aquatique, tantôt tropical.

■ Une journée...

Savourer l'Italie en une seule journée? C'est possible à Las Vegas. Le **Bellagio** et **The Venetian** proposent, outre leur casino, différentes activités diurnes et nocturnes de qualité. Le premier abrite la **Bellagio Gallery of Fine Art**, où sont présentées des expositions temporaires d'artistes de renom, et les **Fountains of Bellagio**, qui, sous des rythmes musicaux, transportent les visiteurs dans une fantaisie de jets d'eau sans pareille. Grâce au second, vous pouvez circuler en **gondole** guidé par un batelier en costume vénitien ou encore admirer les personnages de cire du **Madame Tussaud's Wax Museum**. The Venetian comprend aussi le **Guggenheim Hermitage Museum**, qui offre à la vue des passionnés d'art des chefs-d'œuvre prêtés par le célèbre musée de l'Ermitage, situé à Saint-Pétersbourg en Russie.

■ Un week-end...

Pour bien profiter d'un week-end à Las Vegas, sortez de la vie trépidante du *Strip* et offrez-vous une visite de l'impressionnant **Hoover Dam,** sis à 55 km de la ville. Ce magnifique barrage, né du génie humain durant la grande dépression, a été conçu notamment pour amadouer le cours turbulent du fleuve Colorado. Des **visites guidées** vous permettront d'arpenter les confins de cette structure de roc et de béton.

Le soir venu, et pour demeurer sous le thème de l'eau, courez voir **"O"** au **Bellagio**. Ce spectacle à large déploiement est le fruit de l'imagination débordante du **Cirque du Soleil**, dont la réputation n'est plus à faire.

■ Plusieurs jours...

Les amateurs de plein air pourront apprécier l'environnement désertique de *Sin City* au splendide **Zion National Park**, situé à environ deux heures de route de Las Vegas. Ce site naturel possède une géomorphologie spectaculaire qui procure un dépaysement garanti.

Las Vegas à la carte

■ Las Vegas des casinos

Un choix incomparable de casinos, aménagés dans de magnifiques hôtels regorgeant d'attraits en tous genres, s'offre aux joueurs en provenance du monde entier. Pour ne pas vous perdre en conjoncture, laissez-vous guider par les thèmes qui vous sont chers, afin de choisir un casino (ou plusieurs d'entre eux, si vous en avez le temps). Le **Luxor,** le **New York-New York**, le **Paris Las Vegas**, le **Bellagio** et **The Venetian** comptent parmi les plus visités.

■ Las Vegas nocturne

Sin City demeure sans contredit le paradis de la vie nocturne. La plupart des hôtels proposent un ou plusieurs spectacles aux visiteurs. Vous n'aurez que l'embarras du choix parmi les divertissements proposés dans les bars et les hôtels de la ville.

■ Las Vegas kitsch

La ville possède aussi son lot de curiosités qui vous feront sans doute sourire au passage. Visitez le **Liberace Museum**, qui évoque les belles heures de ce pianiste très populaire, roi incontesté de l'extravagance. Faites un saut à la **Graceland Wedding Chapel**, qui rend hommage, vous l'avez deviné, à Elvis Presley, le *King of Rock and Roll*.

■ Las Vegas vu d'en haut

La **Stratosphere Tower**, la plus haute tour d'observation des États-Unis selon la rumeur, comporte une **plateforme d'observation** offrant une vue étonnante sur la ville. De plus s'y trouvent trois manèges: le **Big Shot**, l'**Insanity The Ride** et le **X Scream**, qui promettent de surprendre les amateurs de sensations fortes.

Situation géographique dans le monde

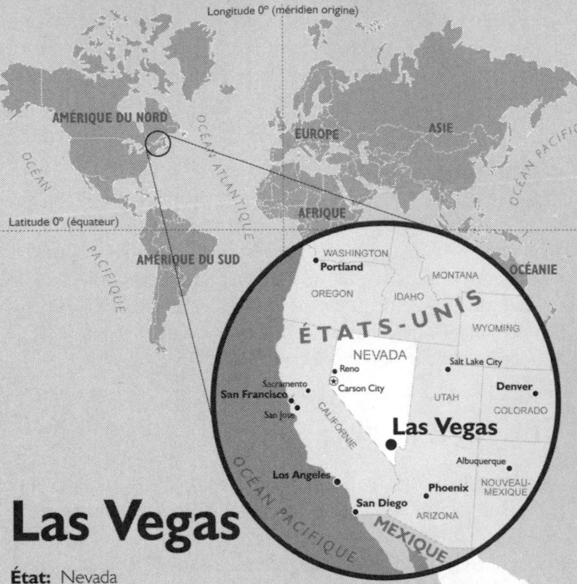

Las Vegas

État: Nevada

Superficie de la ville: 293 km²

Population de la ville: 545 000 habitants

Densité : 1 840 hab./km²

Climat: aride
Température moyenne en janvier:7,3°C
Température moyenne en juillet: 32,4°C
Record de chaleur: 47°C (juillet 1942)
Moyenne annuelle des températures: 19,3°C
Total des précipitations: 109 mm

Point le plus haut: Stratosphere Tower (350 m)

Fuseau horaire: Pacifique (UTC –8)

Latitude: 36° 11' N

Longitude: 115° 13' O

Langue: anglais

Monnaie: dollar américain

Las Vegas, surnommée d'abord *Sin City* (ville du péché), puis *The Entertainment Capital of the World* (la capitale mondiale du divertissement) demeure une destination touristique de premier choix. La ville accueille annuellement près de 38 millions de visiteurs, dont 80% proviennent de l'État de la Californie, qui prennent d'assaut les nombreux hôtels, casinos et salles de spectacle.

Cette ville, la plus grande du Nevada, est ceinturée de montagnes désertiques et se trouve dans un bassin aride. Son lieu de rendez-vous le plus populaire constitue ce qu'on appelle le *Strip*, un grand boulevard bordé de chaque côté par des hôtels-casinos spectaculaires.

Portrait

Par euphémisme, il suffit de prononcer le nom de «Las Vegas» pour susciter aussitôt moult réactions parmi les plus vives et les plus diverses.

Ville tape-à-l'œil, *Sin City*, capitale du jeu, lieu de déchéance pour les uns, source intarissable de divertissements, paradis du kitsch et du grandiloquent pour les autres, Las Vegas étonne, dérange, émerveille, choque, côtoie le burlesque le plus fou, mais parvient bizarrement à regrouper dans une même fresque, à la fois grandiose et dantesque, des pièces disparates de l'immense puzzle de l'histoire humaine.

Pour parvenir à ce grand déploiement, Las Vegas érige, les uns à la suite des autres, des hôtels-casinos thématiques qui caractérisent à grands traits et juxtaposent diverses civilisations, toutes dessinées à leur apogée et de façon très schématique; cela va de l'Empire romain à l'époque mythique où régnaient les chevaliers de la Table ronde du roi Arthur, en passant par l'époque non moins mythique d'Aladin ou des grandes pyramides d'Égypte, sans oublier de dépeindre l'aura qui baigne la romantique ville de Venise ou les grandes mégalopoles modernes que sont devenues New York ou Paris.

De petit bled paumé dans le désert à l'atmosphère virile et tapageuse qu'elle était il y a moins d'un siècle, Las Vegas rivalise victorieusement aujourd'hui avec les grandes métropoles du globe et semble toujours prête à hausser d'un cran la barre du défi en imaginant de bâtir le prochain méga-hôtel sur le seul critère de sa capacité à impressionner encore plus le visiteur.

Bien sûr, on ne peut parler de Las Vegas sans employer de superlatifs, autant pour évoquer ces fameux casinos thématiques qui laissent les badauds pantois que pour mieux les attirer dans l'antre fastueux et délétère du divertissement le plus échevelé. De plus, il n'y a pas d'horloges fixées aux murs des casinos, et encore moins de fenêtres. Car, peu importe les moyens employés pour attirer et séduire, le but ultime est d'amener les gens à se lancer avec plus de frénésie dans la fièvre du jeu jusqu'à en oublier le monde réel dans lequel ils vivent, comme des gamins pris au jeu qui oublieraient l'heure de rentrer à la maison. Ici, en effet, le long du *Strip*, principale artère qui s'allonge sur environ 5 km et qui canalise nuit et jour la circulation en tout sens de ces foules en délire à la recherche de divertissements, tout est mis en œuvre et savamment orchestré pour retenir l'attention de ces milliers de badauds et en même temps pour les étourdir: des millions de néons criards scintillant et brûlant des millions de watts, des battages publicitaires de rue aussi étourdissants qu'assourdissants, d'innombrables chapelles de mariage stéréotypées où le garçon d'honneur ressemble à un clone d'Elvis, sans oublier, bien sûr, les nombreux méga-hôtels thématiques tombant tous dans la démesure.

Voilà donc Las Vegas dans toute sa truculence multiforme et outrancière, oasis isolée sous le flamboyant soleil du Nevada, ville qui ne dort jamais et où l'on s'amuse jusqu'à en perdre haleine à parier sur à peu près tout et n'importe quoi.

Géographie

Las Vegas se trouve à l'intérieur du comté de Clark, dans le sud-est de l'État du Nevada. Les caractéristiques géologiques actuelles du Nevada sont le résultat de l'ensemble des mouvements qui ont affecté la croûte terrestre dans cette région du globe dans son lointain passé et des anciens climats ou paléoclimats qui ont façonné sa géographie telle qu'elle se présente aujourd'hui sous le nom de *range*, car les cours d'eau ne se déversent pas dans l'océan, mais plutôt dans des lacs.

La présence de profondes fissures, de régions vallonnées et de nombreuses petites chaînes montagneuses parallèles, séparées par d'innombrables vallées plus ou moins comblées de sédiments, sont aujourd'hui le résultat de la combinaison de ces phénomènes. Le relief est tantôt ondulé, tantôt accidenté mais désertique, donc très faiblement peuplé.

Las Vegas n'est qu'à 662 m d'altitude et est située à l'extrémité sud de l'État dans une large cuvette plate bordée de montagnes désertiques. Elle forme une énorme oasis dans cette vallée déserte. Cette prolifération de verdure dans le désert lumineux n'est possible que grâce à l'eau amenée depuis un lac artificiel tout proche dénommé Mead, résultat de la construction du Hoover Dam (barrage hydroélectrique).

Histoire

Comment s'écrit l'histoire d'une ville comme Las Vegas? Pour décrire la naissance presque shakespearienne de Las Vegas, au milieu du gangstérisme de quelques mafiosi et de la pusillanimité d'un peuple de rudes pionniers qui se livre (ou qu'on livre) soudain au jeu pour en venir à s'aplatir et à idolâtrer follement le dieu Argent, prenez d'abord un rêveur obsédé, beaucoup d'argent, faites vos jeux et lancez les dés. Mais avant tout, rappelons les faits.

■ Les origines

Des recherches archéologiques démontrent qu'il y a environ 15 000 ans des tribus nomades franchissent le détroit de Béring et peuplent les Amériques par vagues migratoires successives. Peu d'information existe sur les différents peuples avant l'arrivée des colonisateurs européens.

Avant l'arrivée des premiers colonisateurs, les Indiens Paiutes s'étaient installés dans l'actuelle région de Las Vegas. En 1819, un traité entre le Mexique et les États-Unis fixe la frontière entre les deux pays au 42e parallèle. Peu de gens se sont aventurés dans le sud du Nevada avant le XIXe siècle. Les chroniques de l'histoire rapportent qu'en 1829 un certain Rafael Rivera fut l'un des premiers Européens à avoir foulé cette lointaine contrée désertique et sans nom qu'il nomma Las Vegas, un mot espagnol qui signifie «les prés». En 1844, l'explorateur John Fremont écrit au sujet de Las Vegas, ce qui contribue à la faire connaître. C'est ainsi qu'autour de 1845 le nom de «Las Vegas» s'inscrit sur les cartes.

En 1848, le Mexique doit agiter le drapeau blanc devant les États-Unis. À la suite de cette défaite, le Mexique cède le Nevada aux États-Unis.

Alors que les colons, lors de la ruée vers l'or de 1849, se rendaient à San Francisco, la découverte d'un gisement aurifère au sud de Reno en 1859 déclenche une ruée frénétique de colons en quête de futures richesses. De nombreuses villes champignons jaillirent alors soudainement du désert aride, mais, lorsque les richesses furent épuisées, beaucoup d'entre elles disparurent aussi rapidement qu'elles étaient apparues. Toutefois, grâce à ses sources d'eau pour se ravitailler, Las Vegas devient un lieu de passage idéal sur le Spanish Trail, ce chemin allant de la Californie jusqu'au Nouveau-Mexique en passant par l'Utah et contournant le désert de l'Arizona. Le Spanish Trail est alors parcouru par des aventuriers qui, mus par la convoitise et la cupidité, et le cœur enflammé par la fièvre de l'or, alimentent la «ruée vers l'Ouest» en trimballant leurs sacs dans des chariots bâchés.

■ L'arrivée des mormons

Toujours vers le milieu du XIXe siècle, le tronçon du Spanish Trail reliant Los Angeles et l'Utah est surnommé *Mormon Trail* en raison de l'affluence des mormons qui parcourent sans cesse ce chemin. Certains d'entre eux décident de quitter Salt Lake City pour se mettre à la recherche de nouveaux territoires. Ils s'installent donc à Las Vegas en 1855 et y établissent un fort en adobe, sur le chemin reliant Los Angeles et Salt Lake City, qui servira de refuge et bientôt de retranchement pour propager leur doctrine en pays païen.

Les mormons tentent en effet de convertir à la foi chrétienne les Indiens Paiutes et de domestiquer leur nouvel environnement hostile en y cultivant des fruits et des légumes, mais sans grand succès. De plus, les mormons fabriquent des munitions, et ce, grâce au plomb découvert et extrait d'une mine située à environ 50 km de leur fort et appelée «Potosi». En dépit de son nom faisant allusion à la notoire mine de plomb argentifère exploitée jadis en Bolivie près de 300 ans plus tôt par les conquistadors espagnols, la mine Potosi du Nevada n'avait vraisemblablement pas les mêmes qualités et quantités de minerai.

La maigre récolte que la terre aride du désert parvenait à grand-peine à leur fournir, conjuguée à l'épuisement et à leur incapacité de se défendre efficacement contre les attaques incessantes des Amérindiens, obligea les mormons à baisser pavillon devant eux et à délaisser leur fort. Plus tard, toutefois, certains d'entre eux reviendront sur le théâtre des événements, et c'est ainsi qu'ils compteront parmi les tout premiers habitants de Las Vegas.

■ Le «cheval de fer»

Comme dans bien d'autres endroits à cette époque, le train est à l'origine de la croissance d'une ville. Dix ans avant la fin du XIXe siècle, en 1890, les magnats du chemin de fer de l'Union Pacific Rail Road se concertent et décident de construire une nouvelle voie ferrée pour relier la Californie au Nevada. Mais ce n'est que le 15 mai 1905 que ce projet voit officieusement le jour, avec l'arrivée à Las Vegas d'un petit train brinquebalant dans l'actuel Downtown Area, pétaradant et crachant des nuages de fumée noire et opaque, véritable héros de la conquête de l'Ouest.

Mais c'était déjà beaucoup d'honneur pour Las Vegas qui, à l'époque, n'était toujours qu'un petit village de cowboys frustes habité par une poignée d'hommes au visage mal rasé, brûlé par un soleil de plomb, portant ostensiblement le pistolet à la ceinture, qui passaient le plus clair de leur temps à jouer aux cartes tout en épanchant leur soif dans les fameux saloons mythiques qu'on voit dans les westerns. Le train observait une halte, le temps de décharger ses marchandises et de se ravitailler, pendant que la silhouette caractéristique des rapaces qui hantent le désert du Nevada se profilait à l'horizon pour venir survoler la scène et que des diligences soulevaient derrière elles un nuage de poussière comme on l'a si souvent vu dans les films.

C'est ainsi que Las Vegas se développa dans ce qu'on appelle aujourd'hui le Downtown Area autour de la gare ferroviaire située dans Fremont Street, à l'angle de Main Street. Peu à peu, des commerces ouvrirent leurs portes, et des maisons furent construites. À l'époque, la ville compte à peine 2 000 habitants. Cinq ans après l'arrivée du train, en 1910, les maisons de jeux deviennent illégales, mais de nombreux établissements clandestins s'affairent à perpétuer la tradition.

À l'instar de bien des villes, Las Vegas se moque de la Prohibition en s'affichant tolérante face aux problèmes de l'alcool, de la prostitution et de la contrebande de toutes sortes. Le krach boursier de 1929 et la grande dépression qui s'ensuit secouent la nation tout entière et n'épargnent pas Las Vegas. Durant toute cette période de troubles économiques successifs, plusieurs riches et moins riches personnages voient soudain s'écrouler leur fortune et se retrouvent ruinés sans préavis.

En 1931, le président Franklin D. Roosevelt s'attache à mettre en œuvre une série de travaux publics visant à relever le pays de ses ruines grâce à son plan de redressement, le *New Deal*. Entre-temps, l'*Assembly Bill 98*, mieux connu sous le nom de *Wide Open Gambling Bill*, est voté en 1930 par l'État du Nevada; dès lors, les jeux d'argent redeviennent légaux dans cet État du Far West. De plus, les divorces sont aussi légalisés dans tout l'État, la prostitution est florissante, et l'alcool coule à flots dans les saloons.

Après l'arrivée du train, Las Vegas passe en seconde vitesse en 1931 avec la construction du Hoover Dam, qui fournit du travail à bien des gens en cette période tumultueuse. Merveille de l'ingénierie moderne, le Hoover Dam (barrage hydroélectrique) changera à tout jamais le visage du Sud-Ouest américain. Les travaux de construction ne s'achèvent que quatre ans plus tard, en 1935. À l'époque, Las Vegas compte un peu moins de 10 000 habitants.

■ La naissance du *Strip*

Il faut toutefois attendre 1941 avant que ne soit construit, à quelques kilomètres au sud du Downtown Area, le premier chic hôtel-casino, l'El Rancho, situé à l'angle de Sahara Avenue et de Las Vegas Boulevard. À l'époque, cet hôtel dont le style imitait celui des établissements de Miami Beach totalisait 63 chambres. Sans le savoir encore, la première pierre de ce qui allait devenir le célèbre *Strip* était posée. Deux ans plus tard, en 1943, The Last Frontier ouvre ses portes et devient le deuxième hôtel-casino sur le *Strip*.

Cinq ans après l'inauguration de l'El Rancho, l'histoire de Las Vegas prend une tournure inattendue lorsque le gangster notoire Benjamin «Bugsy» Siegel inaugure le 26 décembre 1946 le désormais célèbre Flamingo Hotel, qui s'affiche d'emblée comme le premier hôtel-casino de luxe créé pour satisfaire les besoins des rupins avides de lucre et de plaisir. Les habitants purent alors observer d'un air incrédule une ribambelle de stars et d'artistes, drapés de somptueux atours, débarquer en grande pompe dans leur ville en faisant assaut d'élégance, tel un défilé de mode. Durant la soirée d'ouverture, les musiciens brûlaient les planches pendant que le champagne coulait à flots pour les célébrités de passage qui affichaient un sourire étincelant tout en s'échangeant en public des poignées de main ou des baisers. Ce fut comme une traînée de poudre, et l'apparition du Flamingo Hotel eut un effet sans précédent sur l'avenir de Las Vegas, mais sonna en même temps le glas de son créateur et propriétaire, Benjamin «Bugsy» Siegel: il fut assassiné moins d'une année après l'ouverture de l'hôtel.

Benjamin «Bugsy» Siegel

De toute évidence, le destin de Las Vegas a basculé vers le futur scintillant des villes américaines les plus prospères grâce à la persévérance du gangster notoire Benjamin «Bugsy» Siegel. Traînant avec lui une réputation de dur au passé louche ponctué de détails scabreux, ce gangster avéré à l'âme teigneuse fut obsédé par l'indicible désir de construire un casino de luxe au sein de l'aride désert du Nevada. Fort en gueule, la gâchette facile, il se bâtit une réputation de téméraire sanguinaire, affichant une rare cruauté face à tous ceux qui ne partageaient pas son opinion et ne tolérant aucune remarque impertinente venant d'autrui. Siegel ne recula devant rien pour assurer son omnipotence et fut pratiquement accusé de tous les vices imaginables qui noircissent le code criminel, mais ne fut jamais pris au piège.

Vers le milieu des années 1930, il quitte New York pour aller «travailler» à Los Angeles, à la demande de ses patrons. L'histoire raconte qu'autour de 1945 cet illustre individu aux épaules carrées et à la coiffure gominée impeccable rêvait d'ériger un hôtel-casino pour séduire le gratin de la société et être admis en son sein. Il parvint à emprunter un million de dollars à quelques-uns de ses acolytes du monde interlope (entres autres Lucky Luciano et Meyer Lansky) pour financer son mégaprojet. La Seconde Guerre mondiale se terminait; par conséquent, les matériaux de construction nécessaires à l'érection de son palace étaient des denrées rares et coûteuses. Le projet initial devait coûter un million de dollars. Lorsque les travaux furent presque achevés, la facture s'élevait déjà à six millions de dollars, une bagatelle!

Il va sans dire que les associés de Siegel n'étaient pas entièrement satisfaits du montant qu'il avait fallu débourser. Malgré tout, l'hôtel déroule le tapis rouge le 26 décembre 1946 pour la brochette de célébrités invitées à parader au gala d'ouverture du Flamingo Hotel. Il fallut toutefois quelque temps avant que d'autres clients ne viennent ici injecter leurs billets verts pour faire marcher l'hôtel.

En effet, la ville de Las Vegas n'était pas encore tout à fait prête pour ce type d'établissement. Ainsi, le Flamingo ferma ses portes au début de janvier 1947, pour les rouvrir trois mois plus tard, au mois de mars. Évidemment, l'argent tardait à entrer. La patience n'étant pas une vertu majeure parmi les mafiosi, ces derniers décidèrent de régler définitivement son compte à Siegel.

Dans la nuit du 20 juin 1947, quelqu'un muni d'une arme à feu s'infiltra à l'intérieur de la maison de la copine de Siegel, Virginia Hill, et tira plusieurs projectiles en direction de Bugsy Siegel. Quelques secondes plus tard, son corps roidi par la mort gisait dans une mare de sang. À date, ce meurtre n'a jamais été élucidé.

Par ailleurs, quand la Seconde Guerre mondiale éclate, la base militaire de Nellis sert à former des pilotes de chasse américains. Plusieurs d'entre eux s'installeront définitivement à Las Vegas après la guerre, ce qui contribuera d'autant à accroître la population de la ville.

■ Les folles années de *Sin City*

Au cours des années 1950, dans l'allégresse de la mort de Siegel, la mafia s'infiltre dans les maisons de jeux et prend le contrôle de la ville; l'anarchie s'installe, et tous les démons sortent de leurs boîtes. De plus, Las Vegas tisse des liens avec la délurée localité ouest-américaine du célèbre quartier de Los Angeles devenue la «Mecque» du cinéma américain: Hollywood. Par conséquent, Las Vegas voit défiler dans ses salles de spectacle une kyrielle de stars comme Frank Sinatra et son *Rat Pack*, Ella Fitzgerald, Bill *Bojangles* Robinson, Clark Gables, Marilyn Monroe et Lana Turner. Toutes ces grandes vedettes du septième art, du music-hall ou de renommée quelconque accouraient ici pour se donner en spectacle ou parader et

Événements marquants

1904: un train pétaradant arrive à Las Vegas.

1909: les maisons de jeux deviennent illégales.

1928: le Congrès donne son aval à la construction du Hoover Dam.

1931: les maisons de jeux sont légalisées.

1941: El Rancho Grande ouvre ses portes.

1946: Benjamin «Bugsy» Siegel inaugure le Flamingo Hotel.

1951: la première mise à feu de la bombe atomique a lieu au nord-ouest de Las Vegas.

1955: le premier hôtel-casino gratte-ciel, le Riviera, se dresse sur le *Strip*.

accroître ainsi leur visibilité aux yeux des fans, mais surtout pour avoir du plaisir, beaucoup de plaisir.

Dans la même décennie, plusieurs casinos ouvrent leurs portes. En 1955, deux casinos déroulent le tapis rouge: le Dunes et le New Frontier. Quatre années se sont écoulées lorsqu'en 1959 le premier casino «gratte-ciel», le Riviera Hotel, s'élance sur neuf étages. Incapables de louer leur pléthore de chambres d'hôtel, les propriétaires décident d'offrir des nuitées gratuites à toute personne munie de billets verts à dépenser en s'adonnant librement au jeu dans leur casino. Le système des *comps* (gratuités) vient d'être inventé.

En outre, les années 1950 à Las Vegas sont fertiles en événements mondains et en amourettes plus ou moins frivoles ou voluptueuses voguant au gré des lubies des gens fortunés et frisant parfois le stupre. Bref, à cette époque, on a les mœurs plutôt dissolues et relâchées à Las Vegas, et dès lors il ne faut pas s'étonner que des scandales à répétition tiennent souvent l'avant-scène, alimentés par des gens sans scrupules ne cherchant qu'à éblouir par l'appât du gain et l'argent facile. En effet, tous les moyens sont bons pour inciter les joueurs fortunés à fréquenter le plus longtemps possible les casinos de la ville. Dans ce dessein inavouable, on va jusqu'à fournir gratuitement de l'alcool au client ou encore des repas plantureux, et l'on n'hésite pas non plus à placer artificiellement sur son chemin des prostituées aguichantes aux regards concupiscents, aux mains véloces et à la robe outrageusement décolletée. C'est à cette époque, donc, au milieu de tous ces artifices, et de ce tumulte mondain bien entretenu par ceux qui en tiraient le plus de profit, que la ville fut publiquement affublée du sobriquet de *Sin City*: la ville du péché. Toujours à la même époque, des bases militaires furent construites au nord-ouest de la ville, qui n'a aucune peine à s'étaler dans le désert environnant et à prendre ainsi des allures de ville champignon.

Les années 1960 représentent une période noire pour la nation entière. La crise des missiles éclate, Kennedy est assassiné, le mouvement des droits civiques prend de l'ampleur. Las Vegas poursuit toutefois cahin-caha sa croissance et accède à une autre étape significative de sa courte histoire lorsqu'en 1966 elle élève encore la barre d'un cran avec l'érection de l'opulent Caesars Palace.

■ L'ère de Howard Hughes

Le millionnaire Howard Hughes a fait fortune dans différents domaines comme les télécommunications, l'hôtellerie, l'aviation, l'immobilier et les casinos. Personnage un peu fantasque, loufoque et mystérieux, il débarque à Las Vegas en 1967 et s'installe au Desert Inn, l'un des hôtels les plus chics de l'époque,

1957: le luxueux Tropicana est inauguré en grande pompe, et le Dunes présente le premier spectacle de *showgirls* à la poitrine dénudée.

1960: les *Folies Bergères* sont présentées au Tropicana.

1963: le McCarran Airport ouvre ses portes.

1966: le Caesars Palace voit le jour.

1967: Elvis Presley et Priscilla Beaulieu se marient à l'Aladdin.

1978: Leon Spinks gagne par décision le championnat mondial des poids lourds contre Muhammad Ali.

1980: un incendie meurtrier au MGM (aujourd'hui le Bally's) enlève la vie à 84 personnes, et 679 autres sont blessées.

1989: le Mirage est inauguré.

1990: l'Excalibur est érigé et se targue d'être le plus grand hôtel du monde grâce à ses quelque 4 000 chambres.

1993: le milliardaire Kirk Kerkorian détrône l'Excalibur en inaugurant le MGM Grand (plus de 5 000 chambres).

1993: première de *Mystère*, le premier spectacle du Cirque du Soleil à avoir été présenté dans la capitale du jeu.

1994: le spectaculaire New York-New York déroule le tapis rouge.

1998: Steve Wynn hausse encore une fois la barre d'un cran en inaugurant le Bellagio.

1999: The Venetian et le Paris Las Vegas ajoutent une autre pierre au mythe de Las Vegas.

et occupe toutes les chambres de l'étage supérieur. Fait plus étrange encore, on ne le voit jamais dépenser un sou dans les casinos et encore moins sortir de sa suite. Les tenanciers associés directement à la mafia voulaient sortir Hughes de là afin de pouvoir louer les chambres à des joueurs compulsifs bien argentés. Malheureusement pour eux, Hughes se plaisait dans sa nouvelle demeure, tant et si bien qu'il décida tout simplement d'acheter l'hôtel pour la somme de 13 millions de dollars. Peu après, il se lança dans une frénésie de dépenses pour acheter des hôtels çà et là et insuffler un peu d'air frais dans ce milieu animé essentiellement jusque-là par la mafia.

Trois années plus tard, Hughes était l'heureux propriétaire de six casinos, de plusieurs propriétés, d'un aéroport et d'une compagnie aérienne. Grâce à lui, plusieurs investisseurs et entreprises respectables décidèrent à leur tour de s'installer dans la capitale du jeu. Peu à peu, l'influence de la mafia commençait à diminuer.

■ Les années 1970

Lorsque Atlantic City, au New Jersey, décide à son tour d'obtenir sa part du gâteau de l'argent facile en légalisant en 1976 le jeu sur son territoire, Las Vegas remet rapidement les pendules à l'heure et n'hésite pas à surenchérir en construisant de nouveaux casinos plus tape-à-l'œil que jamais.

Las Vegas se réveilla toutefois brutalement le 21 novembre 1980, lorsque 84 personnes périrent et 679 autres furent blessées dans un incendie à l'intérieur du MGM, aujourd'hui le Bally's. Peu après, la propriété fut rachetée par de nouveaux investisseurs qui prirent les mesures de sécurité nécessaires de sorte que ce triste événement ne se reproduise plus.

2000: l'Aladdin rouvre ses portes.

2003: ouverture du THEhotel at Mandalay Bay, qui propose 1 117 suites luxueuses.

2005: alors que *Sin City* célèbre son 100e anniversaire, Steve Wynn inaugure son plus récent hommage à l'opulence et à l'ostentation: le Wynn Las Vegas.

2006: première du dernier-né des spectacles du Cirque du Soleil: *LOVE*.

■ Le Las Vegas contemporain

À l'ère des extrêmes, Las Vegas donne une nouvelle dimension à la formule bien connue qu'est *bigger is better*. En 1989, le Mirage, avec son désormais célèbre volcan géant crachant ses entrailles, ouvre ses portes et va donner à la ville un essor fulgurant qu'elle n'a pas encore connu. Les années 1990 verront un boom fulgurant de projets d'hôtels-casinos.

L'année suivante, l'Excalibur voit le jour et modifie encore le visage de la ville en reproduisant la cour du roi Arthur et la quête chimérique du Saint-Graal. En 1993, le Luxor dresse son imposante pyramide de verre gardée par un gigantesque sphinx. Le 15 octobre 1998, on accède à une autre étape avec l'érection du méga-complexe hôtelier, Bellagio, qui a coûté, non moins de, 1,7 milliard de billets vert américains. En 1999, c'est au tour de l'hôtel-casino The Venetian d'être inauguré en grande pompe. La même année, le Paris Las Vegas déroule à son tour le tapis rouge grâce aux 760 millions insufflés par les propriétaires. Las Vegas a souligné l'arrivée du nouveau millénaire avec une version améliorée et fastueuse de l'Aladdin. En 2003, le Mandalay Bay ouvre THEhotel, une tour supplémentaire qui n'offre que des suites comme possibilités d'hébergement. D'ailleurs, les établissements de Las Vegas commencent à diversifier aussi leur offre en se dotant de copropriétés locatives.

Puis, en 2005, la ville célèbre le 100e anniversaire de sa fondation. Pour souligner cet anniversaire, le dernier-né de Steve Wynn parvient à surpasser tout ce qui avait été créé auparavant: le Wynn Las Vegas, un hôtel de 60 étages construit au coût de... 2,7 milliards de dollars!

Population

Peu après la Seconde Guerre mondiale, le Nevada était l'État le moins peuplé des États-Unis, et Las Vegas disputait le titre de la plus grande ville de l'État à Reno. Au début des années 1970, la population totale de Las Vegas se chiffrait autour de 275 000 habitants. De nos jours, Las Vegas a largement distancé Reno avec ses quelque 575 000 habitants. La grande région de Las Vegas compte désormais plus d'un million et demi d'habitants, et les démographes ont prévu qu'elle allait atteindre la barre des 2 000 000 aux alentours de 2010. Las Vegas compte parmi les villes américaines ayant connu la plus forte croissance au cours des 30 dernières années. Elle porte le titre de la plus importante agglomération urbaine des États-Unis à avoir vu le jour au XXe siècle.

Mais vous l'aurez compris: dans la capitale du jeu, le nombre de visiteurs surpasse de loin le nombre des habitants. En effet, Las Vegas accueille environ 20 visiteurs... pour chacun de ses habitants!

Économie

Soyons clairs: les chiffres sont on ne peut plus éloquents. Imaginez un court instant combien d'argent peuvent insuffler 37 millions de visiteurs par année dans une économie locale... Eh bien, c'est le phénomène qui se déroule actuellement à Las Vegas. En effet, l'industrie touristique connaît une croissance phénoménale depuis la fin des années 1980; elle représente la principale source de revenus de la ville. La croissance économique de Las Vegas est directement liée à l'industrie touristique et à son centre des congrès, l'un des plus achalandés du pays, qui reçoit année après année de nombreux congressistes de par le monde. À eux seuls, les casinos ratissent plus de sept milliards de dollars chaque année.

Sécurité

Au fil des heures et des jours, vous perdez beaucoup d'argent dans les casinos? Vous avez l'impression que les casinos vous font la nique et vous volent sans ambages? Vous avez raison, mais c'est légal car vous êtes consentant jusqu'à un certain point, et vous courez toujours la chance de gagner, ce qui bien souvent n'est que du rêve, mais il a son prix. Et si, plein de rancœur, vous songez à appliquer le vieil adage «œil pour œil, dent pour dent» et que vous envisagez un instant d'essayer de tricher au jeu, vous feriez mieux de surseoir au plus vite à cette idée. Chaque casino dispose en effet d'un système de sécurité hors du commun, avec des caméras, visibles ou non, qui jouent les sentinelles partout, ainsi que des gardes en civil prêts à réagir à tout moment, si bien que vous seriez vite pris en flagrant délit, vos chances d'échapper à ce système de surveillance très perfectionné et gigantesque étant véritablement infimes, bien plus faibles en tout cas que celles de finalement gagner après beaucoup de malchance au jeu.

De plus, plusieurs chaînes de télévision et d'entreprises du septième art utilisent Las Vegas et ses environs comme toile de fond à leurs prises de vues. Cela fait bien des gens qui, en plus des touristes, viennent dépenser leurs billets verts dans l'hébergement, la restauration et bien d'autres commerces.

Plus de la moitié des travailleurs de Las Vegas sont employés dans le secteur des services, dont 20% travaillent dans les casinos. Le marché de l'emploi de la ville est celui qui connaît la plus forte croissance aux États-Unis, avec un taux de chômage de seulement 4%. À lui seul, le Bellagio emploie quelque 9 000 personnes. Cependant, il faut bien comprendre que le salaire de ces employés n'a absolument rien à voir avec le faste ambiant, et que l'argent qui circule dans la ville provient de l'extérieur...

Avec l'accroissement rapide de la population, le développement de plus en plus impressionnant des méga-hôtels et le

Les 100 ans de Las Vegas

En 2005, Las Vegas a fêté son 100e anniversaire. Fondée en 1905 par quelques aventuriers, la capitale du jeu a bien évolué...

Il n'y a pas que son achalandage qui soit spectaculaire, bien qu'il soit pertinent de souligner qu'en 2004 quelque 37 millions de visiteurs ont foulé le sol de la ville. Les profits générés par ses casinos rapportent annuellement sept milliards de dollars à l'État. Et les copropriétés qui s'y construisent à une vitesse foudroyante, à même les propriétés des méga-hôtels, se vendent plusieurs centaines de milliers de dollars – parfois même jusqu'à un million de dollars – avant même que soit achevée leur construction. *Sin City* n'a certes pas terminé de grandir...

récent avènement d'un engouement pour les copropriétés, le développement immobilier constitue un secteur florissant de l'économie de Las Vegas.

L'industrie des mariages est également florissante. En effet, chaque année, plus de 110 000 couples achètent un permis pour convoler en justes noces. Si l'on considère que chaque couple doit débourser un minimum de 100$ pour officialiser le mariage, le calcul mathématique est fort simple... De plus, la base militaire de Nellis emploie aussi bon nombre de personnes qu'elle va recruter à l'extérieur pour les faire vivre dans la région. Enfin, mentionnons que le Nevada occupe le premier rang parmi les États américains producteurs d'or et d'argent.

Architecture

«Architecture?» répéteront à la cantonade certains sceptiques. Las Vegas a en effet changé de peau plus souvent qu'un serpent, si bien qu'il est difficile de la caractériser et de la ranger dans un style architectural particulier.

Steve Wynn

Las Vegas doit son image contemporaine à l'homme le plus puissant du Nevada, le richissime promoteur Steve Wynn. Vers la fin des années 1970, Steve Wynn n'était qu'un jeune cadre ambitieux qui s'occupait du Golden Nugget. Puis il s'associa avec Michael Milken pour créer un nouveau prototype de complexe hôtelier axé sur la famille. Ensemble, ils achetèrent plusieurs casinos sur le *Strip*, entres autres le Castaways et le Silver Slipper, simplement pour les détruire afin d'en reconstruire des plus gros et des mieux adaptés aux besoins d'une clientèle de plus en plus exigeante. Son premier hôtel, le Mirage, avec son désormais célèbre volcan, connut un vif succès qui mena à une vague de destruction des établissements jugés obsolètes. Depuis, le Bellagio se dresse sur la propriété du Dunes et le Venetian sur celle du Sands. Bref, Wynn a clairement établi les nouveaux standards pour les casinos du troisième millénaire.

Après avoir vendu ses parts au géant MGM Grand, Steve Wynn a racheté le Desert Inn, rendu célèbre par Howard Hughes, afin d'ériger en lieu et place un établissement encore plus luxueux que le Bellagio et aux dimensions encore plus pharaoniques que le Venetian: le Wynn Las Vegas, dont l'ouverture a été célébré le 28 avril 2005.

Au début du XXe siècle, la ville n'était qu'un petit bled du Far West peuplé de quelques saloons. Puis, lorsque le Flamingo Hotel a ouvert ses portes en grande pompe, ce fut le début d'une vague de construction d'hôtels adoptant le même style architectural (plages en moins) que celui qui a marqué les années 1950 et 1960 à Miami Beach: vastes complexes hôteliers à l'architecture moderne faite de béton, de verre et d'acier, avec, en façade, une débauche de tubes au néon aux couleurs fluorescentes scintillant dans la nuit. À titre d'exemple, mentionnons le Tropicana et le Riviera. L'architecture de Las Vegas prend une autre ampleur en 1966 avec l'érection du Caesars Palace, le premier hôtel thématique de la ville.

Steve Wynn inaugura le Mirage dans les années 1980. L'architecture de Las Vegas prit alors un autre virage insoupçonné, car bien des gens croyaient qu'un hôtel thématique construit autour d'un concept tropical caractérisé par un vaste décor extérieur au centre duquel un volcan crache ses entrailles le soir venu était l'œuvre d'un excentrique fantoche à laquelle s'ajoutait une grossière erreur de jugement. Mal leur en prit, car c'était justement ce dont la ville avait besoin pour se donner une identité propre: des casinos thématiques avec une touche d'élégance. C'est ainsi que la ville de Las Vegas est devenue non seulement la capitale du jeu, mais aussi un endroit fantasque où des lieux géographiques associés à des contrées lointaines apparaissent soudain sur le *Strip*, comme un vaisseau spatial fantomatique nimbé de lumière et pur produit de l'imaginaire collectif et débridé des promoteurs.

Arts et spectacles

Plusieurs vedettes de la scène ont fait la gloire de Las Vegas en brûlant les planches pour le grand plaisir d'un public en délire. Parmi les grands qui contribuèrent à la renommée de la scène de Las Vegas, nous retrouvons **Liberace.** Flamboyant pianiste né à Milwaukee, au Wisconsin, Walter Valentino Liberace changea son nom en 1950 pour «Liberace», tout simplement. Il débuta sa carrière en jouant dans le Midwest américain et se fit connaître par sa virtuosité au piano. Cinq ans plus tard, en 1955, Liberace se produit au chic Riviera Hotel à Las Vegas et devient l'un des artistes les mieux rémunérés de la ville, avec un cachet de 50 000$ par semaine. Sa carrière semble plafonner dans les années 1960, mais il continua fidèlement à se produire à Las Vegas. En 1971, il se donne en spectacle au Caesars Palace affublé d'un costume extravagant bleu-blanc-rouge et paré de nombreux bijoux tintinnabulants et de bagues voyantes. Incarnant une élégance vestimentaire un peu tapageuse et ostentatoire, mais qui semble plaire à bien des fans inconditionnels, Liberace fait peu à peu sa marque en étant toujours drapé de façon à s'afficher dans une masculinité ambiguë et bizarre qui faisait souvent l'objet de moqueries. The Liberace Museum fut inauguré en 1979 à Las Vegas en son honneur. Liberace s'est éteint le 4 février 1987 dans sa demeure de Palm Springs.

Frank Sinatra a également marqué Las Vegas de sa présence. Il n'était qu'un chanteur en devenir avant de lancer brillamment sa carrière à Las Vegas à la fin des années 1940. Né le

Las Vegas et le septième art

On pourrait noircir des pages entières sur les nombreux films qui ont utilisé Las Vegas comme toile de fond. En effet, plus de 200 films, en incluant des documentaires, des courts métrages et des longs métrages, furent tournés en partie ou en totalité dans la capitale du jeu. En voici quelques-uns.

Diamonds Are Forever: en 1971, le célèbre James Bond, agent 007, se rend à Las Vegas afin d'enquêter sur la disparition de diamants.

The Godfather: Part II: l'excellent film de Francis Ford Coppola de 1974, qui met en scène la famille Corleone et la brillante interprétation d'Al Pacino, a également été tourné en partie dans les casinos de Las Vegas.

Bugsy: sorti en 1991, le film raconte l'histoire, comme son nom l'indique, du célèbre gangster Benjamin «Bugsy» Siegel et son obsession à vouloir construire le chimérique Flamingo Hotel. Il met en vedette Warren Beatty dans le rôle de «Bugsy».

Casino: sorti en 1995, ce superbe film de Martin Scorsese, inspiré du livre *Casino* de Nicholas Pileggi, met en vedette une brochette d'acteurs de renom: Robert De Niro, Joe Pesci et Sharon Stone. Le film illustre les années folles de Las Vegas, lorsque la mafia y faisait régner son régime de terreur, ce qui lui a valu le surnom de *Sin City*.

The Burger and the King: ce documentaire a été tourné en 1995 par la BBC sur les habitudes alimentaires particulières d'Elvis Presley. S'inspirant d'interviews donnés du vivant de l'artiste dans différents médias, *The Burger and the King* brosse un portrait finalement peu flatteur de celui qu'on surnommait *The King*.

Leaving Las Vegas: sorti en 1995, ce film est un drame intimiste qui raconte l'histoire d'une prostituée (Elisabeth Shue) qui devient amoureuse d'un écrivain alcoolique aux tendances suicidaires. Grâce à sa prestation, Nicolas Cage s'est vu attribuer l'oscar du meilleur acteur.

The Rat Pack: ce long métrage sorti en 1998 relate les joies, les succès et les déboires du célèbre *Rat Pack* (Frank Sinatra, Dean Martin et Sammy Davis, Jr.) ainsi que son allégeance politique envers John F. Kennedy.

Fear and Loathing in Las Vegas: réalisée en 1998 par le brillant Terry Gilliam, qui adapte dans ce film le livre de Hunter S. Thompson, cette œuvre cinématographique relate l'histoire d'un journaliste sportif (Johnny Depp) et de son complice (Benicio Del Toro) dans un état d'hallucination permanent, roulant en bagnole jusqu'à Las Vegas en 1971, pour assurer la couverture d'une course de motocyclettes dans le désert. Le film n'a pas connu un grand succès commercial, mais Gilliam parvient à merveille à plonger le spectateur dans le monde trouble et décadent de la drogue, grâce à des plans saisissants et à des images fabuleuses. Il s'agit d'un long métrage destiné sans doute à un public culte.

Ocean's Eleven: la version originale de ce film a été tournée en 1960 par le réalisateur Lewis Milestone. Il s'agissait d'une comédie dramatique qui mettait en vedette Frank Sinatra et Dean Martin. La version de *Ocean's Eleven* (2001) est l'œuvre de Steven Soderbergh (*Traffic*; *Solaris*; *Sex, Lies, and Videotape*; *Full Frontal*). Un homme (George Clooney) sortant de prison orchestre le cambriolage de casino le plus audacieux de l'histoire durant la nuit d'un grand match de boxe. Les trois casinos utilisés en toile de fond sont le Bellagio, le Mirage et le Treasure Island. Belle brochette d'acteurs de renom: George Clooney, Andy Garcia, Matt Damon, Brad Pitt et Julia Roberts. Soderbergh fit appel à la même distribution pour la suite, *Ocean's Twelve* (2004), mais cette fois-ci l'action se passait à Rome, à Paris et à Amsterdam.

12 décembre 1915, Frank «The Voice» Sinatra a connu une carrière tout simplement phénoménale. Il affiche en effet une feuille de route très éloquente: neuf *Grammys Awards*, participation dans environ 60 longs métrages, dont deux *Academy Awards* pour ses excellentes prestations, sans oublier, bien sûr, ses innombrables albums qui ont marqué de leur empreinte le style et le répertoire de nombreux musiciens.

Au cours de son illustre carrière de chanteur et d'acteur, Sinatra s'est rendu célèbre sous différentes facettes de sa personnalité d'artiste; *playboy* insatiable, *crooner* désinvolte, provocateur frénétique, *loose canon* pathétique au tempérament fougueux ou poète romantique, il a suscité moult réactions, mais, au bout du compte, pour paraphraser la chanson à succès qui l'a caractérisé: *He Did It His Way*. À la tête du *Rat Pack*, formé de Dean Martin, Sammy Davis Jr, Peter Lawford et Joey Bishop, Sinatra, avec sa troupe de fidèles compagnons artistes, dégageait tout autour un charme caustique qui faisait courir les foules, mais qui ne s'accompagnait pas toujours de la politesse la plus exquise. La presse a titré à plusieurs reprises, en effet, que Sinatra avait tissé des liens avec le milieu interlope, et il fut parfois accusé d'abus verbal ou physique envers autrui.

Parler de Las Vegas sans mentionner l'importance de cette ville dans la carrière d'**Elvis Presley** serait un péché. L'ombre du *King* rôde toujours dans les parages de Las Vegas. Né le 8 janvier 1935, Elvis Aaron Presley n'était qu'un autre artiste en quête de notoriété avant de faire sa marque à Las Vegas. Elvis, considéré comme *The King of Rock 'n' Roll*, s'est marié à Las Vegas au jeune âge de 21 ans avec Priscilla Beaulieu, en la chapelle de l'ancien Aladdin. Idolâtré par une légion de *fans*, entre autres les non moins célèbres Beatles eux-mêmes, Elvis connut une carrière glorieuse qui prit fin abruptement et précocement à l'âge de 42 ans seulement. Ce n'est donc certes pas par hasard si les mariages sous la thématiques d'Elvis sont aussi populaires à Las Vegas…

À la suite de ces immortels, de nombreux grands noms de la chanson brûlent les planches des scènes de la capitale du jeu. Avec ses stars de passage, étoiles montantes ou vedettes «en résidence», Las Vegas est une véritable Mecque pour les amateurs de musique. **Céline Dion** performe au Colosseum, une salle de spectacle de 4 000 sièges aménagée dans le Caesars Palace et construite sur mesure pour accueillir son spectacle.

Renseignements généraux

Le présent chapitre a pour objectif d'aider les voyageurs à mieux planifier leur séjour à Las Vegas et dans ses environs. Il renferme plusieurs indications générales qui pourront vous être utiles lors de vos déplacements. Nous vous souhaitons un excellent voyage à *Sin City*!

Formalités d'entrée

■ Douane

Les étrangers peuvent entrer aux États-Unis avec 200 cigarettes (ou 100 cigares) et des achats en franchise de douane (*duty-free*) d'une valeur de 400$US, incluant les cadeaux personnels et un litre d'alcool (vous devez être âgé d'au moins 21 ans pour avoir droit à l'alcool). Vous n'êtes soumis à aucune limite en ce qui a trait au montant des devises avec lequel vous voyagez, mais vous devrez remplir un formulaire spécial si vous transportez l'équivalent de plus de 10 000$US.

Les médicaments d'ordonnance devraient être placés dans des contenants clairement identifiés à cet effet (il se peut que vous ayez à produire une ordonnance ou une déclaration écrite de votre médecin à l'intention des officiers de douane). La viande et ses dérivés, les denrées alimentaires de toute nature, les graines, les plantes, les fruits et les narcotiques ne peuvent être introduits aux États-Unis.

Si vous décidez de voyager avec votre chien ou votre chat, il vous sera demandé un certificat de santé (document fourni par votre vétérinaire) ainsi qu'un certificat de vaccination contre la rage. Attention, cette vaccination devra avoir été faite au moins 30 jours avant votre départ et ne pas devra dater de plus d'un an.

Pour de plus amples renseignements, adressez-vous au:

United States Customs and Border Protection
1300 Pennsylvania Ave. NW
Washington, DC 20229
☎ 202-354-1000
www.customs.ustreas.gov

Passeports et visas

Pour entrer aux États-Unis par avion, les citoyens canadiens ont besoin d'un passeport depuis le 23 janvier 2007. Cependant, ceux qui y vont par voiture ou par bateau n'en auront pas besoin avant janvier 2008.

Les résidants d'une trentaine de pays dont la France, la Belgique et la Suisse, en voyage de tourisme ou d'affaires, n'ont plus besoin d'être en possession d'un visa pour entrer aux États-Unis à condition de:

- avoir un billet d'avion aller-retour;
- présenter un passeport électronique sauf si vous possédez un passeport individuel à lecture optique en cours de validité et émis au plus tard le 25 octobre 2005; à défaut, l'obtention d'un visa sera obligatoire;
- projeter un séjour de 90 jours maximum (le séjour ne peut être prolongé sur place: le visiteur ne peut changer de statut, accepter un emploi ou étudier);
- présenter des preuves de solvabilité (carte de crédit, chèques de voyage);
- remplir le formulaire de demande d'exemption de visa (formulaire I-94W) remis par la compagnie de transport pendant le vol.
- le visa est toujours nécessaire pour certaines catégories de voyageurs (étudiants ou visa précédemment refusé).

Tout voyageur qui projette un séjour de plus de trois mois aux États-Unis doit faire sa demande de visa (150$US) dans son pays de résidence, à l'ambassade des États-Unis.

Accès et déplacements

En avion

L'aéroport international de Las Vegas, le **McCarran International Airport** *(☎702-261-5211, www.mccarran.com)*, revendique le titre du 10e aéroport en termes d'achalandage américain avec une moyenne de 720 vols par jour. Il est situé à 1,6 km au sud du *Strip* et à 5,6 km du centre des congrès. Il s'agit d'un aéroport moderne qui est desservi par un très grand nombre de compagnies aériennes et qui abrite des bureaux de change, plusieurs petits restaurants sans prétention ainsi que de nombreuses machines à sous (sans doute le seul casino du globe qui ait pour thème un aéroport!).

Accès à la ville depuis l'aéroport

Par navette: des navettes circulent toutes les 15 min entre l'aéroport et les différents hôtels du ***Strip*** (comptez environ 4$). Comptez 5$ si vous logez dans le **Downtown Area**.

Par taxi: la course vous coûtera entre 8$ et 9$ pour rejoindre un hôtel de la partie sud du *Strip*, entre 10$ et 12$ pour un établissement du centre du *Strip* et environ 15$ pour rejoindre le nord du *Strip*. Prévoyez entre 15$ et 20$ pour rejoindre le Downtown Area.

Location de voitures

La plupart des grandes compagnies de location de voitures sont représentées à l'aéroport. Cependant, veuillez noter que en ce qui concerne la location de voitures, plusieurs exigent que leurs clients soient âgés d'au moins 25 ans et qu'ils soient en possession d'une carte de crédit reconnue.

Avis
☎800-331-1212 (États-Unis et Canada)
☎800-331-1084 (international)
www.avis.com

Budget
☎800-527-0700 (États-Unis)
☎800-472-3325 (international)
www.budget.com

Dollar
☎866-434-2226
www.dollarcar.com

Hertz
☎800-654-3131 (États-Unis)
☎800-654-3001 (international)
www.hertz.com

Thrifty
☎800-847-4389 (États-Unis et Canada)
☎918-669-2168 (international)
www.thrifty.com

National
☎800-227-7368 (États-Unis et Canada)
☎800-227-3876 (international)
www.nationalcar.com

Quelques compagnies aériennes desservant Las Vegas

Air Canada
☎888-247-2262
www.aircanada.ca

Air France
☎800-667-2747
www.airfrance.com

American Trans Air
☎800-435-9283
www.ata.com

American Airlines
☎800-433-7300
www.aa.com

American Trans Air
☎800-435-9283
www.ata.com

Continental
☎800-523-3273 ou
800-231-0856
www.continental.com

Delta Air Lines
☎800-221-1212
www.delta.com

Frontier Airlines
☎800-432-1359
www.flyfontier.com

Midwest Express
☎800-452-2022
www.midwestexpress.com

Southwest Airlines
☎800-435-9792
www.southwest.com

United Airlines
☎800-241-6522
www.ual.com

US Airways
☎800-428-4322
www.usairways.com

■ En voiture

Accès à la ville

La **I-15** est l'autoroute principale qui mène à Las Vegas. La grande majorité des visiteurs en provenance du sud de la Californie, de l'Utah et du nord-ouest de l'Arizona empruntent cette voie d'accès. Les voyageurs en provenance du nord de la Californie ou de Reno empruntent la route **95**. Environ 480 km séparent Los Angeles de Las Vegas. Le trajet au départ de Los Angeles s'effectue en cinq heures environ, mais le retour s'étire sur près de 10 heures en raison du trafic.

Déplacements à l'intérieur de la ville

Grosso modo, la région touristique de Las Vegas peut être divisée en deux secteurs bien distincts: le *Strip* et le Downtown Area. Rares sont les casinos et les hôtels qui n'offrent pas le stationnement gratuit à leurs clients.

Si vous comptez vous déplacer sur le *Strip* ou jusqu'au Downtown Area, on vous suggère fortement d'utiliser le réseau de monorails et de tramway, puisque la circulation peut y être très dense.

Malgré tout, la voiture constitue sûrement un moyen efficace et agréable pour visiter les environs de Las Vegas. À moins de vous joindre à un groupe, la voiture vous donne toute la latitude voulue pour errer à votre guise dans les étendues désertiques de ses environs et constitue la seule autre alternative. Avant votre départ, vous trouverez facilement de très bonnes cartes routières dans les librairies de voyage, ou, une fois rendu sur place, vous pourrez vous en procurer dans les hôtels, au breau de tourisme ou dans les stations-service.

Quelques conseils

Permis de conduire: en règle générale, les permis de conduire européens sont reconnus. Les visiteurs canadiens et québécois n'ont pas besoin de permis international, et leur permis de conduire est valide aux États-Unis. Soyez averti que plusieurs États sont reliés par réseau informatique aux services de police du Québec relativement au contrôle des infractions routières. Une contravention émise aux États-Unis est automatiquement reportée au dossier au Québec.

ACCÈS À LAS VEGAS
Lake Mead
Lake Mead National Recreation Area
Las Vegas Wash
Lake Las Vegas
Desert Wetlands Park
Rainbow Gardens Geological Preserve
Sunrise Mountain
Sunrise Mountain Natural Area
Frenchman Mountain
N
LAS VEGAS
NORTH LAS VEGAS
EAST LAS VEGAS
HENDERSON
GREEN VALLEY
SPRING VALLEY
SUMMERLIN
ARDEN
BLUE DIAMOND
McCarran International Airport
Hollywood Blvd.
Boulder Hwy.
Lake Mead Blvd.
Owens Ave.
Washington Ave.
Nellis Blvd.
Lamb Blvd.
Las Vegas Blvd.
Las Vegas Blvd. (The Strip)
Main St.
Pecos Rd.
Eastern Ave.
Warm Springs Rd.
Flamingo Rd.
Tropicana Ave.
Craig Rd.
Cheyenne Ave.
Carey Ave.
Rancho Dr.
Decatur Blvd.
Jones Blvd.
Rainbow Blvd.
Buffalo Dr.
Durango Dr.
Sahara Ave.
Charleston Blvd.
Desert Inn Rd.
Blue Diamond Rd.
SALT LAKE CITY, ST. GEORGE
CARSON CITY, RENO
KINGMAN, BULLHEAD CITY
PRIMM, BARSTOW, LOS ANGELES
169
167
147
582
515
95
93
604
612
610
15
573
574
599
592
595
589
215
146
160
159
0 2 4km
0 1 2mi
©ULYSSE

Code de la route: attention, il n'y a pas de priorité à droite. Ce sont les panneaux de signalisation qui indiquent la priorité à chaque intersection. Ces panneaux marqués *Stop* sur fond rouge sont à respecter scrupuleusement! Vous verrez fréquemment un genre d'arrêt, au bas duquel figure un petit rectangle rouge dans lequel il est inscrit *4-Way*. Cela signifie, bien entendu, que tout le monde doit marquer l'arrêt et qu'aucune voie n'est prioritaire. Il faut que vous marquiez l'arrêt complet, même s'il vous semble n'y avoir aucun danger apparent. Si deux voitures arrivent en même temps à l'un de ces arrêts, la règle de la priorité à droite prédomine. Dans les autres cas, la voiture arrivée la première passe.

Il est à noter qu'il est permis de **tourner à droite au feu rouge**, après, bien entendu, avoir vérifié qu'il n'y a aucun danger.

Lorsqu'un **autobus scolaire** (de couleur jaune) est à l'arrêt (feux clignotants allumés), vous devez vous arrêter quelle que soit votre direction. Le manquement à cette règle est considéré comme une faute grave!

Le port de la **ceinture de sécurité** est obligatoire.

Les **autoroutes** sont gratuites, sauf en ce qui concerne la plupart des Interstate Highways, désignées par la lettre *I*, suivie d'un numéro. Les panneaux indicateurs se reconnaissent à leur forme presque arrondie (le haut du panneau est découpé de telle sorte qu'il fait deux vagues) et à leur couleur bleue. Sur ce fond bleu, le numéro de l'Interstate ainsi que le nom de l'État traversé sont inscrits en blanc. Au haut du panneau figure la mention *Interstate* sur fond rouge.

La **vitesse** est limitée à 55 mph (88 km/h) sur la plupart des grandes routes. Le panneau de signalisation de ces grandes routes se reconnaît à sa forme carrée, bordée de noir. Le numéro de la route est largement inscrit en noir sur fond blanc. Sur les Interstates, la limitation de vitesse monte à 65 mph (104 km/h).

Le panneau triangulaire rouge et blanc où vous pouvez lire la mention ***Yield*** signifie que vous devez ralentir et céder le passage aux véhicules qui croisent votre chemin.

En autocar

Au départ de Montréal, adressez-vous à la Station centrale *(☎514-843-4231)* afin d'obtenir des renseignements sur les départs pour Las Vegas. Pour des renseignements sur les départs à partir d'autres points au Canada, vous pouvez vous renseigner auprès de **Greyhound** *(☎800-661-8747, www.greyhound.ca)*

Pour quitter Las Vegas en autocar, contactez la succursale locale de la société **Greyhound** *(200 Main St., ☎800-231-2222)*. Vous pouvez également contacter Greyhound de n'importe quel endroit aux États-Unis *(☎800-231-2222, www.greyhound.com)* pour obtenir de l'information concernant les tarifs et les horaires.

En train

Aux États-Unis, le train ne constitue pas toujours le moyen de transport le moins cher, et il n'est sûrement pas le plus rapide. Cependant, il peut être intéressant pour les grandes distances, car il procure un bon confort (essayez d'obtenir une place dans les voitures panoramiques pour profiter au maximum du paysage). Pour connaître les horaires et les destinations desservies, communiquez avec la société **AMTRAK** *(☎800-872-7245)*, la propriétaire actuelle du réseau ferroviaire américain.

Cependant, le train ne rejoint pas directement Las Vegas. Il effectue des arrêts dans trois villes voisines: Kingman en Arizona, Barstow et Needles en Californie. Greyhound prend le relais dans ces villes et propose des départs fréquents pour Las Vegas.

Depuis la France, on peut réserver des billets de train pour les États-Unis:

Amtrak
☎01.53.25.03.56
▤01.53.25.11.12
www.interfacetourism.com/amtrak.htm

■ En transport en commun

Bien organisé, le réseau d'autobus couvre la majeure partie de Las Vegas. Les autobus du Citizen Area Transit (CAT) circulent 24 heures sur 24 le long du *Strip*. Ils effectuent une boucle à partir du sud du *Strip* jusqu'au Downtown Area. On demande 2$. Prévoyez la monnaie exacte.

Le **Las Vegas Strip Trolley** est un bon moyen de visiter le *Strip* dans toute sa longueur. Il relie le Stratosphere, au nord, au Mandalay Bay, au sud, en proposant plusieurs arrêts tout le long de son trajet *(2$; ☎702-382-1404)*. Il ne faut cependant pas être pressé, puisqu'il est relativement lent.

■ En taxi

Les taxis sont facilement identifiables et peuvent être un moyen de transport économique si vous voyagez en groupe, car ils peuvent accueillir jusqu'à quatre personnes. Le compteur débute à 3$ pour le premier mille (1,6 km) et ajoute 1,80$ par mille parcouru. Lorsque le taxi est arrêté à un feu de circulation, le compteur débite 0,35$. Il arrive que les chauffeurs ignorent l'adresse à laquelle vous comptez vous rendre. Assurez-vous donc de toujours obtenir de l'information détaillée sur votre destination finale. Finalement, les chauffeurs de taxi s'attendent à recevoir de 10% à 15% de pourboire sur le montant affiché au compteur. De très nombreux taxis sillonnent les rues de Las Vegas, mais la plupart du temps vous aurez de la difficulté à en héler un. Il est préférable de se rendre à la réception d'un des hôtels.

■ À vélo

Fortement déconseillé. Mis à part les quelques policiers téméraires qui sillonnent le Downtown Area à vélo, il n'y a pas vraiment de cyclistes à Las Vegas. La ville ne possède tout simplement pas les infrastructures nécessaires à ce moyen de transport.

■ À pied

Si vous tentez d'explorer le *Strip* à pied, sachez que les méga-complexes hôteliers qui regroupent en moyenne 2 000 chambres peuvent être relativement éloignés les uns des autres, bien que voisins. Dans la chaleur torride de l'été, il peut être éreintant de se lancer dans cette entreprise. Certains établissements sont reliés les uns aux autres par des passerelles.

Pour éviter de marcher et de suer à grosses gouttes durant les journées de chaleur torride de Las Vegas, des casinos ont construit un petit réseau de transport sur monorail qui permet aux touristes de se déplacer commodément entre les casinos. Le **Las Vegas Monorail** longe l'est du *Strip*, du MGM Grand au Sahara *(5$; ☎702-699-8299, www.lvmonorail.com)*. Sur la face ouest du *Strip*, deux services ont été mis en place. Le premier relie l'Excalibur, le Luxor et le Mandalay Bay; et le second, le Treasure Island au Mirage.

Renseignements utiles, de A à Z

■ Aînés

Les gens âgés de 65 ans et plus peuvent profiter de toutes sortes d'avantages tels que des réductions importantes sur les droits d'accès aux musées et à diverses attractions, et des rabais dans les hôtels et les restaurants. Plusieurs compagnies aériennes offrent un rabais de 10%. Bien souvent, les tarifs réduits ne sont guère publicisés. Il ne faut donc pas se gêner pour s'en informer.

Par ailleurs, soyez particulièrement avisé en ce qui a trait aux questions de santé. En plus des médicaments que vous prenez normalement, glissez votre ordonnance dans vos bagages pour le cas où vous auriez besoin de la renouveler. Songez aussi à transporter votre dossier médical avec vous, de même que le nom, l'adresse et le numéro de téléphone de votre médecin. Assurez-vous enfin que vos assurances vous protègent à l'étranger.

American Association of Retired Persons (AARP)
601 E St. NW
Washington, DC 20049
☎888-687-2277
www.aarp.org
Cette association propose des avantages qui incluent souvent des remises sur les voyages organisés. Des croisières et visites accompagnées sont aussi disponibles.

■ Ambassades et consulats des États-Unis à l'étranger

Si l'adresse de votre ambassade n'apparaît pas dans la liste qui suit, veuillez consulter le site *http://usembassy.state.gov* qui maintient une liste des missions diplomatiques américaines à travers le monde.

Belgique

Ambassade
27 boul. du Régent
B-1000 Bruxelles
☎ 2-508-2111
▤ 2-511-2725
www.usembassy.be

Canada

Ambassade
490 Sussex Drive
Ottawa, Ontario K1N 1G8
☎ 613-238-5335
www.usembassycanada.gov

Consulats
1155 rue Saint-Alexandre
Montréal, Québec H2Z 1Z2
☎ 514-398-9695
▤ 514-398-0973

2 place Terrasse-Dufferin
Québec, Québec G1R 4T9
☎ 418-692-2095
▤ 418-692-4640

France

Ambassade
2 av. Gabriel
75382 Paris Cedex 8
☎ 01.33.1.43.12.22.22
▤ 01.33.1.42.66.97.83
www.amb-usa.fr

Consulats
12 Place Varian Fry
13086 Marseille
☎ 04.91.54.92.00
▤ 04.91.55.09.47

15 av. d'Alsace
67082 Strasbourg
☎ 03.88.35.31.04
▤ 03.88.24.06.95

10 Place de la Bourse
33025 Bordeaux Cedex
☎ 05.56.48.63.80
▤ 05.56.51.61.97

Suisse

Ambassade
Jubilaeumstrasse 93
CH-3005 Berne
☎ 41-31-357-7344

■ Ambassades et consulats étrangers aux États-Unis

Les consulats peuvent fournir une aide précieuse aux visiteurs qui se trouvent en difficulté (par exemple en cas d'accident ou de décès, fournir le nom de médecins ou d'avocats, etc.). Toutefois, seuls les cas urgents sont traités. Il faut noter que les coûts relatifs à ces services ne sont pas défrayés par les missions consulaires.

Belgique

Ambassade
3330 Garfield St. NW
Washington, DC 20008
☎ 202-333-6900
▤ 202-338-4960
www.diplobel.us

Consulats
6100 Wilshire Blvd., Suite 1200
Los Angeles, CA 90048
☎ 323-857-1244
▤ 323-936-2564

1663 Mission St., Suite 400
San Francisco, CA 92106
☎ 415-861-9910
▤ 415-861-9801

Canada

Ambassade
501 Pennsylvania Ave. NW
Washington, DC 20001
☎ 202-682-1740
▤ 202-682-7619
www.canadianembassy.com

Consulats
550 S. Hope St.,
Los Angeles, CA 90071
☎ 213-346-2700
▤ 213-346-2767

580 California St., 14e étage
San Francisco, CA 94104
☎ 415-834-3180
▤ 415-834-3189

France

Ambassade
4101 Reservoir Rd. NW
Washington, DC 20007
☎ 202-944-6000
▤ 202-944-6166
www.ambafrance-us.org

Consulats
10990 Wilshire Blvd., Suite 300
Los Angeles, CA 90024
☎ 310-235-3200
▤ 310-312-0704

540 Bush St.
San Francisco, CA 94108
☎415-397-4330
▤415-433-8357

Suisse

Ambassade
2900 Cathedral Ave. NW
Washington, DC 20008
☎202-745-7900
▤202-387-2564
www.swissemb.org

Consulats
11766 Whilshire Blvd., Suite 1400
Los Angeles, CA 90025
☎310-575-1145
▤310-575-1982

456 Montgomery St., Suite 1500
San Francisco, CA 94104
☎415-788-2272
▤415-788-1402

■ Animaux domestiques

Si vous décidez de voyager avec votre chien ou votre chat, on vous demandera de fournir un certificat de santé (document fourni par votre vétérinaire) ainsi qu'un certificat de vaccination contre la rage. Attention, cette vaccination devra avoir été faite au moins 30 jours avant votre départ et ne pas devra dater de plus d'un an.

■ Argent et services financiers

Cartes bancaires et guichets automatiques

La capitale du jeu, vous l'aurez déviné, a développé un accès facile et pratique pour l'utilisation des cartes bancaires. Il est également possible de retirer de l'argent à partir de votre carte de crédit, si celle-ci est dotée d'un numéro d'identification personnel. La plupart des casinos abritent plusieurs guichets automatiques qui accepteront votre carte de banque européenne, canadienne ou québécoise, et vous pourrez alors faire un retrait de votre compte directement.

Chèques de voyage

Il vous sera facile d'encaisser vos chèques de voyage, soit directement à la réception de votre hôtel, dans une succursale bancaire, et même dans les casinos! On vous demandera cependant une pièce d'identité.

Monnaie

L'unité monétaire est le dollar ($US), lui-même divisé en cents. Un dollar = 100 cents.

Il existe des billets de banque de 1, 5, 10, 20, 50 et 100 dollars, de même que des pièces de 1 (*penny*), 5 (*nickel*), 10 (*dime*) et 25 (*quarter*) cents.

Les pièces d'un demi-dollar et le dollar solide sont très rarement utilisés. Sachez qu'aucun achat ou service ne peut être payé en devises étrangères aux États-Unis. Songez donc à vous procurer des chèques de voyage en dollars américains. Vous pouvez également utiliser toute carte de crédit affiliée à une institution américaine, comme Visa, MasterCard, American Express, la Carte Bleue, Interbank et Barcley Card. **Il est à noter que tous les prix mentionnés dans le présent ouvrage sont en dollars américains.**

Taux de change

1 $US	=	1,15 $CA
1 $US	=	0,76 €
1 $US	=	1,22 FS
1 $CA	=	0,87 $US
1 €	=	1,32 $US
1 FS	=	0,82 $US

N.B. Les taux de change peuvent fluctuer en tout temps.

■ Assurances

Annulation

Cette assurance est normalement offerte par l'agent de voyages au moment de l'achat du billet d'avion ou du forfait. Elle permet le remboursement du billet ou forfait dans le cas où le voyage doit être annulé en raison d'une maladie grave ou d'un décès. Les gens n'ayant pas de problèmes de santé n'ont pas vraiment besoin de recourir à une telle protection. Elle demeure par conséquent d'une utilité relative.

Maladie

Sans doute la plus utile pour les voyageurs, l'assurance-maladie s'achète avant de partir en voyage. La couverture de cette police d'assurance doit être aussi complète que possible, car, à l'étranger, le coût des soins peut s'élever rapidement. Au moment de l'achat de la police, il faudrait veiller à ce qu'elle couvre bien les frais médicaux de tout ordre, comme l'hospitalisation, les services infirmiers et les honoraires des médecins (jusqu'à concurrence d'un montant assez élevé, car ils sont chers). Une clause de rapatriement, pour le cas où les soins requis ne pourraient être administrés sur place, est précieuse. En outre, il peut arriver que vous ayez à débourser le coût des soins en quittant la clinique. Il faut donc vérifier ce que prévoit la police en tel cas. Durant votre séjour, vous devriez toujours garder sur vous la preuve que vous avez contracté une assurance-maladie, ce qui vous évitera bien des ennuis si par malheur vous en avez besoin.

Vol

La plupart des assurances-habitation au Québec protègent une partie des biens contre le vol, même si celui-ci a lieu à l'étranger. Pour faire une réclamation, il faut avoir un rapport de police. Comme tout dépend des montants couverts par votre police d'assurance-habitation, il n'est pas toujours utile de prendre une assurance supplémentaire. Les visiteurs européens, pour leur part, doivent vérifier si leur police protège leurs biens à l'étranger, car ce n'est pas automatiquement le cas.

■ Bagages

Prenez note que vous ne pouvez pas apporter dans l'avion des objets dangereux tels que couteaux ou canifs. Même les briquets sont interdits. Vous pouvez cependant les mettre dans vos valises qui sont rangées dans la soute à bagages. Les amateurs de plein air noteront que les bouteilles de propane ne peuvent pas voyager en avion et qu'il faut dégonfler les pneus des vélos. Enfin, si vous prévoyez transporter des objets inusités, informez-vous de la politique de la compagnie aérienne avant de faire vos bagages.

■ Climat

Comme la ville de Las Vegas est située dans le désert du Nevada, le climat y est extrêmement chaud et sec durant l'été, tandis que les hivers sont frisquets. En été, la température peut aisément dépasser les 40°C (100°F). Les pluies sont rares, mais il arrive qu'un orage éclate soudainement et provoque des pluies diluviennes sur une courte période. De décembre à février, la température du jour peut être bien confortable, mais les soirées deviennent un tant soit peu fraîches, quoique les risques de gel soient rares. Grosso modo, l'automne est sans doute la meilleure saison pour visiter Las Vegas. La plus grande partie de l'État ne reçoit en moyenne que 100 mm de pluie par année pour environ 293 jours de soleil.

■ Décalage horaire

Lorsqu'il est 12h à Montréal, il est 9h à Las Vegas. Le décalage horaire pour la France, la Belgique ou la Suisse est de neuf heures. Par exemple, s'il est 18h à Paris, il est 9h à Las Vegas. Attention cependant aux changements d'horaire, qui ne se font pas aux mêmes dates: aux États-Unis et au Canada, l'heure d'hiver entre en vigueur le dernier dimanche d'octobre et prend fin le premier dimanche d'avril. Notez par ailleurs qu'au moment de mettre sous presse les États-Unis analysaient la possibilité de prolonger la période au cours de laquelle l'heure avancée est utilisée, et ce, possiblement dès 2007.

■ Drogues

Les drogues sont absolument interdites (même les drogues dites «douces»). Aussi bien les consommateurs que les distributeurs risquent de gros ennuis s'ils sont trouvés en possession de drogues.

■ Électricité

Partout aux États-Unis et en Amérique du Nord, la tension électrique est de 110 volts et de 60 cycles (Europe: 50 cycles); aussi, pour utiliser des appareils électriques européens, devrez-vous vous munir d'un transformateur de courant adéquat.

Les fiches d'électricité sont plates, et vous pourrez trouver des adaptateurs sur place ou, avant de partir, vous en procurer dans une boutique d'accessoires de voyage ou une librairie de voyage.

■ Enfants

Faites vos réservations à l'avance, en vous assurant que l'établissement où vous désirez loger accueille les enfants. S'il vous faut un berceau ou un petit lit supplémentaire, n'oubliez pas d'en faire la demande au moment de réserver.

Las Vegas pour enfants

Comme beaucoup de destinations touristiques, Las Vegas met tout en œuvre pour attirer le plus de visiteurs possible et s'efforce d'offrir des services spécifiques ou des rabais familiaux aux personnes voyageant avec des enfants. La capitale du jeu tente en effet de faire oublier son passé douteux, quand le terme *Sin City* prenait toute sa signification. Avec l'érection des casinos thématiques qui donnent à la ville des airs de Disney World pour adultes, Las Vegas cherche à s'affranchir de sa mauvaise réputation d'antan, et déploie beaucoup d'efforts auprès des pères et des mères de famille qui ne sont pas insensibles au jeu mais qui hésitent à emmener leurs enfants, pour jouer envers ceux-ci la carte de la séduction.

N'en déplaise à beaucoup de personnes, Las Vegas n'est à priori tout simplement pas une ville conçue pour les enfants. N'oublions pas qu'il s'agit avant tout d'une ville qui doit son existence à l'argent généré par les casinos, par la prostitution et bon nombre d'activités illicites. Certes, les temps ont changé: la ville a été nettoyée de la pègre et du grand banditisme qui s'y est développé jadis, elle est devenue plus respectable et sécuritaire, et beaucoup d'options intéressantes s'offrent aux gamins pour les distraire, pendant que leurs parents participent à un congrès ou passent leur temps à jouer. Toutefois, les jeunes de moins de 21 ans n'ont toujours pas le droit de s'adonner au jeu dès qu'il est question d'argent. Qui plus est, certains casinos, dont le Bellagio, le Venetian et le Monte Carlo, refusent catégoriquement aux moins de 21 ans le droit de franchir leur portillon et, il va sans dire, d'accéder aux aires de jeux. En effet, n'oubliez pas que le slogan publicitaire de la ville est *What happens in Las Vegas stays in Las Vegas*.

Malgré tout, il y a toujours des casinos qui visent une clientèle familiale, comme l'Excalibur, le Treasure Island et le Circus Circus. D'ailleurs, le Circus Circus fut l'un des premiers à créer une ambiance «favorable» aux jeunes, en instaurant, à l'extérieur comme à l'intérieur du casino, une atmosphère de fête foraine. Depuis le début des années 1990, beaucoup d'autres établissements, à la fois de jeux et de divertissements, ont emboîté le pas en se dotant d'infrastructures qui plaisent à leurs jeunes clients (parc d'attractions, montagnes russes, etc.). Bref, il y a somme toute à Las Vegas bon nombre d'activités pour les enfants qui, n'en doutons point, y trouveront leur plaisir.

Voici une liste d'activités qui feront sans nul doute sourire vos gamins:

Adventuredome p 78
Big Shot, Insanity the Ride et X Scream p 78
Circus Circus Reno Arcade p 88
The Fountain Show In The Forum Shops p 70
GameWorks p 70
The Lion Habitat p 70
The Manhattan Express p 69
Sahara Speedworld p 78
Shark Reef p 68
Siegfried & Roy's Secret Garden and Dolphin Habitat p 77
Sirens of TI p 77
Star Trek: The Experience p 80

Lorsque vous avez une sortie en soirée, plusieurs hôtels sont à même de vous fournir une liste de gardiennes d'enfants dignes de confiance. Vous pouvez également confier vos enfants à une garderie; consultez l'annuaire du téléphone et assurez-vous qu'il s'agit bien d'un établissement détenant permis en bonne et due forme.

Plusieurs villages, parcs et autres sites touristiques proposent des activités spécialement conçues pour les enfants. Consultez les journaux locaux.

■ Femmes voyageant seules

En observant les règles de sécurité usuelles (voir «Sécurité», p 57), visiter Las Vegas ne pose pas de problème majeur pour les femmes voyageant seules. Devant les allusions ou suggestions insistantes de certains hommes, la meilleure arme demeure l'indifférence.

■ Jours fériés

Voici la liste des jours fériés aux États-Unis. À noter que la plupart des magasins, services administratifs et banques sont fermés pendant ces jours.

New Year's Day (jour de l'An)
1er janvier

Martin Luther King, Jr.'s Birthday
Troisième lundi de janvier

President's Day (anniversaire de Washington)
Troisième lundi de février

Memorial Day
Dernier lundi de mai

Independence Day (fête nationale des Américains)
4 juillet

Labor Day (fête du Travail)
Premier lundi de septembre

Columbus Day (jour de Colomb)
Deuxième lundi d'octobre

Veterans Day (jour des Vétérans et de l'Armistice)
11 novembre

Thanksgiving Day (action de Grâce)
Quatrième jeudi de novembre

Christmas Day (Noël)
25 décembre

■ Lois

Il n'est pas nécessaire d'apprendre par cœur le code des lois du pays que vous allez visiter. Cependant, sachez que, sur le territoire d'un État, vous êtes assujetti à ses lois même si vous n'êtes pas citoyen de cet État. Ainsi, ne prenez jamais pour acquis que quelque chose qui est permis par la loi chez vous l'est automatiquement ailleurs. De plus, n'oubliez jamais de tenir compte des différences culturelles. Certains gestes ou attitudes qui vous semblent insignifiants pourraient, dans d'autres pays, vous attirer des ennuis. Rester sensible aux coutumes de vos hôtes est sans doute le meilleur atout pour éviter les problèmes.

■ Personnes à mobilité réduite

La plupart des établissements du parc hôtelier de Las Vegas, incluant ses casinos, sont pouvus d'infrastructures facilitant la visite des personnes à mobilité réduite. Pour de plus amples renseignements, adressez-vous à la **Nevada Association for the Handicaped** *(6200 W. Oakley Blvd., ☎702-870-7050).*

■ Poste

Les bureaux de poste sont ouverts du lundi au vendredi de 8h30 à 17h30 (parfois jusqu'à 18h) et le samedi de 8h à 12h. Demandez à la réception de l'hôtel pour obtenir l'adresse du bureau de poste le plus près.

■ Pourboires

En général, le pourboire s'applique à tous les services rendus à table, c'est-à-dire dans les restaurants ou autres établissement où l'on vous sert à table (la restauration rapide n'entre donc pas dans cette catégorie).

Sujet de conversation délicat, les pourboires font souvent l'objet d'éternels débats auprès des personnes concernées. Un bon service exige un bon pourboire. Les serveurs, les femmes de chambre et les guides, entre autres, ont un salaire de base dérisoire et comptent généralement sur la générosité de vos pourboires.

Selon la qualité du service rendu dans les restaurants, il faut compter environ 15% de pourboire sur le montant avant les taxes. Le pourboire n'est pas, comme en Europe, inclus dans l'addition, et le client doit le calculer lui-même et le remettre à la serveuse ou au serveur; service et pourboire sont une même et seule chose en Amérique du Nord.

Serveurs: 15% du montant avant les taxes.

Chasseurs: 1$ par valise.

Croupiers: si vous êtes gagnant et que les suggestions du croupier vous ont été utiles, placez un pourcentage de votre mise en sa faveur lors de votre prochaine gageure.

Femmes de chambre: 2$ par jour.

Maîtres d'hôtel: de 10$ à 20$ selon la table qu'on vous trouvera.

Valets: de 1$ à 2$.

■ Presse écrite

Le ***Sun*** *(www.lasvegassun.com)* et le ***Review-Journal*** *(www.lvrj.com)* sont les deux grands quotidiens de Las Vegas. Le *Sun* traite de nouvelles locales, tandis que le *Review-Journal* couvre les nouvelles nationales. Les kiosques à journaux vendent aussi le *New York Times*, le *L.A. Times*, le *USA Today* et le *Wall Street Journal*.

Le ***City Life*** *(www.lvcitylife.com)* et le ***Las Vegas Weekly*** *(www.lasvegasweekly.com)* sont deux hebdomadaires gratuits qui proposent par ailleurs un bon aperçu de la vie culturelle de Las Vegas. De plus, vous y trouverez de bonnes adresses où sortir et manger ainsi que des critiques de spectacles et des chroniques sur l'actualité.

Procurez-vous aussi l'un des nombreux magazines gratuits, entre autres le ***Showbiz Weekly*** *(www.lvshowbiz.com)* et le ***What's On*** *(www.ilovevegas.com)*.

■ Renseignements touristiques

Pour toute demande de renseignements touristiques, de brochures ou de cartes, adressez-vous à la **Las Vegas Convention and Visitors Authority** *(3150 Paradise Rd., ☎702-892-0711 ou 877-847-4858, www.visitlasvegas.com)*. Une pochette d'information gratuite peut vous être acheminée par le Las Vegas Convention & Visitors Bureau en en faisant la demande par télécopieur, téléphone ou courrier électronique.

La **Nevada Comission on Tourism** *(www.travelnevada.com)* peut vous fournir bon nombre de renseignements sur les attraits, les hôtels et les parcs.

Visit USA Committee/France
Numéro audiotel: 0 899 70 24 70 (frais d'appel)
www.office-tourisme-usa.com
Cette association est en charge de la promotion des États-Unis sur le marché français.

Visites guidées

De nombreuses entreprises offrent leurs services au visiteur désireux d'entreprendre sa découverte des attraits situés autour de Las Vegas au moyen d'un circuit guidé. Nous en mentionnons ici quelques-unes, en vous invitant, compte tenu des changements fréquents, à communiquer directement avec chacune pour connaître les programmes détaillés, les horaires et les tarifs.

Escape Adventures
☎702-296-2953 ou 800-596-2953

Cette compagnie propose des voyages exploratoires au Red Rock Canyon, de même qu'à Death Valley, et propose des randonnées à pied ou en vélo de montagne.

Gray Line
☎702-384-1234 ou 800-634-6579
www.grayline.com
Cette réputée compagnie propose des excusions dans les environs de Las Vegas. Vous pouvez y réserver des visites pour Hoover Dam, Red Rock Canyon et Lake Mead.

Papillon
McCarran Airport Executive Terminal
275 E. Tropicana Ave., Suite 175
☎702-736-7243 ou 888-404-9767
www.papillon.com
Un des meilleurs moyens de voir Las Vegas autrement, c'est de faire une balade en hélicoptère (à la tombée de la nuit de préférence). Cette entreprise organise également des survols du Grand Canyon. Idéal pour un baptême de l'air.

■ Santé

Pour les personnes en provenance d'Europe, du Québec et du Canada, aucun vaccin n'est nécessaire. D'autre part, il est vivement recommandé, en raison du prix élevé des soins, de contracter une bonne assurance maladie-accident. Il existe différentes formules, et nous vous conseillons de les comparer. Emportez vos médicaments, surtout ceux qui exigent une ordonnance. Sauf indication contraire, l'eau est potable partout à Las Vegas.

■ Sécurité

En général, en appliquant les règles de sécurité normales, vous ne devriez pas être plus incommodé en pays étranger que chez vous. Cependant, évitez toute ostentation et soyez plus vigilant dans les lieux qui ne vous sont pas familiers. Gardez toujours des petites coupures dans vos poches, et, au moment d'effectuer un achat, évitez de montrer trop d'argent.

Le *Strip* de Las Vegas n'est pas une zone dangereuse. Toutefois, il est souvent préférable de s'enquérir, dès son arrivée, des quartiers qu'il vaut mieux s'abstenir de visiter à n'importe

Rohypnol

Dans un bar ou une boîte de nuit, n'acceptez jamais de verre venant d'un étranger et tâchez de faire attention à votre consommation. En effet, sans verser dans la paranoïa, sachez qu'il existe une drogue puissante et illégale appelée Rohypnol, qui est directement associée à de nombreux cas de viol. Grosso modo, cette drogue est déposée dans le verre de la victime qui amoindrit son temps de réaction et laisse tomber ses inhibitions. Mélangée à l'alcool, cette drogue devient plus forte et se manifeste dans les 30 minutes suivantes allant jusqu'à provoquer des pertes de mémoire qui peuvent durer jusqu'à 12 heures. Inodore et incolore, elle se dissout rapidement et facilement dans un cocktail, un verre de bière, un jus, une boisson gazeuse et même dans l'eau. Si personne n'intervient, la victime est à la merci du violeur, qui profitera tout simplement de la situation pour l'amener ailleurs. Par conséquent, la victime se réveille généralement dans une chambre d'hôtel, sans pouvoir se souvenir des événements.

quelle heure du jour et de la nuit. En prenant les précautions courantes, il n'y a pas lieu d'être inquiet pour sa sécurité. Si toutefois la malchance était avec vous, n'oubliez pas que le numéro de secours est le **911**, ou le **0** en passant par le téléphoniste.

Les environs de la Stratosphère deviennent un *no man's land* une fois le soleil couché. Le secteur entre la Stratosphère et le Downtown Area n'est pas conseillé la nuit.

Par ailleurs, si vous assistez à un spectacle gratuit, surveillez bien votre sac et vos poches. C'est souvent dans ces moments-là que les voleurs en profitent pour commettre leur méfaits et fuir en catimini avec vos biens personnels. La plupart des bons hôtels sont équipés de coffrets de sûreté dans lesquels vous pouvez placer vos objets de valeur, ce qui vous procurera une certaine tranquillité d'esprit

■ Télécommunications

L'indicatif régional de Las Vegas est le 702. Tout autour de la ville, c'est le 775 qui est en vigueur. Les numéros 800, 866, 877 ou 888 permettent de communiquer avec votre correspondant sans encourir de frais si vous appelez de l'extérieur de la ville.

Les chambres d'hôtels sont toutes pourvues des infrastructures nécessaires pour effectuer des appels internationaux. Pour joindre Canada Direct depuis Las Vegas, faites le 1-800-555-1111. Pour atteindre la France, faites le 011-33 puis le numéro complet en omettant le premier zéro. Pour téléphoner en Belgique, composez le 011-32, l'indicatif régional, puis le numéro. Pour appeler en Suisse, faites le 011-41, l'indicatif régional, puis le numéro de votre correspondant.

■ Vie gay

Bien que Las Vegas soit une ville ouverte et désinvolte, la vie gay y demeure plutôt cachée. La plupart des établissements gays se retrouvent d'ailleurs dans un périmètre à l'est du *Strip* désigné du nom de «Gay Triangle». Le **Gay & Lesbian Community Center** *(953 E. Sahara Rd., ☎702-733-9800, www.thecenter-lasvegas.com)* diffuse de l'information sur la vie gay à Las Vegas.

Le ***Las Vegas Bugle*** *(www.qvegas.com)* est un *e-zine* où l'on retrouve bon nombre de renseignements sur la communauté gay et lesbienne. Le ***Out Las Vegas*** *(www.outlasvegas.com)* vous renseignera également sur la vie gay dans la capitale du jeu.

Vous pouvez également visiter le site *www.gaylasvegas.com*, qui contient beaucoup d'indications pertinentes.

Attraits touristiques

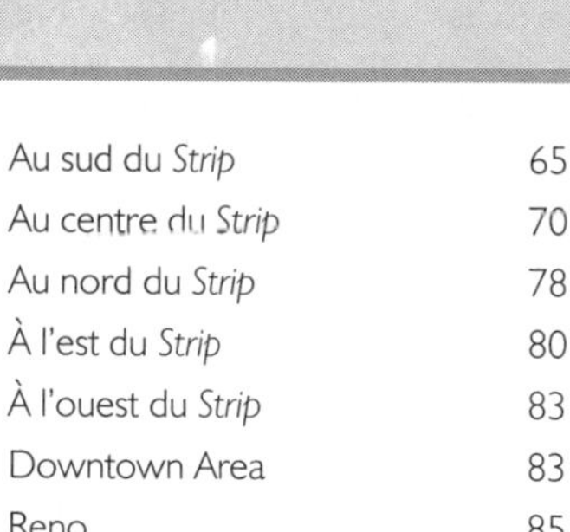

Las Vegas n'est décidément pas une ville américaine comme les autres. En fait, Las Vegas n'est résolument pas un lieu comme un autre.

Inutile de chercher les petites rues tortueuses dallées de pierres composant le dédale d'un sympathique quartier historique parsemé de spécimens architecturaux du XIXe siècle pour y flâner paisiblement et s'adonner au plaisir de la découverte. On n'y trouvera pas vraiment non plus de musées qui fassent la synthèse de l'histoire américaine ou qui exposent des œuvres d'art, hormis les expositions temporaires du Bellagio, du Wynn Las Vegas ou du Guggenheim Hermitage Museum. Parlons franchement: la culture n'est pas la raison première qui incite les visiteurs à débarquer ici. On ne vient pas à Las Vegas pour s'imprégner de culture comme on le fait communément en Europe, en Asie ou en Amérique latine. On vient à Las Vegas pour jouer dans les casinos et s'en mettre plein la vue, comme si l'on allait voir un film de série B à gros budget. C'est divertissant, léché, ça ne demande pas trop d'efforts et ça coule tout seul.

À défaut de posséder un riche patrimoine chargé d'histoire et de tradition, Las Vegas a tout simplement décidé de s'emparer de quelques scènes conventionnelles empruntées à l'histoire des peuples et de se draper dans un décorum vaguement historique imprégné de culture populaire en employant des artifices scéniques et ludiques qui remplissent d'étonnement pour créer une atmosphère théâtrale prodigieusement kitsch. Ville artificielle fabriquée de toutes pièces (de monnaie) pour ériger autour du dieu Argent une sorte de sanctuaire où les foules pourront impudiquement venir l'idolâtrer, et où ses casinos à tire-larigot sont cantonnés dans le rôle du comique de service pour émerveiller les visiteurs qui ont l'impression de jouer le rôle de figurants dans un tableau géant de Dalí, ou dans une scène fellinienne se situant à mi-chemin de l'étrange et du grotesque, Las Vegas démolit par l'absurde ce que le monde culturel a construit dans le réel.

Vous désirez saluer la statue de la Liberté, pénétrer dans l'antre d'une pyramide égyptienne, revivre l'époque féodale parmi les preux chevaliers de la cour du roi Arthur, sillonner en gondole les eaux du Grand Canal de Venise? Peut-être préféreriez vous plutôt monter au sommet de la tour Eiffel ou de la Stratosphère, vous aventurer dans un paradis tropical, observer un volcan en train de cracher ses entrailles ou

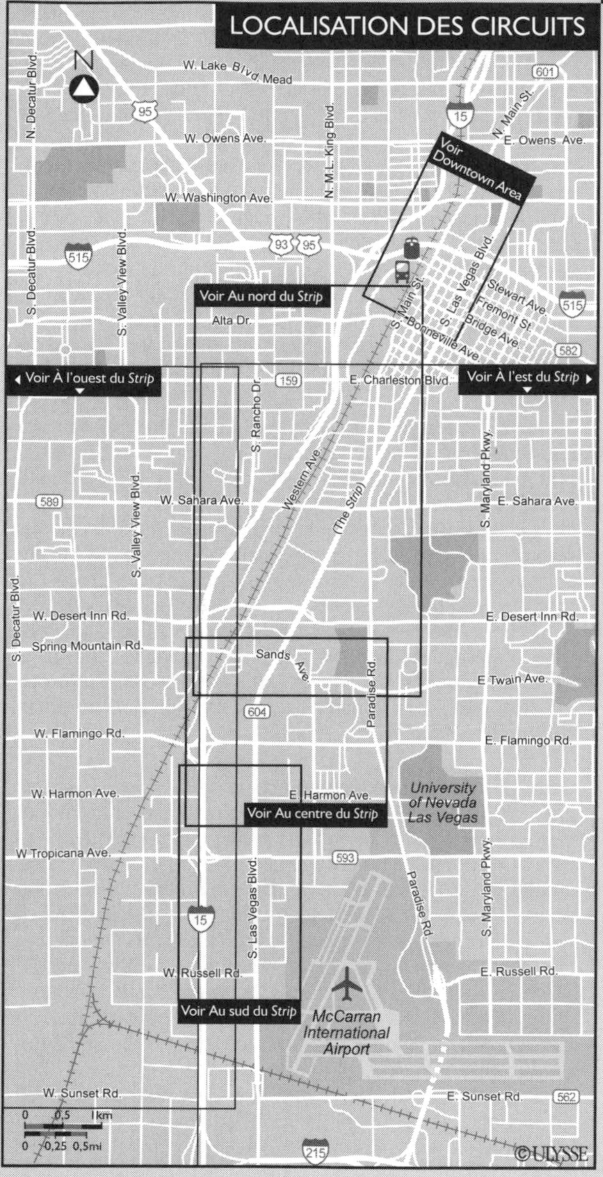
LOCALISATION DES CIRCUITS
W. Lake Blvd. Mead
N. Decatur Blvd.
W. Owens Ave.
N. M.L. King Blvd.
N. Main St.
E. Owens Ave.
Voir Downtown Area
W. Washington Ave.
S. Decatur Blvd.
S. Valley View Blvd.
S. Las Vegas Blvd.
Stewart Ave.
Fremont St.
Bridge Ave.
Bonneville Ave.
S. Main St.
Voir Au nord du Strip
Alta Dr.
Voir À l'ouest du Strip
E. Charleston Blvd.
Voir À l'est du Strip
S. Rancho Dr.
Western Ave.
(The Strip)
W. Sahara Ave.
E. Sahara Ave.
S. Maryland Pkwy.
W. Desert Inn Rd.
E. Desert Inn Rd.
Spring Mountain Rd.
Sands Ave.
Paradise Rd.
E Twain Ave.
W. Flamingo Rd.
E. Flamingo Rd.
W. Harmon Ave.
E. Harmon Ave.
Voir Au centre du Strip
University of Nevada Las Vegas
W Tropicana Ave.
W. Russell Rd.
E. Russell Rd.
Voir Au sud du Strip
McCarran International Airport
W. Sunset Rd.
E. Sunset Rd.
0 0,5 1km
0 0,25 0,5mi
©ULYSSE

regarder des pirates livrer bataille à des sirènes affriolantes? Las Vegas vous permet de réaliser tous ces fantasmes. Produit éminent de l'impérialisme américain, le *Strip*, centre névralgique de Las Vegas, est en effet un bric-à-brac architectural qui semble sorti tout droit d'une bande dessinée pour adultes et constitue le pôle central de l'univers débridé et alambiqué qu'on trouve au cœur d'une des grandes villes les plus étranges des États-Unis. D'aucuns affirment même que ce célèbre *Strip* de Las Vegas, avec l'atmosphère unique qu'il secrète, faite d'une alchimie subtile et complexe à base de rêve et de magie, mais aussi de futile, de factice ou de faux, d'éphémère, d'irrationnel, de démesure et de matérialisme débridé, est devenu la figure emblématique de la sous-culture qui s'est développée dans le monde au cours de la seconde moitié du XXe siècle, mais particulièrement en Amérique du Nord.

Mis à part quelques attraits situés à l'écart du *Strip*, tout est regroupé sur cet espace d'environ 5 km. Le meilleur moment pour déambuler sur le *Strip* est en fin de journée, au moment où la ville baigne dans une lumière crépusculaire. C'est en effet l'heure où les casinos allument un à un leurs néons comme une voie lactée qui s'illumine et rassemble encore davantage une foule captive qui grossit toujours, et c'est le moment magique que choisit chaque soir l'excentrique Las Vegas pour dévoiler véritablement tous ses charmes. Les touristes s'engouffrent alors dans la foule qui circule à pas lents sur des trottoirs très encombrés et s'arrêtent souvent en se grattant la tête pour admirer ces monstres qui brillent désormais de tous leurs feux.

Ceux qui désirent se soustraire pour la journée au cirque ambiant qui égaie de ses flonflons le quartier centré autour du *Strip* peuvent aller visiter la merveille technologique directement responsable du changement de visage du Sud-Ouest américain: le Hoover Dam. Les amateurs de science-fiction peuvent rouler vers l'étrange petite bourgade de Rachel, dans l'espoir de voir des petits bonhommes verts survoler les abords du périmètre de la mystérieuse Area 51. Il y a encore d'autres possibilités d'excursions, comme celle de sillonner le lac Mead ou de s'envoler en hélicoptère pour admirer du haut du ciel le Grand Canyon tout proche, ou encore d'emprunter un sentier de randonnée pédestre au cœur du Red Rock Canyon ou de la Death Valley (la vallée de la Mort) en n'oubliant pas d'emporter principalement d'abondantes provisions de boissons fraîches, car sans cela vous risquez la déshydratation.

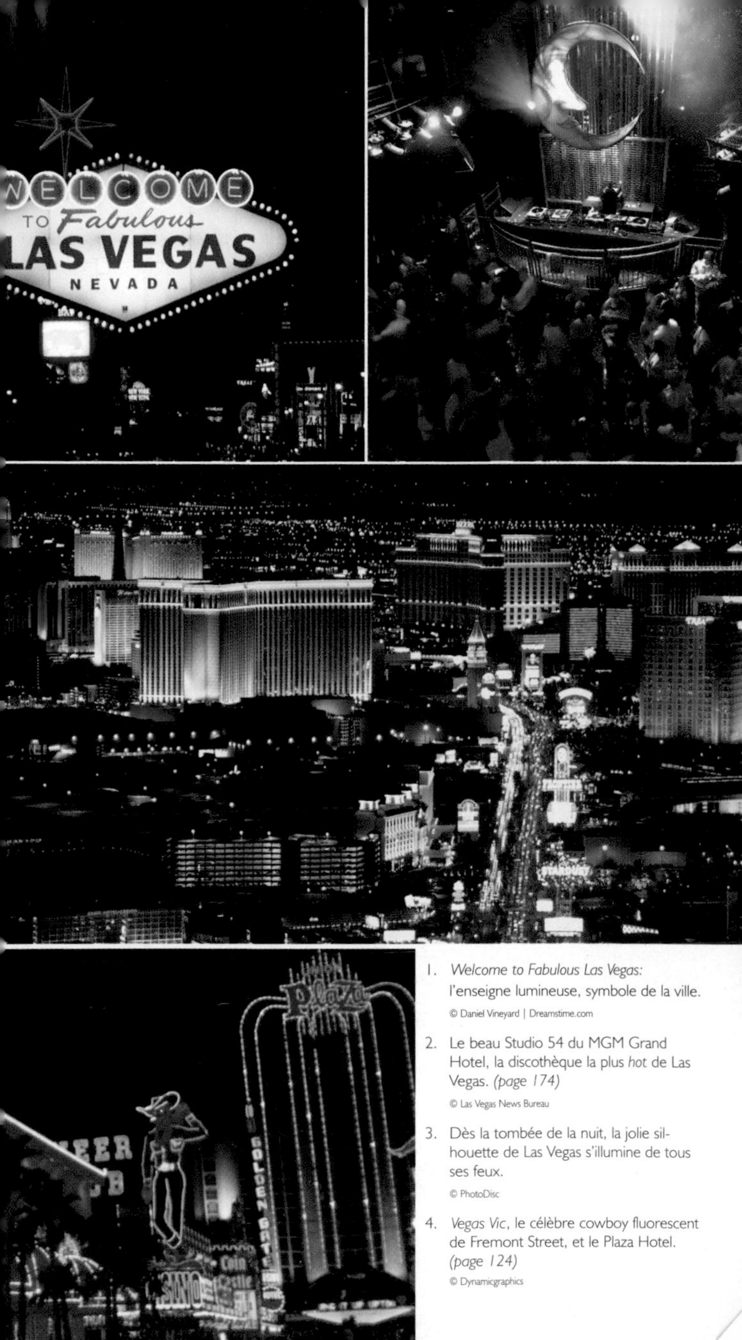

1. *Welcome to Fabulous Las Vegas:* l'enseigne lumineuse, symbole de la ville.

2. Le beau Studio 54 du MGM Grand Hotel, la discothèque la plus *hot* de Las Vegas. *(page 174)*

3. Dès la tombée de la nuit, la jolie silhouette de Las Vegas s'illumine de tous ses feux.

4. *Vegas Vic*, le célèbre cowboy fluorescent de Fremont Street, et le Plaza Hotel. *(page 124)*

1. La réplique à échelle réduite de la statue de la Liberté, au New York-New York Hotel. *(page 69)*
   © Chee-onn Leong | Dreamstime.com

2. Le Paris Las Vegas Hotel s'enorgueillit de sa copie de la tour Eiffel, réduite de moitié. *(page 71)*
   © iStockphoto.com/ Adam Booth

3. Las Vegas, c'est aussi l'Italie, avec le Grand Canal et les gondoles du Venetian Hotel. *(page 74)*
   © Chee-onn Leong | Dreamstime.com

4. *Leo*, le lion doré du MGM Grand Hotel, garde fièrement l'entrée de l'établissement. *(page 69)*
   © Dan Klimke | Dreamstime.com

1. Fremont Street Experience: 16 millions de lumières pour un gigantesque écran DEL. *(page 83)*

2. Dès leur ouverture, les premiers hôtels de Las Vegas ont présenté des spectacles de *showgirls*.

3. Les sosies du *King of rock'n'roll*, Elvis Presley, se retrouvent à l'Elvis-A-Rama. *(page 78)*

4. Attention au jeu! Si l'on peut gagner beaucoup d'argent, on peut en perdre tout autant.

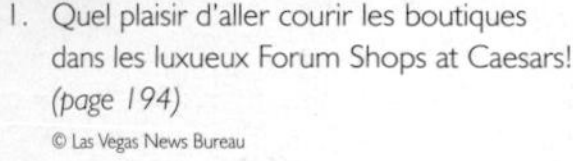

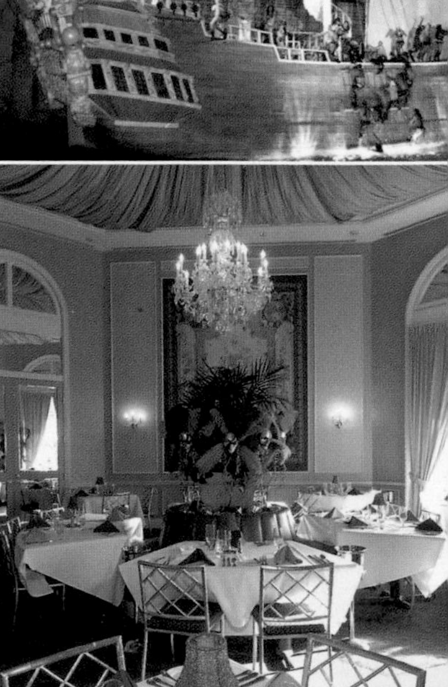

1. Quel plaisir d'aller courir les boutiques dans les luxueux Forum Shops at Caesars! *(page 194)*
   © Las Vegas News Bureau

2. Un joyeux dauphin du Siegfried & Roy's Secret Garden and Dolphin Habitat du Mirage Resort Hotel. *(page 77)*
   © Chee-onn Leong | Dreamstime.com

3. Le monorail bigarré de Las Vegas, un moyen de transport rapide et tout à fait pratique. *(page 66)*
   © Las Vegas Monorail

4. Le spectacle explosif *Sirens of TI* est présenté à l'extérieur du Treasure Island Hotel. *(page 77)*
   © Las Vegas News Bureau

5. Le Commander's Palace, un restaurant gastronomique reconnu pour son hospitalité. *(page 148)*
   © Las Vegas News Bureau

Du Canada à Las Vegas

Las Vegas est la destination qui connaît la plus forte croissance de la demande au Canada. En 2006, le nombre de sièges d'avion au départ des villes canadiennes vers la capitale du jeu est passée de 209 266 à 304 521. Une hausse de 46% pour la période allant de mai à septembre.

Cette explosion de l'offre correspond à la frénésie de développement qui frappe *Sin City*. En 2004 et 2005, la capitale du jeu s'est dotée de 5 500 nouvelles chambres d'hôtel. Cela inclut les 2 700 chambres du Wynn Las Vegas, le dernier-né des hôtels extravagants qui poussent là-bas comme des champignons. Peut-être que la présence de nombre d'artistes et de créateurs québécois, notamment la chanteuse Céline Dion et plusieurs artistes performant dans les multiples spectacles du Cirque du Soleil, n'est pas étrangère à ce nouvel engouement.

Situé au centre-ville, le **Las Vegas Convention and Visitors Authority** *(3150 Paradise Rd., ☎702-892-0711 ou 877-847-4858, www.visitlasvegas.com)* peut vous fournir de nombreux dépliants, brochures et cartes touristiques. Il s'agit de l'unique bureau de tourisme officiel de la ville.

Au sud du *Strip*

Les oisifs peuvent musarder à leur guise et aller où le vent les pousse. On vous propose un petit itinéraire, à modifier selon votre humeur, qui changera sûrement si vous décidez de visiter Las Vegas durant les mois les plus chauds de l'année, entre juin et septembre.

Pourquoi ne pas commencer votre balade par le commencement? C'est-à-dire dans la partie la plus méridionale du *Strip*, pour voir une des icônes emblématiques de *Sin City*, le **célèbre panneau** ★ où l'on peut lire, depuis des lustres, *Welcome to Fabulous Las Vegas!* Le panneau étant un peu excentré, il est

Le monorail

Pour éviter de marcher et de suer à grosses gouttes durant les journées de chaleur torride à Las Vegas, il existe différents réseaux de monorail qui permettent aux visiteurs de se déplacer commodéent dans *Sin City*.

Le réseau principal, le Las Vegas Monorail, possède sept stations qui proposent un circuit parmi les hôtels-casinos et les attraits du *Strip*. On trouve également deux petits réseaux secondaires de monorail gérés par d'autres hôtels-casinos.

préférable de prendre un taxi plutôt que l'autobus pour s'y rendre. Rares en effet sont les films qui, s'étant servis de Las Vegas comme toile de fond, n'ont pas choisi une vue où le panneau de bienvenue en question n'apparaît pas. Ainsi, vous voilà d'emblée dans le décor d'un film de fiction où le mythe et la légende tiennent l'avant-scène.

Restez ensuite du côté ouest du *Strip* et marchez vers le nord en passant devant le luxueux Four Seasons, pour arriver au chic complexe **Mandalay Bay** *(3950 Las Vegas Blvd. S.)*. Le Mandalay Bay est conçu autour d'un paradis tropical inexistant de l'Asie du Sud-Est. Le soir venu, vos yeux seront inexorablement rivés sur les différentes statues hybrides bizarres, éclairées par des torches à la flamme vacillante qui donnent à cet hôtel des airs mystérieux.

★ ATTRAITS TOURISTIQUES

1. BZ *Welcome to Fabulous Las Vegas*
2. AY Shark Reef
3. AY King Tut's Tomb and Museum
4. BX Titanic Museum
5. AX Manhattan Express
6. BX Lion Habitat
7. BX GameWorks

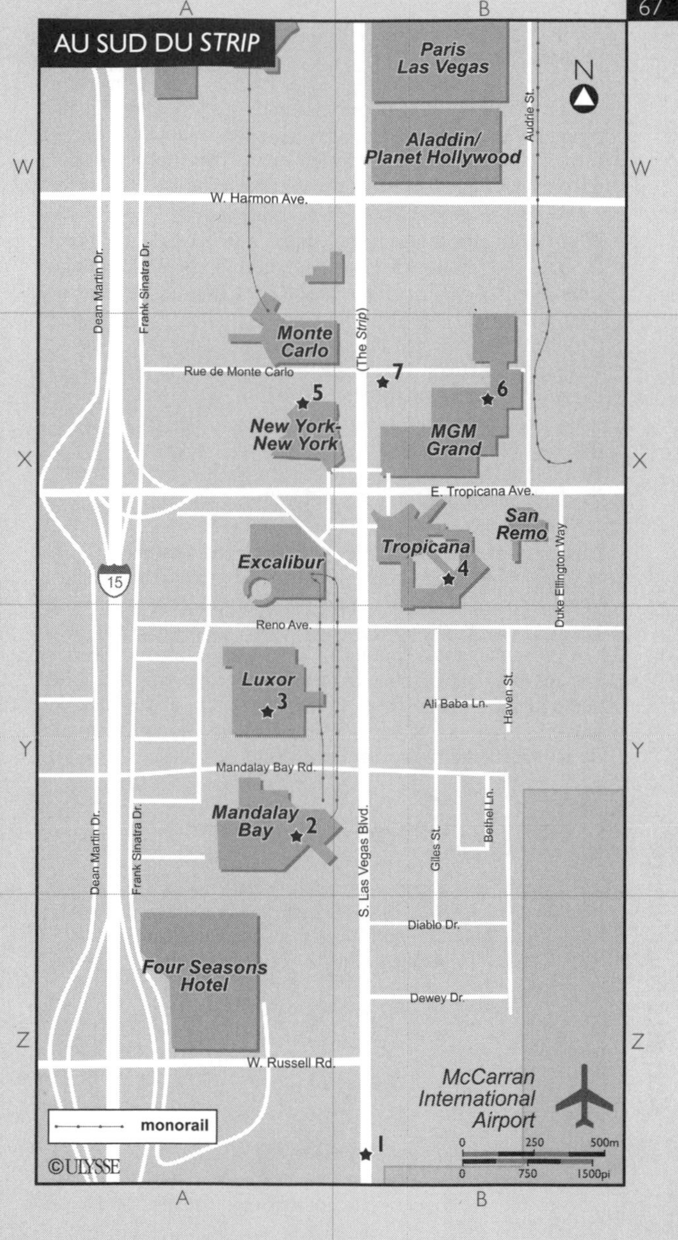
AU SUD DU *STRIP*
A
B
W
X
Y
Z
N
Paris Las Vegas
Aladdin/ Planet Hollywood
Audrie St.
W. Harmon Ave.
Dean Martin Dr.
Frank Sinatra Dr.
Monte Carlo
(The *Strip*)
Rue de Monte Carlo
7
5
6
New York-New York
MGM Grand
E. Tropicana Ave.
San Remo
Tropicana
4
Excalibur
15
Duke Ellington Way
Reno Ave.
Luxor
3
Ali Baba Ln.
Haven St.
Mandalay Bay Rd.
Mandalay Bay
2
Bethel Ln.
Giles St.
S. Las Vegas Blvd.
Diablo Dr.
Four Seasons Hotel
Dewey Dr.
W. Russell Rd.
McCarran International Airport
monorail
1
0
250
500m
750
1500pi
©ULYSSE

Attrait digne de mention situé à l'intérieur du Mandalay Bay, le **Shark Reef** ★ *(16,95$; tlj 10h à 23h; ☎702-632-4555)* est un aquarium qui abrite quelque 2 000 espèces de poissons colorés, des requins à la dentition pointue, des tortues au regard placide ainsi qu'une ribambelle d'espèces marines appartement au fascinant monde du silence. Prévoyez quelques heures pour visiter le tout.

Poursuivez votre chemin vers le nord, à pied ou par un mode de transport moins éreintant. Le prodigieusement étrange **Luxor** ★★★ *(3900 Las Vegas Blvd. S.)* est impossible à manquer, à cause du colossal sphinx aux yeux bleus prenant une pause ostentatoire tout en gardant l'imposante pyramide de verre noir du Luxor. Une fois la nuit tombée, le sphinx semble auréolé d'énergie mystérieuse, et l'on serait porté à croire que la pyramide noire va se transformer en base intergalactique futuriste balisée par de puissants rayons qui convergent vers le sommet et illuminent le ciel, et qui constitueraient, dit-on, le plus puissant faisceau lumineux du monde.

Le Luxor abrite aussi le **King Tut's Tomb and Museum** ★ *(12$; tlj 9h à 23h; ☎702-262-4400)*, une reproduction remarquable, grandeur nature, de la tombe du pharaon Toutankhamon. Les dimensions de chaque pièce, des sarcophages et des objets ornementaux furent reproduites avec minutie par des artisans pour faire l'effet d'un réalisme saisissant. La visite audioguidée dure environ 15 min. Si vous pensez aller un jour en Égypte et que l'archéologie vous passionne, ce pseudo-musée mérite résolument une visite.

Envie...

... de remonter dans le temps? Participez à un dîner-spectacle ayant pour thème les chevaliers de la Table ronde grâce au **Tournament of Kings** présenté à l'Excalibur (voir p 146). Revivez les joutes d'antan où des chevaliers s'affrontent dans différentes épreuves pour ravir le cœur d'une belle damoiselle.

Continuez ensuite vers l'**Excalibur** ★ *(3850 Las Vegas Blvd. S.)*, une version drolatique et un brin farfelue d'un coloré château médiéval rappelant vaguement celui du légendaire roi

Arthur et de ses chevaliers poursuivant leur quête chimérique du Saint-Graal. Son illumination nocturne retient l'attention en raison de la palette de couleurs qui enjolivent ses tourelles et ses remparts.

À l'est de l'Excalibur, une passerelle mène au **Tropicana** *(3801 Las Vegas Blvd. S.)*, qui est exploité sous le leitmotiv des tropiques.

Le **Titanic Museum** *(20$; tlj 10h à 22h; ☎702-739-2411)* ravira les amateurs d'histoire, tout comme les inconditionnels du film du même nom. Les 300 artefacts qui y sont présentés proviennent de l'épave du célèbre navire.

De l'Excalibur, si toutefois vous décidez d'enjamber la passerelle vers le nord, vous vous retrouverez devant l'un des attraits les plus retentissants de Las Vegas, le spectaculaire **New York-New York** ★★★ *(3790 Las Vegas Blvd. S.)*, qui, à notre humble avis, mérite d'être reconnu comme la quintessence des casinos thématiques grâce à ses répliques réduites, mais impressionnantes, de la statue de la Liberté, du Chrysler Building et du Brooklyn Bridge. L'intérieur mérite sans conteste une visite. On y trouve un dédale de petites rues (Bleeker, Hudson, etc.) ponctuées de bouches d'égout d'où la vapeur s'échappe comme à Manhattan. S'y trouve aussi **The Manhattan Express** *(12,50$, 25$ pour un laissez-passer; tlj 10h30 à 24h; ☎702-740-6969)*, des montagnes russes excitantes qui roulent à près de 115 km à l'heure.

Envie...

...d'échapper à la formule buffet proposée à toutes les sauces? Rendez-vous au **Joël Robuchon at the Mansion** (voir p 141). Ce restaurant du grand chef parisien de renommée internationale vous présente un menu dédié aux délices de l'Hexagone, accompagné d'une carte des vins tout aussi invitante et inspirée.

À l'est du New York-New York et au nord du Tropicana, le colossal **MGM Grand** *(3799 Las Vegas Blvd. S.)*, chaussé de sabots surdimensionnés, dresse son imposante façade verte.

Son antre abrite **The Lion Habitat** ★★ *(entrée libre; tlj 11h à 22h; ☎702-891-7777)*. L'emblème de la maison de production hollywoodienne étant le lion, faut-il s'étonner de voir ici une cage vitrée où des lions et des lionceaux évoluent «à l'étroit» dans un pseudo-décor tropical?

Aménagé à l'intérieur du Showcase Mall, **GameWorks** ★★ *(tlj 10h à 24h; 3785 Las Vegas Blvd., ☎702-432-4263)* est le produit du partenariat entre Steven Spielberg et Sega. Résultat: des gamins et des adolescents surexcités s'amusent comme des fous au milieu de plus de 300 jeux vidéo de tout poil qui s'étalent sur une surface d'environ 4 440 m^2. Le centre de divertissement comporte aussi un mur d'escalade de 21,5 m de hauteur dont les parois sont prises d'assaut par des émules de Spider-Man.

En sortant de l'univers du GameWorks, votre regard se portera immanquablement vers l'ouest et tombera sur la silhouette du **Monte Carlo** ★ *(3770 Las Vegas Blvd. S.)*, casino inspiré de celui de la principauté de Monaco, sur la Côte d'Azur. Ses entrées sont ornées d'arches, de statues callipyges et de fontaines clapotantes.

Au centre du *Strip*

Plus au nord, l'**Autos Collection** ★★ *(6,95$; tlj 9h30 à 23h30; 3535 Las Vegas Blvd. S., ☎702-794-3174)* propose un florilège de voitures anciennes, singulières et hors-série. Parmi les quelque 200 véhicules exposés, on remarque la *Papemobile*, l'antique La Nef 1898 à un cylindre, l'ancienne Chrysler du président Eisenhower et notre préférée: la *Batmobile*, une des cinq utilisées pour le tournage de la série culte des téléfilms des années 1960.

Pour ceux qui désirent s'imbiber d'une ambiance gréco-romaine, il leur est possible de jeter un coup d'œil sur le **Caesars Palace** ★ *(3570 Las Vegas Blvd. S.)*, casino décoré dans le style de l'empire décadent. On pourrait affirmer sans ambages que le Caesars Palace a largement contribué au rêve des iconolâtres de Las Vegas lorsqu'il fit son apparition en 1966.

Vous croyez avoir tout vu? Au chapitre du bizarre et du clinquant, **The Fountain Show In The Forum Shops** ★★ *(entrée libre; tlj aux heures entre 10h à 23h; 3500 Las Vegas Blvd. S., ☎702-893-4800)* ajoute à l'incongru et mérite sans conteste une place de choix dans le genre. Même si vous n'achetez rien au centre commercial The Forum Shops, vous avez là une attraction touristique en soi. On s'enfonce dans une reconstitution d'avenues parsemées de statues de dieux grecs et romains et de fontaines à l'architecture inspirée de l'époque romaine. Parmi ce panthéon de copies de statues antiques, on retrouve celle de Bacchus entouré de quelques dieux romains. Tout à coup, on tamise les lumières, le tonnerre gronde et, contre toute attente, les statues s'animent et parlent, donnant un spectacle son et lumière étrange qui plonge pendant une dizaine de minutes le spectateur dans une sorte de cité légendaire virtuelle qui aurait surgi de l'Atlantide. Bref, c'est un spectacle haut en couleur qui en met plein la vue.

Envie...

... de parfaire vos habiletés dans le merveilleux monde du jeu? Parcourez les rayons du **Gamblers Book Shop** (voir p 197), qui renferment des ouvrages d'intérêt sur le sujet.

Le casino **Paris Las Vegas** ★★★ *(3655 Las Vegas Blvd. S.)* n'a pas besoin de présentation et veut être un digne représentant de la Ville lumière. Impossible de manquer la réplique de la tour Eiffel qui dresse sa silhouette caractéristique à l'horizon. S'y trouvent aussi l'Arc de triomphe de l'Étoile, le palais Garnier, le parc Monceau et la sympathique rue de la Paix, pour tenter de capter et restituer l'atmosphère caractéristique de Paris, France. L'intérieur est décoré de sculptures Art nouveau et de copies de tableaux d'impressionnistes français.

The Eiffel Tower Experience ★ *(9$ lun-jeu, 12$ ven-dim; tlj 10h à 1h; ☎702-946-7000)*. La ville de Las Vegas s'est une fois de plus surpassée en créant une réplique de la tour Eiffel dont l'authenticité atteint de nouveaux sommets. S'élevant à une hauteur de 150 m, soit la moitié de la vraie tour Eiffel, la tour éponyme de la capitale du jeu est d'un réalisme déconcertant. Une fois rendu sur la plate-forme d'observation, vous aurez effectivement une vue magnifique, mais souvenez-vous que le prix d'entrée pour avoir accès au sommet de la vraie tour Eiffel coûte un peu plus de 12$...

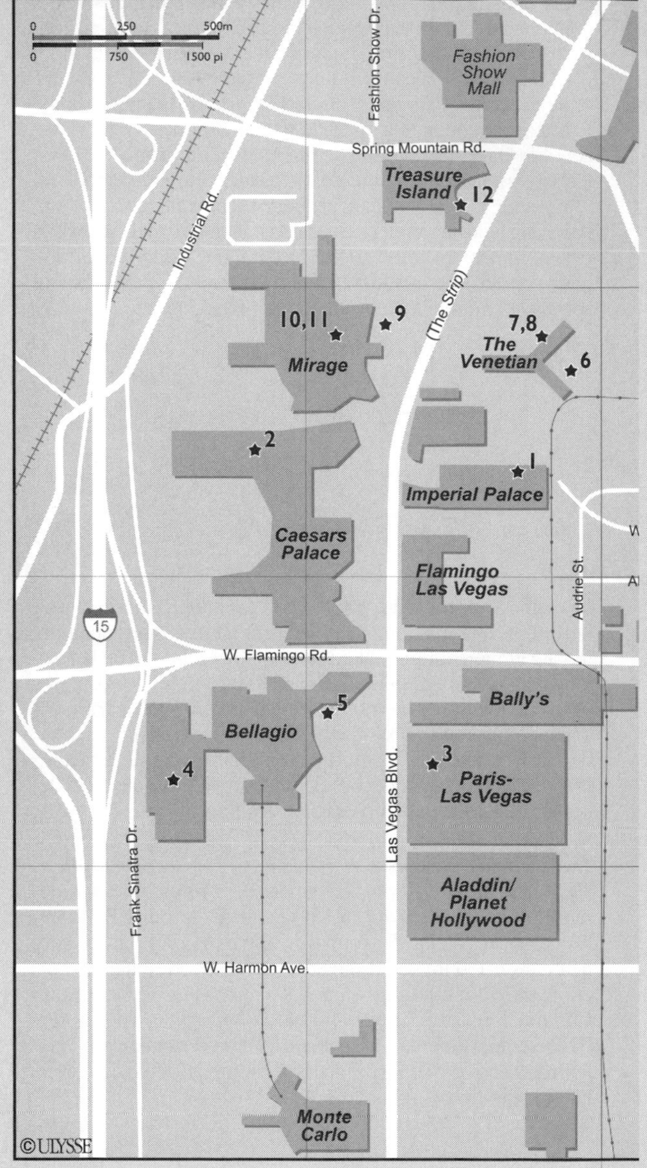
0
250
500m
0
750
1500 pi
Fashion Show Dr.
Fashion Show Mall
Spring Mountain Rd.
Treasure Island
12
Industrial Rd.
(The Strip)
10,11
9
Mirage
7,8
The Venetian
6
2
1
Imperial Palace
Caesars Palace
Flamingo Las Vegas
Audrie St.
15
W. Flamingo Rd.
Bally's
5
Bellagio
3
4
Paris-Las Vegas
Las Vegas Blvd.
Frank Sinatra Dr.
Aladdin/ Planet Hollywood
W. Harmon Ave.
Monte Carlo
©ULYSSE

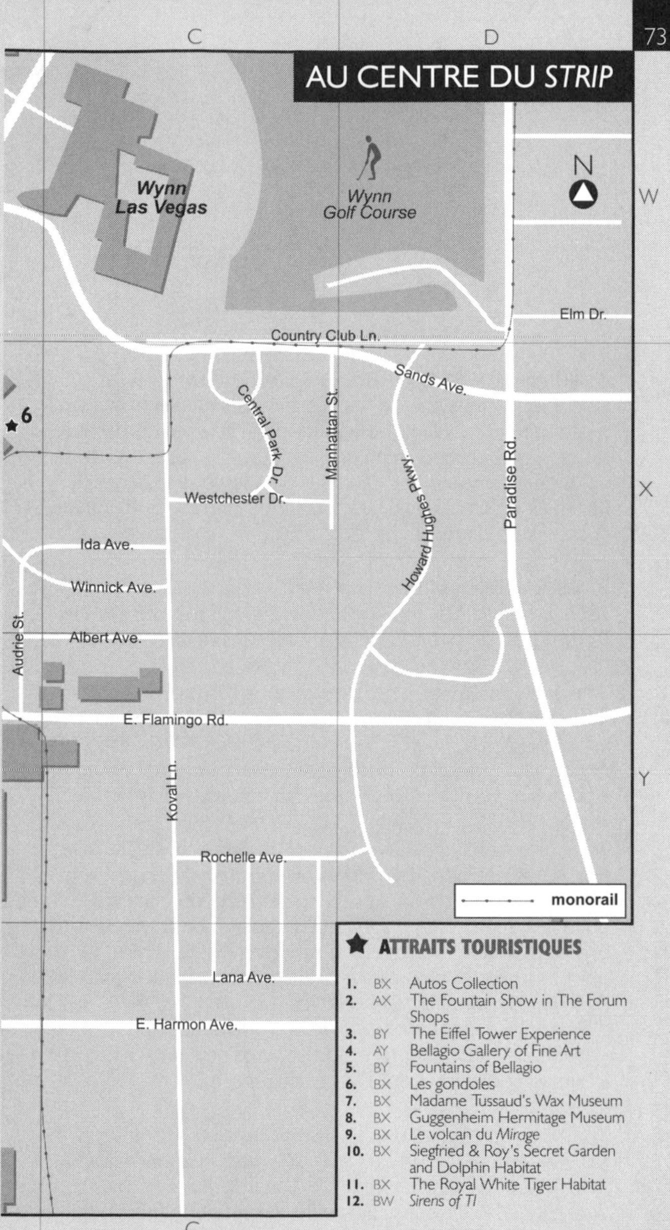

ATTRAITS TOURISTIQUES

1. BX Autos Collection
2. AX The Fountain Show in The Forum Shops
3. BY The Eiffel Tower Experience
4. AY Bellagio Gallery of Fine Art
5. BY Fountains of Bellagio
6. BX Les gondoles
7. BX Madame Tussaud's Wax Museum
8. BX Guggenheim Hermitage Museum
9. BX Le volcan du *Mirage*
10. BX Siegfried & Roy's Secret Garden and Dolphin Habitat
11. BX The Royal White Tiger Habitat
12. BW *Sirens of TI*

Envie...

... de vivre une nuit à la mode de Paris? Sachez que les ***Folies Bergères* du Tropicana** (voir p 167) recréent, avec le même professionnalisme qu'à Paris, des chorégraphies inspirées de la légendaire troupe avec ces filles magnifiques qui dansent avec plumes et paillettes.

Le **Bellagio** ★★★ *(3600 Las Vegas Blvd. S.)* vient ajouter une autre pierre au mythe de Las Vegas. L'établissement n'est pas sans rappeler le village italien qui porte ce nom en bordure du lac de Côme. Son créateur, Steve Wynn, a imposé sa griffe en dictant les nouveaux standards pour les futurs casinos thématiques de Las Vegas: une touche de classe, pas d'enfants et beaucoup d'argent.

La **Bellagio Gallery of Fine Art** ★★ *(15$; tlj 9h à 22h; ☎702-693-7871, www.bgfa.biz)* présente des expositions temporaires d'artistes ou de peintres de renommée internationale.

Sous aucun prétexte, il ne faut manquer le spectacle des **Fountains of Bellagio** *(entrée libre; aux demi-heures lun-ven 15h à 19h et sam-dim 12h à 19h, aux 15 min tlj 20h à 24h; ☎702-693-7111)* donné sous les airs de 10 chansons jouant à tour de rôle qui, à coup sûr, vous fera tomber des nues et vous charmera.

Autre morceau d'Italie transposé à Las Vegas, **The Venetian** ★★★ *(3355 Las Vegas Blvd. S.)* s'offre avec élégance à votre regard. Un pont enjambant un cours d'eau, où circulent des gondoles, mène à sa magnifique façade ornée d'arcades qui évoquent admirablement bien l'architecture de Venise. Ceux qui ont toujours voulu voguer allègrement sur des **gondoles** *(30 min, 15$; dim-jeu 10h à 23h, ven-sam 10h à 24h; ☎702-414-4500)* dirigées par un mec coiffé du traditionnel feutre italien et habillé du chandail rayé noir et blanc peuvent s'épargner ici un billet d'avion pour l'Italie (charme en moins).

The Venetian abrite aussi le **Madame Tussaud's Wax Museum** ★ *(22,95$; 10h à 23h; ☎702-862-7800, www.madametussaudslv.com)*. Frère jumeau de celui de Londres, mais en plus petit, il est divisé en différentes salles d'exposition thématiques qui présentent plus de 100 modèles en cire de personnalités

Les mariages

À Las Vegas, plus de 110 000 couples s'échangent mutuellement chaque année un «oui» consentant tout en se mettant l'anneau au doigt. Pour vous donner une petite idée de l'ampleur de ce chiffre, disons qu'environ 8 400 mariages ont lieu chaque mois. Donc, à peu près 280 par jour ou, si vous préférez, un mariage toutes les 5 minutes 17 secondes...

Pourquoi cet engouement? C'est bien simple, se marier au Nevada demande très peu de démarches ennuyeuses et coûte relativement peu cher si l'on considère toutes les dépenses que peut entraîner un mariage «normal». Qu'est-ce que ça prend? D'abord, il faut présenter une pièce d'identité qui atteste que vous avez au moins 18 ans (passeport ou extrait de naissance). Il faut prévoir 55$ pour vous faire délivrer une autorisation officielle par le **Clark County Marriage Licence Bureau** *(lun-jeu 8h à 24h, ven-dim et jours fériés 24 heures sur 24; 201 Clark Ave., ☎702-671-0600)*. Finalement, il faut se diriger vers une des nombreuses chapelles se dressant sur le *Strip* ou se rendre dans l'une de celles qui se trouvent dans les grands hôtels-casinos.

Bien sûr, si vous souhaitez avoir un garçon d'honneur qui ressemble à Elvis ou que vous préférez échanger vos vœux dans le ciel à bord d'une montgolfière ou d'un hélicoptère, ou encore vous draper dans un costume médiéval pour créer une atmosphère champêtre et moyenâgeuse, les fantaisies et les petits extras qu'il vous prendra envie de vous offrir pour la cérémonie n'ont de limite que l'épaisseur de votre portefeuille.

A Special Memory Wedding Chapel
800 S. Fourth St.
☎702-384-2211 ou
800-962-7798
www.aspecialmemory.com
Cette chapelle organise de nombreuses cérémonies à thème. Et si vous faites partie des couples trop fatigués pour descendre de leur voiture

pour se rendre à l'autel, sachez que vous pouvez échanger vos vœux au *drive-in*. C'est tout simple: payez à la caisse, baissez la fenêtre de votre voiture, écoutez l'officier de cérémonie, embrassez-vous, et le tour est joué!

Graceland Wedding Chapel
619 Las Vegas Blvd. S.
☎702-382-0091 ou
800-824-5732
www.gracelandchapel.com
Comme son nom l'indique, vous pouvez vous marier ici dans la thématique du *King*.

The Little White Wedding Chapel
1301 Las Vegas Blvd. S.
☎702-382-5943 ou
800-545-8111
www.alittlewhitechapel.com
Cette chapelle a acquis une belle réputation en raison de la notoriété des personnages qui s'y sont mariés. On compte notamment Demi Moore et Bruce Willis (mariés en 1987 et divorcés en 2000), de même que Michael Jordan et Juanita Vanoy (1988) ainsi que Joan Collins et Peter Holm (leur mariage a duré un an: 1985-1986). La dernière vedette qui a convolé ici est la chanteuse pop Britney Spears, avec son ami d'enfance Jason Alexander (mais leur union n'a duré que 48 heures!).

connues. La salle *Big Night* montre dans un local décoré façon Art déco des vedettes du cinéma ou de la télévision, comme Brad Pitt et Oprah Winfrey. La salle *Sports Arena* exhibe quant à elle des vedettes du sport telles que Babe Ruth, Joe Montana et Florence Griffith Joyner. Il y a même Muhammad Ali et Evander Holyfield. Une autre salle, désignée du nom de *Las Vegas Legends*, a été réservée pour honorer les personnages qui ont fait la renommée de Las Vegas, tels Tom Jones, Lance Burton, Frank Sinatra, Tony Bennett, Marilyn Monroe et Liberace. S'y trouvent aussi des souvenirs des célébrités qui se sont échangé des vœux.

Également aménagé à l'intérieur du Venetian, le **Guggenheim Hermitage Museum** ★★ *(15$; tlj 9h30 à 20h30; ☎702-414-2493, www.guggenheimlasvegas.org)* est le fruit de la collaboration entre l'Ermitage de Saint-Pétersbourg et la fondation Salomon R. Guggenheim. Le musée de l'Ermitage Guggenheim renferme des chefs-d'œuvre provenant de la prestigieuse collection de l'Ermitage. Attrait incontournable pour les férus d'art, avec des expositions itinérantes pour un plaisir chaque fois renouvelé.

Le **Mirage** *(3400 Las Vegas Blvd. S.)* a projeté Las Vegas dans l'orbite hollywoodienne grâce à son **volcan** ★★★ *(entrée libre; tlj 18h-24h, éruption toutes les heures)* qui crache ses entrailles une fois la nuit tombée. De nombreux badauds incrédules se grattent la tête devant ce spectacle qui leur en met résolument plein la vue.

Autre attrait digne de mention à l'intérieur du Mirage, le **Siegfried & Roy's Secret Garden and Dolphin Habitat** ★ *(15$; lun-ven 11h à 17h30, sam-dim 10h30 à 17h30; ☎702-791-7188, www.miragehabitat.com)* n'est pas un spectacle aquatique de dauphins; il s'agit plutôt ici d'une visite guidée visant à mieux familiariser les visiteurs avec ces sympathiques mammifères marins qui font irrésistiblement sourire petits et grands. Les dauphins se donnent toutefois en spectacle malgré eux. Passé l'immense piscine des dauphins, on pénètre dans le **Secret Garden** ★★. Muni d'un audioguide, on se balade dans un environnement tropical pour observer les animaux exotiques des illusionnistes Siegfried & Roy, entre autres les tigres blancs, l'éléphant d'Asie, la panthère noire, le léopard et les lions.

Le Mirage abrite également le **Royal White Tiger Habitat** *(entrée libre; tlj 10h30 à 22h; ☎702-791-7111, www.miragehabitat.com)*. Vous l'aurez deviné: on y retrouve les tigres blancs de Siegfried & Roy.

Le **Treasure Island** *(3300 Las Vegas Blvd. S.)* a décidé de se mettre au goût du jour, en changeant la formule de sa fameuse bataille de la baie des Boucaniers. Dans le spectacle ***Sirens of TI*** ★★ *(entrée libre; tlj 19h, 20h30 et 23h30; ☎702-894-7111.)*, les pirates patibulaires et corsaires baraqués succombent désormais au charme de sirènes affriolantes qui exsudent un charme mystérieux. Sans trop vendre la mèche (ce qui gâcherait sans doute votre plaisir), voici un bref aperçu de ce qui vous y attend: musique tonitruante, explosions spectaculaires et mise en scène qui prend des allures de vidéoclip pour adolescents en quête d'identité. Bref, c'est plus sexy et plus tendance, et c'est toujours gratuit. Arrivez tôt pour bénéficier d'une bonne vue ou attablez-vous au restaurant de l'hôtel pour vous sustenter tout en admirant le spectacle.

Au nord du *Strip*

L'**Elvis-A-Rama** ★ *(12,95$; tlj 10h à 18h; 3401 Industrial Rd. S., ☎702-309-7200, www.elvisarama.com)* est une autre preuve éloquente qu'Elvis jouit toujours d'une popularité inouïe! Ici les fans du *King* affluent en foule pour admirer plus de 2 000 pièces de collection lui ayant appartenu: voitures, guitares, bouquins, etc. Il y a même des ersatz d'Elvis qui se donnent en spectacle pendant la journée.

Pour entrer dans la peau d'un pilote de voiture de course Indy, pointez-vous au **Sahara Speedworld** ★ *(2535 Las Vegas Blvd. S., ☎702-791-2027)*, où des simulateurs 3D vous donnent la fausse mais agréable impression d'être au volant d'un bolide roulant à toute allure.

Envie...

... d'une activité différente? Il demeure possible de pratiquer l'escalade intérieure à l'**Adventuredome** (voir p 98) et au **GameWorks** (voir p 98) sans sortir des limites de Las Vegas.

Les gamins s'exciteront comme des puces sauteuses dans l'**Adventuredome** *(4-6, laissez-passer 22,95$; lun-jeu 11h à 18h, ven-sam 10h à 24h, dim 10h à 18h; ☎702-794-3939, www.adventuredome.com)*, le plus grand parc d'attractions intérieur en Amérique du Nord, situé dans le **Circus Circus** *(2880 Las Vegas Blvd. S.)*. S'y trouvent aussi des galeries marchandes, des jeux de foire et des amuseurs publics.

La **Stratosphere Tower** *(dim-jeu 10h à 1h, ven-sam et jours fériés 10h à 2h; Stratosphere Las Vegas, 2000 Las Vegas Blvd. S., ☎702-380-7711 pour billets et information, www.stratospherehotel.com)* revendique le titre de la plus haute tour d'observation des États-Unis et mérite qu'on prenne l'ascenseur jusqu'à son **belvédère** ★ *(9,95$, le billet donne aussi accès au parc d'attractions)* pour la splendide vue qu'elle offre. Non satisfaite de figurer au palmarès du plus haut, la tour d'observation s'est dotée des trois plus hauts manèges de la planète: le **Big Shot** ★★ *(8$)*, où l'on s'attache fermement à un siège qui est catapulté vertigineusement à 55 m dans les airs, avant de redescendre comme le mercure d'un thermomètre plongé soudainement

AU NORD DU *STRIP*

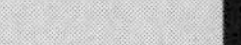

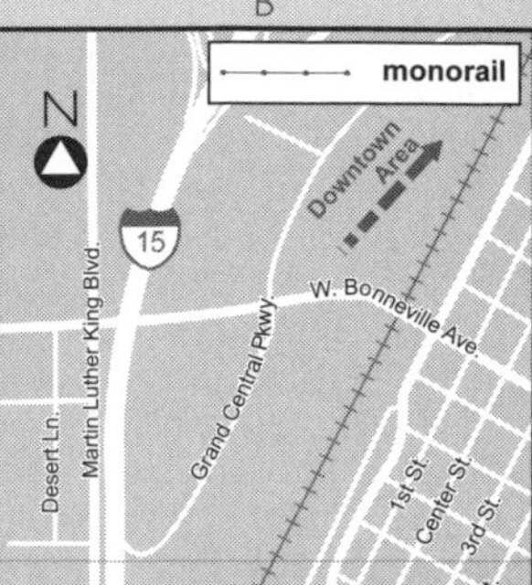

★ ATTRAITS TOURISTIQUES

1. AZ Elvis-A-Rama
2. BY Sahara Speedworld
3. AY Adventuredome
4. BX Stratosphere Tower et son belvédère
5. BX Big Shot
6. BX Insanity the Ride
7. BX X Scream

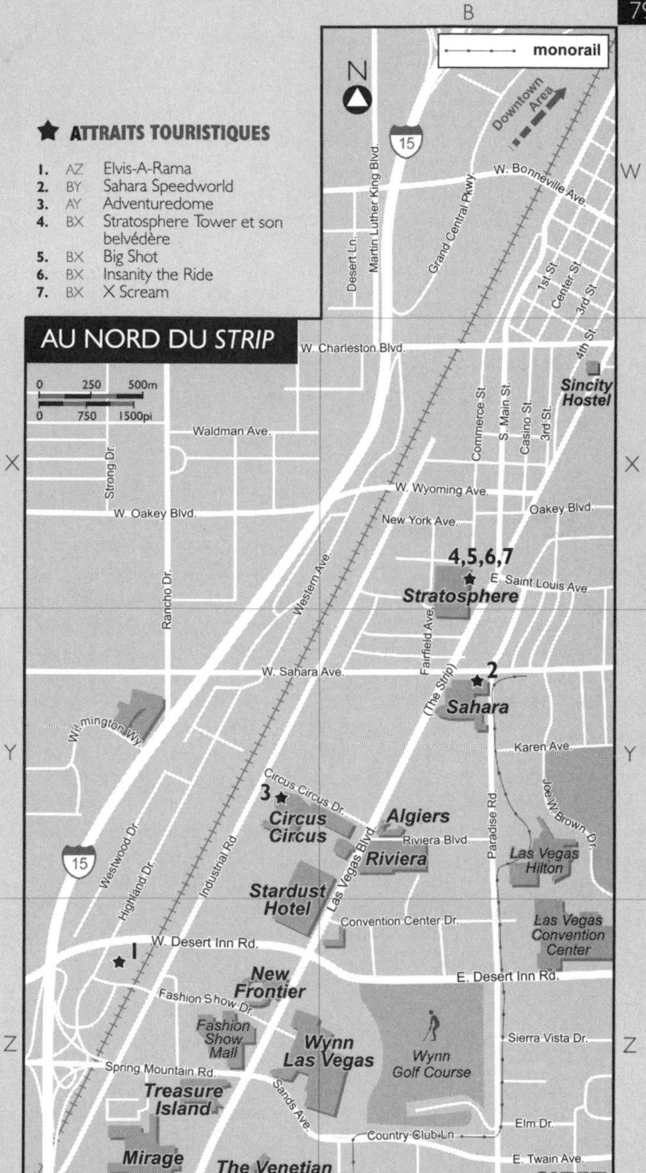

monorail
N
15
Downtown Area
W. Bonneville Ave.
Grand Central Pkwy.
Martin Luther King Blvd.
Desert Ln.
1st St.
Center St.
3rd St.
4th St.
W. Charleston Blvd.
0 250 500m
0 750 1500pi
Sincity Hostel
Waldman Ave.
Strong Dr.
Commerce St.
S. Main St.
Casino St.
3rd St.
W. Wyoming Ave.
W. Oakey Blvd.
New York Ave.
Oakey Blvd.
4,5,6,7
E. Saint Louis Ave.
Stratosphere
Western Ave.
Rancho Dr.
Fairfield Ave.
W. Sahara Ave.
2
(The Strip)
Sahara
Wilmington Wy.
Karen Ave.
3
Circus Circus Dr.
Circus Circus
Algiers
Joe W. Brown Dr.
Riviera Blvd.
Riviera
Paradise Rd.
Las Vegas Hilton
15
Westwood Dr.
Highland Dr.
Industrial Rd.
Stardust Hotel
Las Vegas Blvd.
Convention Center Dr.
Las Vegas Convention Center
W. Desert Inn Rd.
1
New Frontier
E. Desert Inn Rd.
Fashion Show Dr.
Fashion Show Mall
Wynn Las Vegas
Wynn Golf Course
Sierra Vista Dr.
Spring Mountain Rd.
Treasure Island
Sands Ave.
Elm Dr.
Country Club Ln.
Mirage
The Venetian
E. Twain Ave.
©ULYSSE
A
B
W
X
Y
Z

dans la glace carbonique; l'**Insanity the Ride** *(8$)*, les montagnes russes les plus élevées de la planète qui filent à plus de 70 km à l'heure; et **X Scream** ★ *(8$)*, le dernier-né des manèges «extrêmes», qui porte très bien son nom. Le principe du X Scream est simple. Du haut de la Stratosphère, vous prenez place dans une rangée de sièges. Une barre de sécurité se rabat sur vos genoux avant que vous ne soyez propulsé à environ 50 km/h au-dessus du vide. Puis, après que le manège s'est immobilisé pendant quelques secondes (qui semblent des années-lumière) durant lesquelles les clients s'époumonent de frayeur, on le retourne à la case départ. Évidemment, les amateurs de sensations fortes se bousculent au portillon. Devons-nous ajouter que les personnes souffrant de troubles cardiaques, les femmes enceintes et toute autre personne allergique aux hauteurs ou sujette au vertige devraient s'abstenir?

À l'est du *Strip*

Si le **Las Vegas Hilton** *(3000 Paradise Rd.)* a toute la classe qui va de pair avec le prestige de cette chaîne hôtelière, à Las Vegas ce sont les amateurs de *Star Trek* qui s'y pressent. Et pour cause: les inconditionnels – et les moins convaincus – ne voudront pour rien au monde manquer le spectaculaire **Star Trek: The Experience** ★★ *(40$; tlj 10h à 22h; ☎702-732-5111 ou 888-732-7117, www.startrekexp.com)*. Un investissement conjoint de quelque 70 millions de dollars de Paramount et du Las Vegas Hilton a permis l'avènement d'un véritable hommage à *Star Trek* comprenant un musée, un parc d'attractions, un bar-restaurant et la plus importante boutique d'articles *Star Trek* au monde. Cependant, c'est le parc d'attractions qui marquera le plus fortement les esprits, puisque cette aventure interactive dans l'univers futuriste du XXIVe siècle est rendue possible grâce à un mélange fascinant d'acteurs et de projections 3D et 4D.

Ce n'est un secret pour personne: dans les années 1940 et 1950, le gouvernement américain a testé des armes atomiques dans l'étendue désertique qui se trouve au nord de Las Vegas. L'**Atomic Testing Museum** *(10$; lun-sam 9h à 17h, dim 13h à 17h; 755 Flamingo Rd. E., ☎702-794-5161, www.atomictestingmuseum.org)* rappelle ce pan de l'histoire du Nevada.

Arrêt obligatoire pour la vieille garde du rock, le **Hard Rock Hotel** ★★★ *(4455 Paradise Rd.)* prend des allures de véritable

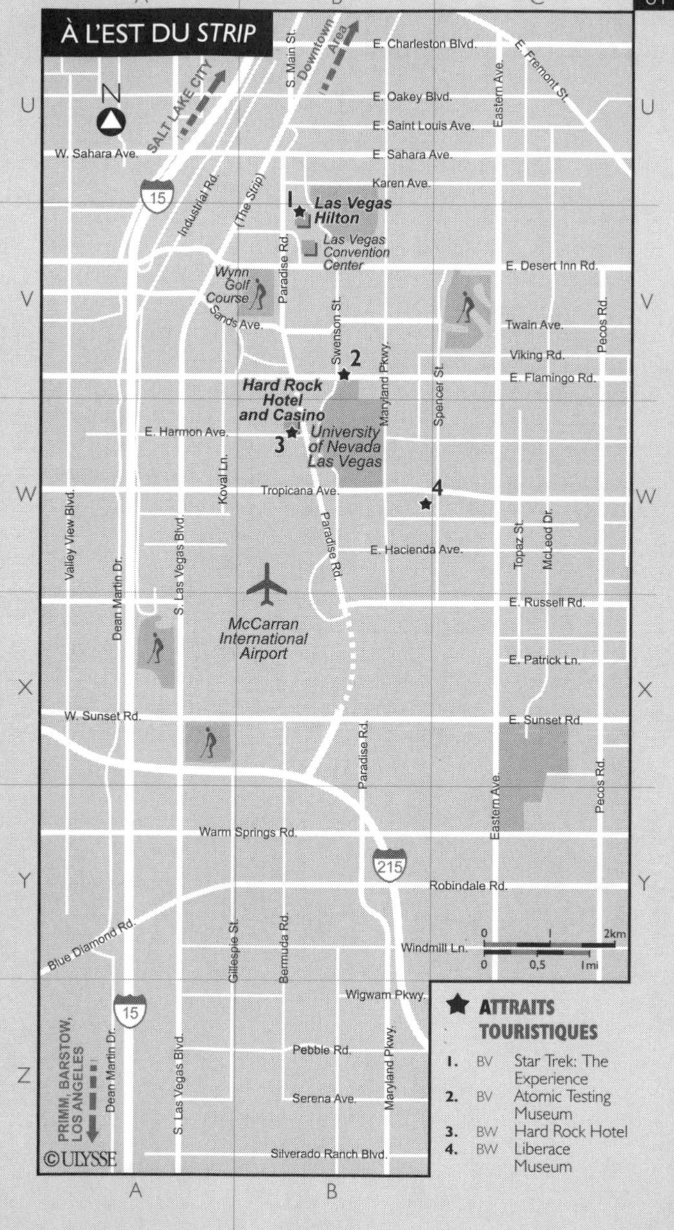
À L'EST DU STRIP
A
B
C
U
V
W
X
Y
Z
N
SALT LAKE CITY
Downtown Area
S. Main St.
E. Charleston Blvd.
E. Fremont St.
Eastern Ave.
E. Oakey Blvd.
E. Saint Louis Ave.
W. Sahara Ave.
E. Sahara Ave.
Karen Ave.
15
Industrial Rd.
(The Strip)
1
Las Vegas Hilton
Las Vegas Convention Center
Paradise Rd.
E. Desert Inn Rd.
Wynn Golf Course
Sands Ave.
Swenson St.
Twain Ave.
Viking Rd.
Pecos Rd.
2
Maryland Pkwy.
Spencer St.
E. Flamingo Rd.
Hard Rock Hotel and Casino
E. Harmon Ave.
3
University of Nevada Las Vegas
Tropicana Ave.
4
Koval Ln.
Valley View Blvd.
S. Las Vegas Blvd.
Paradise Rd.
E. Hacienda Ave.
Topaz St.
McLeod Dr.
Dean Martin Dr.
McCarran International Airport
E. Russell Rd.
E. Patrick Ln.
W. Sunset Rd.
E. Sunset Rd.
Paradise Rd.
Eastern Ave.
Pecos Rd.
Warm Springs Rd.
215
Robindale Rd.
Blue Diamond Rd.
Gillespie St.
Bermuda Rd.
0
1
2km
Windmill Ln.
0
0,5
1mi
Wigwam Pkwy.
15
PRIMM, BARSTOW, LOS ANGELES
Dean Martin Dr.
S. Las Vegas Blvd.
Pebble Rd.
Maryland Pkwy.
Serena Ave.
Silverado Ranch Blvd.
©ULYSSE
ATTRAITS TOURISTIQUES
1. BV Star Trek: The Experience
2. BV Atomic Testing Museum
3. BW Hard Rock Hotel
4. BW Liberace Museum

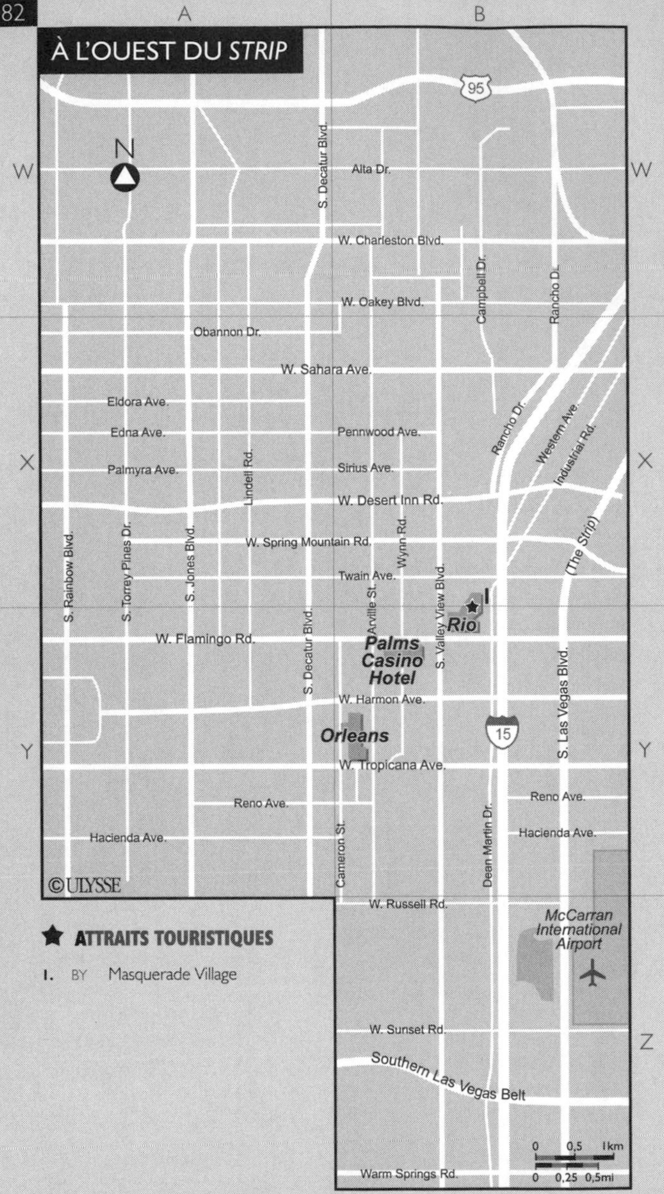

★ ATTRAITS TOURISTIQUES

1. BY Masquerade Village

musée consacré au *rock 'n' roll*. Produit dérivé des Hard Rock Cafe, le Hard Rock Hotel se targue d'être le premier établissement hôtelier consacré aux stars du rock. On y trouve plusieurs instruments de musique (surtout des guitares électriques) d'artistes de renom ainsi que des paroles de textes de Jim Morisson, de Bruce Springsteen et de Bob Dylan.

Temple du kitsch et du farfelu, le **Liberace Museum** ★ *(12,50$; lun-sam 10h à 17h, dim 12h à 16h; 1775 E. Tropicana Ave.,* ☎*702-798-5595, www.liberace.org)* veut perpétuer la mémoire du célèbre pianiste extravagant dont le nom est aussi évocateur dans les annales musicales de Las Vegas que ses accessoires, voitures et costumes, tous hors du commun. Inauguré en 1979, le musée est divisé en deux ailes distinctes. On achète le billet d'entrée dans le premier bâtiment, qui abrite aussi ses bagnoles rutilantes et ses nombreux pianos. L'autre salle se trouve dans l'autre aile du bâtiment, à deux minutes de marche de la première, et expose essentiellement ses costumes bizarres et ses accessoires de scène au luxe ostentatoire. Allez-y seulement si vous êtes un fan de l'artiste.

À l'ouest du *Strip*

Le **Masquerade Village** ★ *(Rio Suite Hotel & Casino, 3700 W. Flamingo Rd.,* ☎*702-252-7776)* vous plonge dans une atmosphère carnavalesque où des acrobates, danseurs, saltimbanques et autres amuseurs publics ne demandent qu'à vous divertir.

Downtown Area

Un des classiques de Las Vegas est la **Fremont Street Experience** ★★ *(entrée libre; projections tlj à 20h, 21h, 22h et 23h;* ☎*702-678-5600 ou 800-249-3559, www.vegasexperience.com)*. Lorsque les gros casinos thématiques ont fait leur apparition sur le *Strip* en 1990, le Downtown Area fut relégué à l'arrière-plan. Le quartier s'est revigoré en 1995 grâce aux 70 millions de dollars insufflés pour créer la Fremont Street Experience. Qu'on aime ou que l'on déteste, il s'agit d'un spectacle visuel auquel nul ne peut rester indifférent: cinq quadrilatères fermés à la circulation automobile et recouverts d'un immense dôme doté de plus de 2,1 millions de néons qui s'allument et s'éteignent en une fraction de seconde pour former des images étranges, dans une ambiance sonore éclectique em-

★ ATTRAITS TOURISTIQUES

1. BY Fremont Street Experience
2. BW Old Las Vegas Mormon Fort

DOWNTOWN AREA

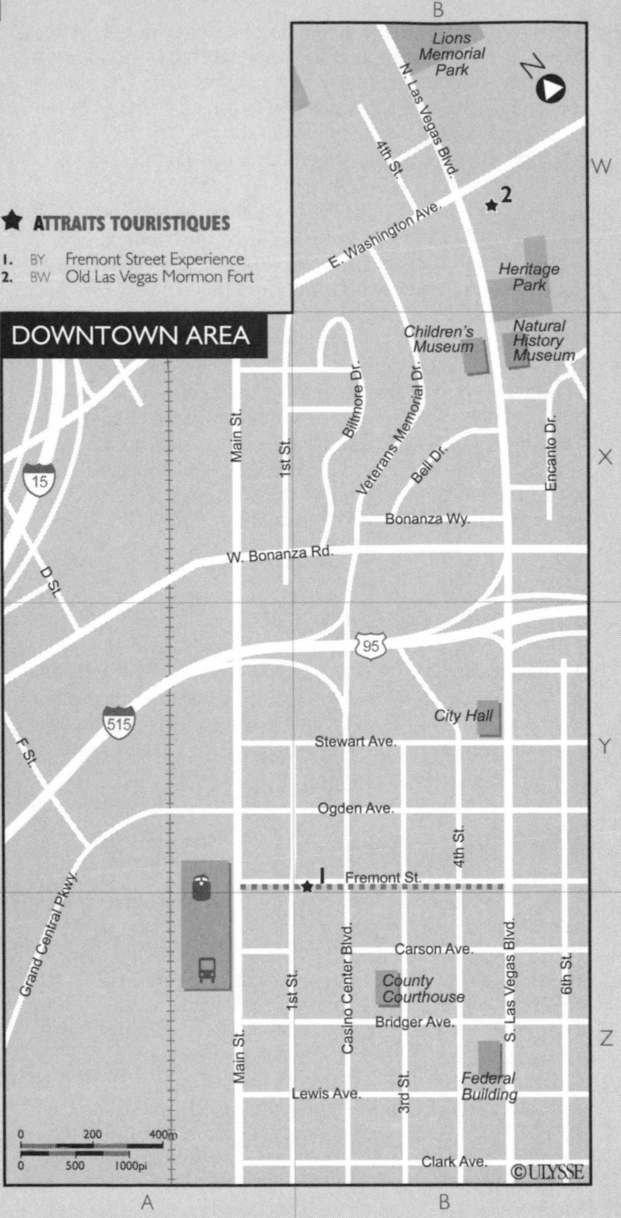

pruntant aux styles musicaux les plus divers, allant du classique au swing en passant par le country. Mis à part l'étonnant spectacle son et lumière, Fremont Street est flanquée de casinos et de magasins de souvenirs clinquants.

Envie...

... d'une sortie un peu canaille sans toutefois choquer les convenances? Assistez à une représentation de **Zumanity, Another Side of Cirque du Soleil** (voir p 191), qui présente différents tableaux mêlant art du cirque et érotisme.

Il ne reste pas grand-chose d'original de l'**Old Las Vegas Mormon Fort** *(3$; lun-sam 8h à 16h30; 908 Las Vegas Blvd. N., angle Washington Blvd., ☎702-486-3511, http://parks.nv.gov/olvmf.htm)*, qui fut l'endroit où les premiers colons se sont installés en 1855. Malgré tout, allez-y si vous êtes passionné d'histoire et de vieilles pierres.

Reno

S'étant autoproclamée *The Biggest Little City in the World*, Reno a subi moult changements depuis les premiers balbutiements de ses colonisateurs. Alors que Las Vegas n'était même pas un point sur l'échiquier géographique du Nevada, Reno revendiquait jadis l'«honneur» d'être surnommée *Sin City* (la ville du péché) avant de perdre ce titre et d'être ultérieurement distancée à tout jamais par la capitale du jeu.

La folle époque à l'ambiance chamarrée qui enveloppait Reno n'est plus qu'un souvenir étrangement distant. Aujourd'hui, la ville jongle avec la question de savoir quelle voie emprunter en cette période charnière. Elle ressemble un peu à l'adolescent en crise d'identité qui éperonne le temps avant de redémarrer vers l'avenir.

D'un côté, Reno se complaît avec son rythme de vie détendu et ses casinos à l'atmosphère de bon aloi, où les résidants et les retraités débarquant des autocars tentent d'assurer leurs vieux jours en misant leur chèque de paie ou leur pension. De l'autre, elle attend fébrilement l'aval des investisseurs qui hésitent avant d'insuffler d'abondant billets verts afin d'ériger de nouveaux casinos et commerces au nom de l'avenir et du progrès.

Nommée en l'honneur d'un héros de la guerre civile, le général Jesse Lee Renault, dont le nom est incidemment anglicisé, et qui, d'ailleurs, n'a jamais combattu dans l'Ouest, la ville de Reno compte plus de 200 000 habitants, est située près de la Californie à environ 1 380 m d'altitude et bénéficie de 290 jours ensoleillés par année.

Tout a commencé en 1859 lorsqu'un pont payant fut construit pour enjamber la Truckee River et faciliter ainsi le passage des pionniers voyageant en chariots bâchés avec l'espoir de faire fortune en Californie. Avant la fin du siècle, la découverte de gisements aurifères combinée à l'arrivée du train éleva Reno au rang de ville, laquelle profita du développement de sa sœur jumelle et mitoyenne, Sparks, pour s'agrandir parallèlement.

En 1927, juste avant la grande dépression des années 1930, l'autoroute transcontinentale atteint Reno en grande pompe. Pour célébrer et commémorer cet événement, une arche enjambant Virginia Street fut construite avec le slogan qui souhaitait la bienvenue à *The Biggest Little City in the World*. Afin d'essayer d'apporter une solution aux problèmes économiques engendrés par la crise de 1929, le Nevada prit une chance et lança les dés en 1931, devenant ainsi le premier État à légaliser les maisons de jeux. Il va sans dire que Reno en tira grandement profit, ce qui lui permit de croître dans l'opulence des billets verts perdus par les joueurs compulsifs.

À la même époque, une loi de l'État autorisa les couples à divorcer en deux temps, trois mouvements. Alors que les autres États exigeaient de longues démarches fastidieuses pour rompre un mariage, le Nevada permettait à quiconque de le faire en seulement six semaines. Instantanément, Reno devient la capitale mondiale des divorces. Il n'en fallait pas plus pour attirer ici bon nombre de célébrités de tout acabit prêtes à annuler leur contrat de mariage avec, en prime, le

★ ATTRAITS TOURISTIQUES

1. BY National Automobile Museum
2. BZ Nevada Museum of Art
3. AW Circus Circus Mezzanine Arcade
4. BX Fitzgerald's Lucky Forest & Antique Slot Display
5. BX Reno Arch

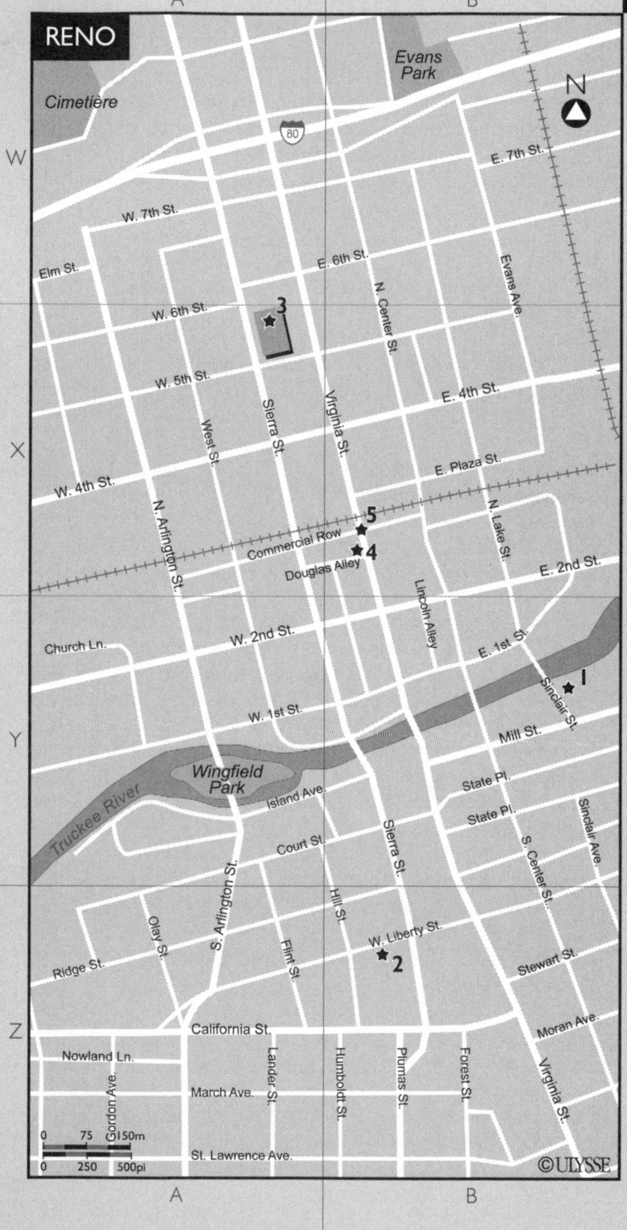
RENO
Cimetière
Evans Park
80
N
W. 7th St.
E. 7th St.
Elm St.
E. 6th St.
W. 6th St.
W. 5th St.
E. 4th St.
W. 4th St.
E. Plaza St.
N. Center St.
Evans Ave.
West St.
Sierra St.
Virginia St.
N. Arlington St.
N. Lake St.
Commercial Row
Douglas Alley
E. 2nd St.
Lincoln Alley
W. 2nd St.
Church Ln.
E. 1st St.
Sinclair St.
W. 1st St.
Mill St.
Wingfield Park
Truckee River
Island Ave.
State Pl.
State Pl.
Court St.
Sinclair Ave.
S. Center St.
S. Arlington St.
Olay St.
Hill St.
Flint St.
W. Liberty St.
Ridge St.
Stewart St.
California St.
Moran Ave.
Nowland Ln.
Gordon Ave.
Lander St.
Humboldt St.
Plumas St.
Forest St.
Virginia St.
March Ave.
St. Lawrence Ave.
0 75 150m
0 250 500pi
©ULYSSE
A
B
W
X
Y
Z

plaisir de s'adonner au jeu, ce qui, par le fait même, contribua à accroître encore davantage la notoriété naissante de Reno. La nation tout entière en fut choquée. Les médias déversaient leur fiel en conspuant les mœurs licencieuses et corrompues du Nevada. À titre d'exemple, le *Los Angeles Times* décrivit le Nevada comme étant une *Vicious Babylon*, et c'est à cette époque que Reno fut la première gratifiée du surnom de *Sin City*.

Un peu plus tard, en 1945, lorsque «Bugsy» Siegel inaugura à Las Vegas le désormais célèbre Flamingo Hotel, ce nouveau casino déplaça complètement à son profit l'activité des principales maisons de jeux de Reno. Dans les années 1970, Reno connut un regain de vie lorsque plusieurs nouveaux casinos y furent érigés. Aujourd'hui Reno profite d'une relance économique.

Sans nul doute le fleuron des attraits touristiques de Reno, le **National Automobile Museum** ★★★ *(9$; lun-sam 9h30 à 17h30, dim 10h à 16h; 10 Lake St. S., angle Mill St., ☎775-333-9300, www.automuseum.org)* présente dans différentes salles d'exposition une collection d'environ 200 voitures antiques et rutilantes datant pour certaines de 1892. Petits et grands pourront ouvrir bien grand les yeux et se divertir en observant les magnifiques vieilles bagnoles exposées dans ce musée situé à quelques minutes de marche du centre-ville. Profitez de votre visite pour faire une halte aux garages qui jouxtent les salles d'exposition; vous pourrez y faire un brin de causette avec les mécaniciens qui s'affairent à retaper ces engins. S'y trouvent aussi un petit magasin qui vend différents bouquins sur les voitures anciennes et un petit restaurant où il est reposant de siroter un café.

Le **Nevada Museum of Art** *(10$; mar-dim 11h à 17h, jeu 10h à 20h; 160 Liberty St., angle Sierra St. W., ☎775-329-3333, www.nevadaart.org)* propose des expositions temporaires classiques et contemporaines. Des œuvres de Warhol et de Rodin y ont déjà été présentées.

Vos gamins adoreront la **Circus Circus Reno Arcade** *(500 N. Virginia St., ☎775-329-0711)*, qui regroupe sous un même toit des jeux d'arcade et de foire ainsi que des amuseurs publics. Profitez-en pour gagner le gros toutou en peluche offert à tout joueur qui réussit avec une balle à faire tomber les bouteilles.

Le **Fitzgerald's Lucky Forest & Antique Slot Display** *(Fitzgerald's Hotel Casino, 255 N. Virginia St.,* ☎*775-785-3300)* renferme une collection incongrue de porte-bonheur de partout à travers le monde ainsi qu'une belle collection de vieilles *slot machines*.

Au début du XXe siècle, alors que la ville attendait fébrilement l'arrivée de l'autoroute transcontinentale, les autorités de la ville organisèrent un concours doté d'un prix de 100$ pour trouver un slogan original qui caractériserait bien Reno. Un certain G.A. Burns de Sacramento, en Californie, fut le vainqueur grâce à son slogan qui est devenu l'enseigne emblématique de la ville, *The Biggest Little City in the World*, et qui l'est aujourd'hui encore grâce à la construction le 25 juin 1929 de la **Reno Arch**, une arche décorative. Cette arche enjambe Virginia Street à l'angle de Commercial Street. Une autre arche, plus ancienne cependant, se trouve au-dessus de Lake Street, près du National Automobile Museum.

Les environs de Las Vegas

Hoover Dam

★★★

À 55 km de Las Vegas, chevauchant le Nevada et l'Arizona, la merveille technologique qui changea à tout jamais le visage du Sud-Ouest américain, le barrage Hoover, est l'aboutissement fabuleux d'un effort collectif quasi surhumain de persévérance et de courage. Bâti durant la grande dépression des années 1930 pour dompter le furieux fleuve Colorado, qui se faufile à travers quelques États avant de se tarir dans le désert, le Hoover Dam a une histoire qui s'inscrit dans la lignée des brillantes réalisations modernes et s'ajoute à la liste des œuvres de génie civil les plus remarquables, classées au chapitre des *Nine man-made wonders of the 20th century*.

Pour vous donner une petite idée de la force dévastatrice du fleuve Colorado à l'époque de la colonisation de l'Ouest américain, précisons seulement à titre d'exemple digne de mention qu'il est directement responsable d'avoir creusé au cours des millénaires de son histoire le passage naturel d'une grande beauté, quoique austère, qu'on appelle le «Grand Canyon».

Nine man-made wonders of the 20th century

Voici, énumérés de façon aléatoire, les chefs-d'œuvre de la technologie qui constituent cette courte liste très sélective:

Le Golden Gate Bridge *(San Francisco)*

Le tunnel sous la Manche *(France et Grande-Bretagne)*

Le Dwight Eisenhower System of Interstate and Defense Highway *(États-Unis)*

L'Empire State Building *(New York)*

Le canal de Panamá *(Panamá)*

La Sydney Opera House *(Australie)*

L'Aswan High Dam *(Égypte)*

Le Chek Lap Kok Airport *(Lantau Island, Chine)*

Le Hoover Dam *(Arizona et Nevada)*

Au début du siècle dernier, et certaines années au commencement du printemps, lorsque les eaux de la fonte des neiges coulaient à flots depuis les hauts sommets des Rocheuses et venaient soudain gonfler le débit de tous les ruisseaux dévalant de la montagne, la rivière devenait fleuve tumultueux et, dans sa course précipitée vers l'océan, ravageait des villages entiers, ruinait des plantations et entraînait hommes, femmes et enfants se trouvant sur son parcours à chercher le salut dans la fuite, puisque à l'époque rien ni personne ne pouvait maîtriser ce terrible soubresaut de la nature. Par contre, durant les années de grande sécheresse, le fleuve s'apaisait, causant du même coup un dramatique manque d'eau pour arroser les terres ou abreuver les animaux. Bientôt les têtes dirigeantes des États riverains du fleuve agirent de concert avec le gouvernement fédéral pour trouver ensemble le remède qui soulagerait les déboires que la population de la vallée devait subir comme une fatalité presque chaque année. En 1928, le Congrès américain adoptait la loi du Boul-

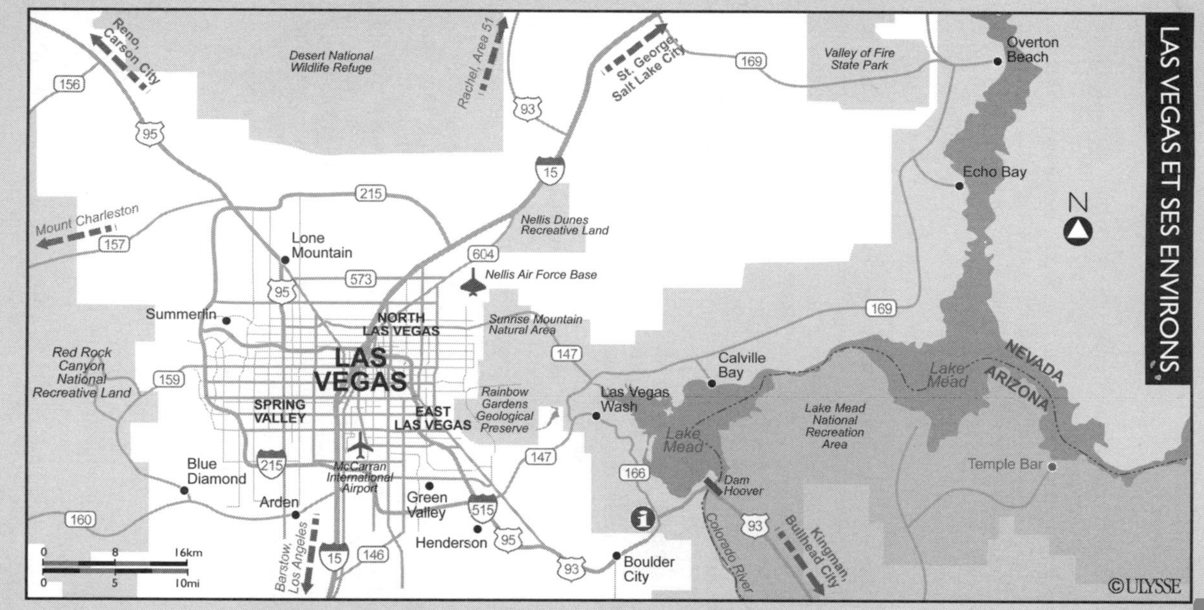
LAS VEGAS ET SES ENVIRONS
Reno, Carson City
Desert National Wildlife Refuge
Rachel, Area 51
St. George, Salt Lake City
Valley of Fire State Park
Overton Beach
Echo Bay
N
Mount Charleston
Nellis Dunes Recreative Land
Lone Mountain
Nellis Air Force Base
Summerlin
NORTH LAS VEGAS
Sunrise Mountain Natural Area
Red Rock Canyon National Recreative Land
LAS VEGAS
Calville Bay
NEVADA
ARIZONA
Lake Mead
Las Vegas Wash
Rainbow Gardens Geological Preserve
SPRING VALLEY
EAST LAS VEGAS
Lake Mead National Recreation Area
Blue Diamond
McCarran International Airport
Temple Bar
Dam Hoover
Green Valley
Arden
Henderson
Boulder City
Colorado River
Kingman, Bullhead City
Barstow, Los Angeles
0 8 16km
0 5 10mi
©ULYSSE

der Canyon Project et donnait du même coup son aval pour commencer les travaux de construction du Hoover Dam.

Le Hoover Dam avait pour objectif premier d'empêcher les inondations dues aux crues printanières et de contrôler le débit du fleuve Colorado afin de fournir une source d'eau potable sûre et régulière pour l'irrigation des terres. On oublie souvent le long travail, fastidieux, pénible et dangereux qui se cache derrière une grande œuvre comme le barrage Hoover, laquelle s'inscrit parmi les merveilles de l'ingénierie moderne.

En effet, des milliers d'hommes ont sué sang et eau, ont travaillé sans relâche, jour et nuit, avec ardeur, diligence et opiniâtreté pour parvenir à dompter le cours du fougueux Colorado à sa sortie de l'impressionnant canyon. Certains y sont malheureusement morts à la tâche. Les archives officielles racontent que 96 personnes périrent lors des travaux de construction, tandis que d'autres affirment que ce nombre de victimes n'est pas représentatif, car il tient compte uniquement de ceux qui moururent sur le site même, et non de ceux qui furent transportés d'urgence à l'hôpital et qui expirèrent plus tard, victimes d'accidents du travail.

Une chose est toutefois certaine et indéniable: de nombreuses personnes ont collaboré fièrement à l'érection du Hoover Dam. Depuis les *high scalers,* dont le travail éminemment dangereux consistait à descendre les flancs éventrés du canyon accrochés à des cordes pour y insérer des bâtonnets de dynamite ou faire tomber les grosses pierres à l'aide de marteaux-piqueurs, jusqu'aux travailleurs qui creusèrent les tunnels dans les parois du canyon, en passant par les ingénieurs qui tracèrent les plans du site, ou les machinistes qui manœuvraient la machinerie lourde, ou encore ceux qui coulaient le béton pour solidifier le barrage, tous ces hommes méritent d'être honorés pour ce travail colossal qui dura presque cinq ans, soit deux ans de moins que prévu par l'échéancier du projet, et coûta environ 60 millions de dollars.

Haut de 218 m, d'une épaisseur à la base de 200 m, et d'un volume d'enrochement qui a nécessité un total de quatre millions de mètres cubes de béton, le Hoover Dam fut solennellement inauguré le 30 septembre 1935 par le président Franklin Roosevelt. Le Hoover Dam fut entièrement payé en 1987 grâce à la venue de plus de 33 millions de visiteurs et à l'électricité qu'il a générée depuis près de 70 ans. En fait, pratiquement toute l'électricité utilisée au Nevada et une bonne partie de celle utilisée en Californie proviennent d'ici grâce à la capacité de production de ses 17 puissants générateurs, qui produisent annuellement cinq milliards de kilowattheures.

Le **Hoover Dam Visitor Center** *(stationnement 7$; tlj 9h à 17h; ☎702-494-2517, www.usbr.gov/lc/hooverdam)* renferme une salle d'exposition, projette un documentaire sur la construction du barrage et dispose d'une terrasse d'observation. C'est également le point de départ des **visites guidées** *(2 heures, 11$; tlj)* à l'intérieur des entrailles du monstre de roches et de béton, qui permettent de mieux comprendre l'ampleur de cette fantastique réalisation technique.

Lake Mead

En 1935, lorsque les valves du Hoover Dam furent ouvertes pour laisser couler docilement le fleuve Colorado et alimenter les turbines de la centrale électrique, la masse d'eau retenue derrière le barrage commença tranquillement à former ce qu'on appelle aujourd'hui le «lac Mead». L'un des plus grands lacs artificiels des États-Unis, le lac Mead couvre près de 0,6 million d'hectares et s'allonge sur environ 175 km, alors que le vaste réservoir ainsi créé découpe 885 km de rives. Des **croisières** *(22$; tlj; ☎702-293-6180, www.lakemeadcruises.com)* sont proposées sur des bateaux qui sillonnent ses eaux afin que les visiteurs qui s'y rendent puissent jouir tout à leur aise du magnifique paysage environnant qui s'offre à leur vue.

Red Rock Canyon

Curieuse formation géologique du Mojave Desert, situé à environ 16 km à l'ouest de Las Vegas et qui s'étend sur 80 000 ha de territoire rocailleux et aride, le Red Rock Canyon sert de refuge à une faune et à une flore aussi étranges que fascinantes. Plus de 50 km de sentiers pédestres, des aires de pique-nique et un Visitor Center y ont été aménagés. Le **Visitor Center** *(tlj 8h à 17h; ☎702-363-1921, www.redrockcanyonlv.org)* offre à ses hôtes des brochures et de l'information sur le canyon, et organise pour eux des randonnées conduites par des guides naturalistes certifiés.

Valley of Fire

★★

Créé en 1935, le Valley of Fire State Park est le plus vieux parc national du Nevada, et sa formation géologique ressemble un peu à celle du Red Rock Canyon. Situé au nord du lac Mead, à environ une heure de voiture au nord-est de Las Vegas, le parc a une superficie de 11 500 ha et abrite des pétroglyphes intéressants. Le **Visitor Center** *(6$; tlj 8h30 à 16h30; ☎702-397-2088, www.parks.nv.gov)* offre des brochures et de l'information sur les sentiers pédestres du parc.

Rachel

Rachel ressemble à un croisement d'un épisode des *X-Files* et de *Twin Peaks*. En d'autres mots, ce site ne serait qu'une obscure bourgade inconnue, perdue dans le flamboyant désert du Nevada, si ce n'était de sa proximité de la mystérieuse Area 51. On n'accède à Rachel qu'après avoir roulé inexorablement sur une route déserte brûlée par un soleil de plomb. Grosso modo, Rachel est formée de maisons mobiles placées çà et là, d'une station d'essence et d'un motel-bar appelé «Little A'Le'Inn» (*a-li-en*, vous saisissez?). Évidemment, depuis qu'un certain Bob Lazar a affirmé avoir travaillé sur des soucoupes volantes, de nombreuses personnes ont signalé la présence d'objets volants non identifiés. Bref, Rachel est devenue aujourd'hui un lieu de rencontre de curieux, de touristes et de quelques *weirdos* à la recherche de petits bonshommes verts ou du cousin germain d'*E.T.*

Area 51

Dreamland, Skunkworks, Groom Lake et Nellis Air Force Range sont les différentes appellations, mieux connues sous le nom d'«Area 51», données à une base militaire secrète située à environ 150 km au nord de Las Vegas dont le gouvernement américain n'a toujours pas, jusqu'à ce jour, reconnue officiellement l'existence. Des rumeurs laissent entendre que la base, située aux abords du Groom Dry Lake, serait le centre d'essai des «projets noirs» de l'Armée américaine, le plus souvent des avions hautement sophistiqués, tels le U2, le A12, le SR 71 et le F117A.

Tout cela est intéressant, mais ce sont surtout des rumeurs encore plus folles voulant qu'on y teste des soucoupes volantes récupérées par le gouvernement américain qui attirent à cet endroit de nombreux visiteurs. Ces rumeurs ont été déclenchées en novembre 1989 par une entrevue télévisée donnée par un certain Bob Lazar (et rediffusées par les médias de Las Vegas) affirmant avoir travaillé sur le site en 1988 et 1989 au *reverse engineering* d'un système de propulsion extraterrestre. Lazar affirme avoir vu neuf soucoupes volantes dissimulées dans un hangar construit à flanc de montagne, à Papoose Lake, situé au sud de la base de Groom Lake.

D'origine extraterrestre ou pas, les lueurs aperçues dans le ciel attirent de nombreux curieux espérant y entrevoir des ovnis. Dans le but de repousser ces curieux, le périmètre de sécurité entourant la base de Groom Lake est régulièrement agrandi par l'armée de l'air. Depuis avril 1995, le seul site désormais accessible au public d'où l'on peut voir la base se trouve à Tikaboo Peak et nécessite une marche d'approche d'approximativement 90 min à partir de la route. Un rendez-vous plus accessible se trouve sur l'autoroute 375 (la Nevada Highway, dont une portion fut renommée la «Extraterrestrial Highway» par l'État du Nevada en 1996 dans le but d'encourager le tourisme) après Rachel, au marqueur LN 29.5: de nombreux curieux se trouvent souvent là, cherchant à y observer quelque chose d'intéressant.

En aucun cas, il n'est conseillé de franchir le périmètre de sécurité (clairement indiqué par des signes orange marqués *RESTRICTED AREA*), ce qui résulterait en une mise aux arrêts immédiate et une amende de 600$. Et, qui sait? Au pire, peut-être pourriez-vous, vous aussi, être porté disparu sans laisser de trace...

Sparks

Sparks et Reno sont deux villes distinctes du Nevada, mais elles se ressemblent comme deux sœurs, l'une grande et l'autre petite. Il est en effet difficile de définir où commence et où se termine la frontière qui sépare les deux villes. La ville de Sparks fut fondée en 1904 grâce à l'arrivée du train et la construction d'une gare. Lorsque les terrains alentour furent mis en vente à des prix qui défiaient toute concurrence, plusieurs personnes s'en portèrent acquéreurs: Sparks était sur sa lancée.

Sparks s'est développée parallèlement à Reno, mais de façon totalement opposée. Si, durant ses folles années de débauche, Reno faisait figure de diablotin de la conscience morale d'une communauté, Sparks était au contraire le petit ange qui s'efforce de ramener sa consœur dans le droit chemin. En effet, de 1907 jusqu'au début de 1950, Sparks s'objecta à suivre le chemin mouvementé et tumultueux de Reno, en refusant de laisser construire sur son territoire des bars et en interdisant la venue de casinos.

À l'instar du chemin de fer, elle poursuivit cahin-caha sa croissance, mais en 1955, lorsque Dick Graves décide d'ouvrir une chaîne de restaurants, le Sparks Nugget, son destin prit une tournure inattendue. Trois années plus tard, en 1958, John Ascuaga se porta acquéreur du Nugget, se vit octroyer une licence pour exploiter un casino et agrandit l'établissement au point d'en faire un véritable gratte-ciel. Dès lors, un exode local de population vers Sparks s'enclencha et entraîna l'implantation de nouvelles industries, la création de manufactures, d'entrepôts et de sociétés de transport. Malgré tous ces chambardements, la ville parvint à maintenir une ambiance détendue.

Plein air

Les visiteurs de passage à Las Vegas passent tellement de temps à l'intérieur des casinos qu'ils oublient que la ville et ses alentours comptent de multiples endroits propices aux activités de plein air.

De *Sin City*, il est possible de s'offrir une escapade vers de magnifiques sites naturels aux paysages époustouflants, tels la **Red Rock Canyon National Conservation Area** (environ 30 km à l'ouest), la **Lake Mead National Recreation Area** (50 km), le **Hoover Dam** (un barrage unique en son genre à 55 km) et le **Valley of Fire State Park** (88 km). Pour pousser un peu plus loin l'aventure, à environ deux heures de route de Las Vegas, se trouve le **Zion National Park**, qui présente une géomorphologie aux panoramas tout à fait spectaculaires.

Activités de plein air

■ Escalade

Les amateurs d'escalade pourront visiter le **Red Rock Canyon** *(☎702-363-1921, www.redrockcanyonlv.org)* ou encore le **Valley of Fire State Park** *(☎702-397-2088, www.parks.nv.gov)*. Si vous désirez demeurer à l'intérieur des frontières de la ville, vous aurez l'occasion de faire de l'escalade intérieure aux endroits suivants:

GameWorks
Showcase Mall
3785 Las Vegas Blvd.
☎702-432-4263

Adventuredome
Circus Circus
2880 Las Vegas Blvd. S.
☎702-794-3939

■ Golf

Le golf fait sans cesse de nouveaux adeptes au Nevada. Las Vegas est entourée d'une douzaine de terrains de golf. Vous en retrouverez même en plein cœur de la ville!

Voici quelques terrains dans les environs de Las Vegas:

Bali Hai
5160 Las Vegas Blvd. S.
☎702-450-8000

Black Mountain Golf and Country Club
500 E. Greenway Rd., Henderson
☎702-565-7933

Desert Rose
5483 Club House Dr.
☎702-431-4653

Las Vegas Municipal Golf Club
4300 W. Washington Blvd.
☎702-646-3003

Las Vegas National Gold Club
1911 E. Desert Inn Rd.
☎702-734-1796

The Legacy
130 Excellence Dr., Henderson
☎702-897-2187

■ Navigation de plaisance

Si vous avez envie de sillonner les eaux du lac Mead à bord d'une embarcation colorée, montez à bord du ***Desert Princess*** *(22$; ☎702-293-6180, www.lakemeadcruises.com)*. Il s'agit d'un bateau qui ressemble aux anciens navires à aubes qui voguaient jadis sur le fleuve Mississippi.

■ Patin à roues alignées

Si l'envie vous prend de faire du patin à roues alignées à Las Vegas, vous vous réjouirez de la présence du **Crystal Palace** *(3901 Rancho Dr. N., ☎702-458-7107)*, un centre sportif qui propose plusieurs activités spéciales.

■ Randonnée pédestre

La **Valley of Fire** et le **Red Rock Canyon** sont sillonnés de sentiers pédestres. Pour plus de détails, arrêtez-vous aux postes d'information situés à l'entrée de ces parcs: vous y trouverez des cartes et des renseignements qui vous permettront de vous orienter.

Red Rock Canyon Visitor Centre
☎702-363-1921
www.redrockcanyonlv.org

Valley of Fire Visitor Centre
☎702-397-2088
www.parks.nv.gov

■ Tennis

Quelques hôtels possèdent des courts de tennis où les amateurs peuvent s'échanger la balle. La plupart proposent également des leçons de tennis.

Bally's
3645 Las Vegas Blvd. S.
☎702-967-4598

Flamingo
3555 Las Vegas Blvd. S.
☎702-733-3111

Riviera
2901 Las Vegas Blvd. S.
☎702-794-9679

Hébergement

Exemples contemporains et monumentaux du dérèglement de tout bon sens, les mégahôtels thématiques de Las Vegas ressemblent à des capsules temporelles offertes aux mânes des dieux tutélaires de l'histoire, lesquels semblent se satisfaire de toutes les incohérences et anachronismes possibles et imaginables.

En effet, choisir un hôtel à Las Vegas peut devenir assez rocambolesque. Que vous désiriez dormir à Rio, Venise, Paris, Monte Carlo, New York ou La Nouvelle-Orléans, ou que vous préfériez plutôt loger dans un château médiéval, une pyramide égyptienne, un cirque, un paradis tropical ou le palace de César, Las Vegas est sans doute le seul endroit de la planète où ces choix des plus fantasques s'offrent tous à vous.

De plus, ces établissements hôteliers donnent un tout autre sens à l'adage américain bien connu du *bigger is better*. Dans l'univers effervescent de la capitale du jeu, être gros n'est pas suffisant. Il faut être très gros, énorme, dantesque, colossal et encore *bigger*.

Las Vegas regroupe quelques-uns des plus grands hôtels de la planète. La ville compte en effet plus de 130 000 chambres d'hôtel. En moyenne, un établissement «normal» sur le *Strip* abrite près de 2 000 chambres. Vous saisissez? Ici, on privilégie la quantité par rapport à la qualité. Parmi la pléthore d'établissements formant le parc hôtelier de Las Vegas, le visiteur dénichera certainement le type d'établissement qu'il recherche. Il va sans dire que les petites perles hôtelières au service personnalisé sont une denrée rare.

Évidemment, au moment de choisir votre lieu de repos, il y aura toujours les questions un peu plus terre à terre comme: Combien? Où? Quand? Voilà sans doute des questions qui viennent normalement à l'esprit avant de réserver sa chambre.

Combien? Généralement, une chambre double est louée à prix moindre que dans les autres grandes villes américaines, car les propriétaires savent très bien qu'ils vont se rattraper avec l'argent que vous allez perdre dans leurs casinos.

Où? Ce n'est pas trop compliqué. Sur le Las Vegas Boulevard, surnommé le *Strip*, qui regroupe la plupart des méga-hôtels récents et excentriques, des casinos et des salles de spectacle, à l'écart du *Strip* (un peu à l'est ou un peu à l'ouest) et au centre-ville, aux environs de Fremont Street. À courte distance de Las Vegas, Reno constitue également une bonne option.

Grosso modo, le *Strip* peut être divisé en trois sections: le sud, le centre et le nord. Dans la partie sud du *Strip*, on retrouve le Four Seasons, et le complexe Mandalay Bay, peu avant le désormais célèbre panneau où l'on peut lire: *Welcome to Fabulous Las Vegas!* Dans la partie sud du *Strip* ont également été érigés l'étrange Luxor, le fantasque Excalibur, l'extravagant New York-New York, l'élégant Monte Carlo et le colossal MGM Grand. Le centre du *Strip* constitue le cœur de l'action. On y retrouve le flamboyant Paris Las Vegas, le richissime Bellagio, le classique Venetian, l'étrange Mirage, le ludique Treasure Island et le vénérable Caesars Palace. Les importants travaux de rénovation du Fashion Show Mall et l'arrivée du prestigieux Wynn Las Vegas dans sa section nord ont contribué à redorer l'image du *Strip*. On y retrouve aussi quelques vieux bastions d'une époque révolue, comme le Riviera et le Stratosphere.

Toutefois, même si la partie de Las Vegas qui retiendra votre intérêt ne s'étend que sur ces cinq kilomètres, il importe de bien déterminer le tronçon où votre choix s'arrêtera.

De prime abord, les visiteurs ont tendance à croire que les hôtels se dressent tous côte à côte, les uns à la suite des autres. C'est bien vrai, mais n'oubliez pas qu'on parle ici de gigantesques complexes qui abritent en moyenne 2 000 chambres. Imaginez-vous donc, entre juin et septembre, en train de vous balader d'un casino à l'autre sous l'écrasant soleil de plomb de Las Vegas? Oui, c'est pénible et éreintant.

Ceux qui souhaitent s'éloigner un peu du cirque qui règne sur le *Strip* peuvent opter pour le cool Hard Rock Hotel, l'élégant Green Valley Ranch ou le respectable Hilton Las Vegas à l'est, ou bien encore le fringuant Rio, le Gold Coast ou l'Orleans à l'ouest. Sachez toutefois que ces établissements ne sont pas à distance de marche du *Strip*.

Un peu plus au nord du faste qui baigne aujourd'hui le *Strip*, Fremont Street, l'endroit où s'est d'abord développé Las Vegas, regroupe certains des plus vieux casinos de la ville. Le meilleur hôtel du quartier est le Golden Nugget.

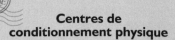

Centres de conditionnement physique

La plupart des grands hôtels-casinos abritent des centres de conditionnement physique où les visiteurs peuvent se défouler tout en évacuant leurs toxines. Dans certains cas, les invités y ont accès gratuitement, tandis que d'autres fois il faut débourser un certain montant pour avoir accès aux installations sportives. Informez-vous à la réception dès votre arrivée.

Quand? En raison des nombreux congrès qui se tiennent constamment à Las Vegas, le taux d'occupation des hôtels est exceptionnellement élevé à longueur d'année. Par conséquent, si vous prévoyez loger à Las Vegas, on vous suggère vivement de réserver votre chambre quelques mois à l'avance au moins, car les hôtels ne désemplissent pas. De plus, tentez d'éviter d'arriver à l'improviste un vendredi ou un samedi soir. La fin de la semaine, on jugerait qu'une masse de touristes débarque à Las Vegas en même temps, pour quitter ensuite la ville dimanche ou le lundi. La majorité des hôtels exigent un numéro de carte de crédit afin que la réservation de votre chambre puisse être enregistrée et confirmée.

■ Prix et symboles

Les tarifs mentionnés dans ce guide s'appliquent, sauf indication contraire, à une chambre pour deux personnes en haute saison.

***$*** moins de 70$
***$$*** de 70$ à 100$
***$$$*** de 101$ à 130$
***$$$$*** plus de 130$

Les divers services offerts par chacun des établissement hôteliers sont indiqués à l'aide de petits symboles qui sont expliqués dans la liste des symboles se trouvant dans les premières et dernières pages de ce guide. Rappelons que cette liste n'est pas exhaustive quant aux services offerts par chacun des établissements hôteliers, mais qu'elle représente les services les plus demandés par leur clientèle.

Le label Ulysse

Le label Ulysse est attribué à nos établissements favoris (hôtels et restaurants). Bien que chacun des établissements inscrits dans ce guide s'y retrouve en raison de ses qualités ou particularités, en plus de son rapport qualité/prix, de temps en temps un établissement se distingue parmi d'autres. Ainsi il mérite qu'on lui attribue le label Ulysse. Celui-ci peut se retrouver dans n'importe lesquelles des catégories d'établissements: supérieure, moyenne-élevée, petit budget. Quoi qu'il en soit, dans chacun de ces établissements, vous en aurez pour votre argent. Repérez-les en premier!

Au sud du *Strip*

Excalibur
$$-$$$
≡ ♠ ♒ ♆ ♨ ♿ @

3850 Las Vegas Blvd. S.
☎ 702-597-7777, 877-750-5464 ou 800-937-7777
▤ 702-597-7040
www.excalibur.com

Le gigantesque Excalibur semble sorti tout droit d'un film de Monthy Python et s'inscrit parfaitement dans la lignée des énormes casinos thématiques du *Strip*. Ce complexe hôtelier aux dimensions impressionnantes regroupe tous les services et installations nécessaires afin de divertir les clients sans qu'ils aient à sortir dehors. Parmi les nombreux services offerts, mentionnons, entre autres, des amuseurs publics qui font sourire les gamins. La plupart des quelque 4 000 chambres, décorées dans un style d'inspiration médiévale, offrent une vue sur le *Strip* et de plus sont propres, bien équipées, mais sans plus.

Luxor
$$-$$$
≡ ♠ ♆ ♒ ♿ @

3900 Las Vegas Blvd. S.
☎ 702-262-4000 ou 888-777-0188
▤ 702-262-4454
www.luxor.com

Le Luxor est taillé sur mesure pour la ville de la démesure. Un gigantesque sphinx garde l'entrée d'une imposante pyramide de verre qui, le soir, prend des allures de vaisseau spatial dont les rayons convergent vers le sommet et percent le ciel, ce qui lui vaut le titre du plus puissant faisceau lumineux au monde. Ouvert depuis le 15 août 1993 et ayant coûté la modique somme de 375 millions de dollars, le Luxor est doté d'ascenseurs panoramiques qui desservent plus de 4 000 chambres décorées sur le thème de l'Égypte pharaonique.

Tropicana

$$-$$$

≡ ♠ ⛴ ₩ ♿ ≋ @

3801 Las Vegas Blvd. S.

☎ 702-739-2222 ou 888-826-8767

▤ 702-739-2469

www.tropicanalv.com

Le Tropicana développe son thème autour d'un paradis tropical polynésien. Ses 1 885 chambres et ses 197 suites sont décorées dans un style tropical, aux tons pastel, et sont bien équipées. S'y trouvent aussi 2 ha de végétation luxuriante, au sein de laquelle pépient des oiseaux colorés, coulent des cascades et niche une immense piscine partagée entre l'extérieur et l'intérieur.

MGM Grand

$$$

≡ ♠ ⛴ P ≋ ₩ ♿ @

3799 Las Vegas Blvd. S.

☎ 702-891-1111, 800-929-1111 ou 877-880-0880

▤ 702-891-3036

www.mgmgrand.com

À n'en point douter, le MGM Grand occupe une place importante parmi les plus grands hôtels de la planète, grâce à une capacité hôtelière de plus de 5 000 chambres, impeccables, modernes et spacieuses, réparties dans quatre tours. Des copropriétés sont également disponibles dans ce complexe hôtelier. Ce mastodonte dresse la masse de sa façade vitrée verte aux dimensions colossales au sud-est du *Strip* où l'on peut facilement apercevoir le lion doré, icône emblématique de la maison de production hollywoodienne qui fait ici 21,5 m de hauteur et qui semble surveiller les passants.

New York-New York

$$$

≡ ♠ ⛴ P ≋ ₩ ♿ @

3790 Las Vegas Blvd. S.

☎ 702-740-6969, 888-693-6763 ou 888-696-9887

▤ 702-740-6700

www.nynyhotelcasino.com

Le New York-New York semble sorti tout droit de l'imagination débridée d'Andy Warhol. Ce mammouth de l'infrastructure hôtelière de Las Vegas totalise 2 034 chambres, propres et bien équipées mais sans grande originalité. Toutefois, le décor extérieur est digne de figurer sur la liste des réalisations de la ville qu'il faut cataloguer à la rubrique du spectaculaire et de l'excessif avec assaut de superlatifs. En effet, on ne peut passer devant l'hôtel sans voir les répliques géantes de la statue de la Liberté ou du Brooklyn Bridge, ce dernier s'étendant sur un peu plus de 90 m de

▲ **HÉBERGEMENT**

1. AX Excalibur
2. AZ Four Seasons Hotel
3. AY Luxor
4. AY Mandalay Bay
5. BX MGM Grand
6. AX Monte Carlo
7. AX New York New York
8. BX Tropicana

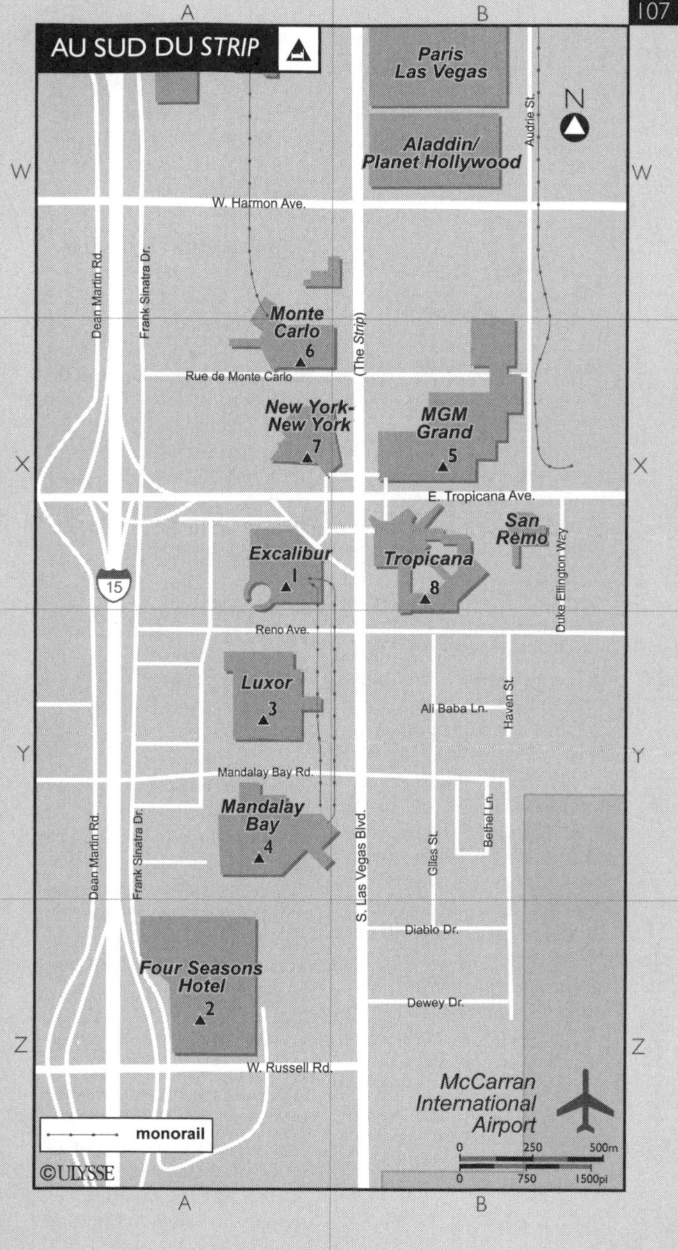
AU SUD DU STRIP
A
B
W
X
Y
Z
N
Paris Las Vegas
Aladdin/ Planet Hollywood
Audrie St.
W. Harmon Ave.
Dean Martin Rd.
Frank Sinatra Dr.
Monte Carlo
6
(The Strip)
Rue de Monte Carlo
New York-New York
7
MGM Grand
5
E. Tropicana Ave.
San Remo
Excalibur
1
Tropicana
8
Duke Ellington Way
15
Reno Ave.
Luxor
3
Haven St.
Ali Baba Ln.
Mandalay Bay Rd.
Mandalay Bay
4
Bethel Ln.
Giles St.
S. Las Vegas Blvd.
Diablo Dr.
Four Seasons Hotel
2
Dewey Dr.
W. Russell Rd.
McCarran International Airport
monorail
0
250
500m
750
1500pi
©ULYSSE

longueur. De plus, des montagnes russes extérieures filent à vive allure, font des boucles et donnent aux jeunes visiteurs des sensations fortes.

Mandalay Bay
$$$-$$$$
≡ ◎ ♠ ≋ P Y Ψ ♿ @

3950 Las Vegas Blvd. S.
☎ 702-632-7777 ou 877-632-7800
▤ 702-632-7234
www.mandalaybay.com

Inauguré à la fin du XXe siècle, le Mandalay Bay se dresse à l'emplacement du défunt Hacienda, qui fut détruit sous les yeux des badauds la veille du jour de l'An 1996. Contrairement aux autres *resort hotels* thématiques aux noms de lieux géographiques connus, cet établissement haut de gamme doit son nom à un lieu inconnu évoquant tantôt l'Asie du Sud-Est, tantôt la Polynésie, ou même une contrée chimérique. Des statues d'êtres hybrides, étranges et mythiques, conjuguées à la décoration du hall de réception où l'on voit des perroquets en cage poussant des cris à côté d'un aquarium géant où folâtrent des requins en compagnie de poissons colorés, donnent une bonne idée du lieu exotique mais volontairement ambigu auquel se réfère le nom de l'hôtel. L'établissement comprend une grande terrasse qui s'étend au milieu de 4,4 ha de végétation luxuriante, au sein de laquelle une lagune est encerclée par une piste de jogging de 800 m. Ses vastes chambres sont toutes impeccables.

Reliée au Mandalay Bay par une petite passerelle, une seconde tour a été érigée bien à l'abri du bruit et de l'agitation ambiante. **THEhotel at Mandalay Bay**, une oasis de paix perdue dans une mer de cliquetis, propose des suites luxueuses, raffinées et confortables, semblant tout droit sorties de Manhattan. Téléviseurs à écran plasma et vues spectaculaires.

Monte Carlo
$$$-$$$$
≡ ♠ P ≋ Ψ ♿ @

3770 Las Vegas Blvd. S.
☎ 702-730-7777 ou 888-529-4828
▤ 702-730-7200
www.montecarlo.com

Vous ne saurez manquer l'élégant Monte Carlo grâce à sa jolie façade crème, ses fontaines qui clapotent, ses arches romaines et ses statues callipyges au regard figé dans l'éternité. Incarnant le luxe et le prestige, cet établissement inspiré du ravissant casino de Monte Carlo, sur la Côte d'Azur, loue 3 014 chambres et 225 suites spacieuses, chics, dallées de marbre et bien équipées. Les visiteurs peuvent également louer de petits chalets aux abords de l'une des piscines de cet établissement. Une splendide salle de spectacle aux allures victoriennes, où le magicien Lance Burton divertit les foules, fait partie des installations particulières qui concourent au prestige de ce mégahôtel.

Four Seasons Hotel
$$$$
≡ P ❄ @

3960 Las Vegas Blvd. S.
☎ 702-632-5000 ou 877-632-5000
702-632-5195
www.fourseasons.com/lasvegas

Le luxueux Four Seasons prend les allures d'un petit havre de paix, et fait incontestablement partie des meilleurs hôtels du Nevada. Le Four Seasons, qui n'abrite aucun casino, apporte une touche d'élégance et de distinction parmi la pléthore d'établissements plus spacieux, mais à l'architecture douteuse, et de plus noyés dans le bruit incessant que génèrent le cliquetis des pièces de monnaie et les sonneries stridentes des machines à sous dont chaque hôtel-casino est véritablement submergé partout en ville. Cet établissement de qualité remarquable, au contraire, ne dispose que de 338 chambres et 86 suites, toutes installées entre le 35e et le 39e étage d'une des tours du complexe mitoyen Mandalay Bay (voir plus haut). Les chambres et les suites conjuguent luxe et raffinement européen. Si vous avez des enfants, le personnel leur portera une attention particulière; entre autres, on placera dans les chambres du caoutchouc mousse sur les coins des meubles pour éviter que les gamins se blessent et on leur servira du lait et des biscuits. Après avoir passé une journée sur le *Strip*, les clients aiment bien se relaxer tranquillement sur la terrasse de la piscine, où l'on vient doucement leur vaporiser sur le visage des gouttelettes d'eau pendant qu'ils s'adonnent avec délectation au plaisir du farniente. L'accueil est chaleureux, et le service empressé se veut sans faille. Enfin, le personnel parle plusieurs langues et déploie bien des efforts pour rendre votre séjour le plus agréable possible.

Au centre du *Strip*

Imperial Palace
$$
≡ ♠ P @

3535 Las Vegas Blvd. S.
☎ 702-731-3311 ou 800-634-6441
702-735-8328
www.imperialpalace.com

De l'extérieur, l'Imperial Palace ne paie pas de mine, mais il se trouve au cœur du *Strip* et abrite plus de 2 500 chambres au design contemporain, sécuritaires et au confort tout à fait convenable. Une piscine olympique et la célèbre collection d'automobiles de l'endroit font partie des atouts de l'établissement.

Barbary Coast
$$-$$$
≡ ♠ P 🍴 ♿ @
3595 Las Vegas Blvd. S.
☎702-737-7111 ou 800-634-6755
▤702-894-9954
www.barbarycoastcasino.com
Le Barbary Coast possède un emplacement de choix et tente de recréer l'ambiance de la Ruée vers l'or. L'aménagement des chambres est dénué de cachet particulier, mais leur confort et leur côté pratique compensent ce désagrément.

Harrah's Las Vegas
$$$
≡ ♠ P 🍸 🍴 ♿ @
3475 Las Vegas Blvd. S.
☎702-369-5000, 800-392-9002 ou 800-427-7247
▤702-369-5008
www.harrahs.com
Le Harrah's est situé au centre du *Strip* et propose environ 2 700 chambres et suites propres et bien tenues.

Bally's Resort
$$$
≡ ♠ P 🍸 🍴 ♿ @
3645 Las Vegas Blvd. S.
☎702-739-4111 ou 888-742-9248
▤702-967-4405
www.ballyslv.com
Jadis connu comme le MGM de Las Vegas, le Bally's fut en effet, à une certaine époque, le plus grand hôtel du monde. En 1980, le complexe inscrit son nom sur l'une des pages les plus noires de la courte histoire de Las Vegas, lorsqu'un terrible incendie y éclate soudain et fait périr 84 personnes. Cette époque est fort heureusement révolue, et, après s'être refait une beauté, il totalise aujourd'hui près de 3 000 chambres, confortables, spacieuses et sécuritaires, qui lui permettent de toujours figurer parmi les mammouths de l'industrie hôtelière de Las Vegas.

Flamingo Las Vegas
$$$
≡ ♠ P 🍸 🍴 ♿ @
3555 Las Vegas Blvd. S.
☎702-733-3111 ou 800-732-2111
▤702-733-3528
www.flamingolv.com
Intimement lié à son fondateur, «Bugsy» Seigel, le Flamingo Las Vegas fut racheté par la chaîne hôtelière Hilton, qui ne se gêna pas pour le remodeler de façon plus respectable. En effet, depuis son inauguration en 1946, des travaux d'agrandissement successifs ont permis l'ajout de nombreuses chambres, tant et si bien qu'aujourd'hui les 3 642 chambres sont spacieuses et aménagées avec goût et distinction. Évidemment, pour se dissocier du passé scabreux qui entachait sa réputation, on s'empressa de détruire l'aile qui jadis abritait la suite du gangster notoire. En fait, il n'y a pas grand-chose d'original qui subsiste, mais, si vous souhaitez loger dans

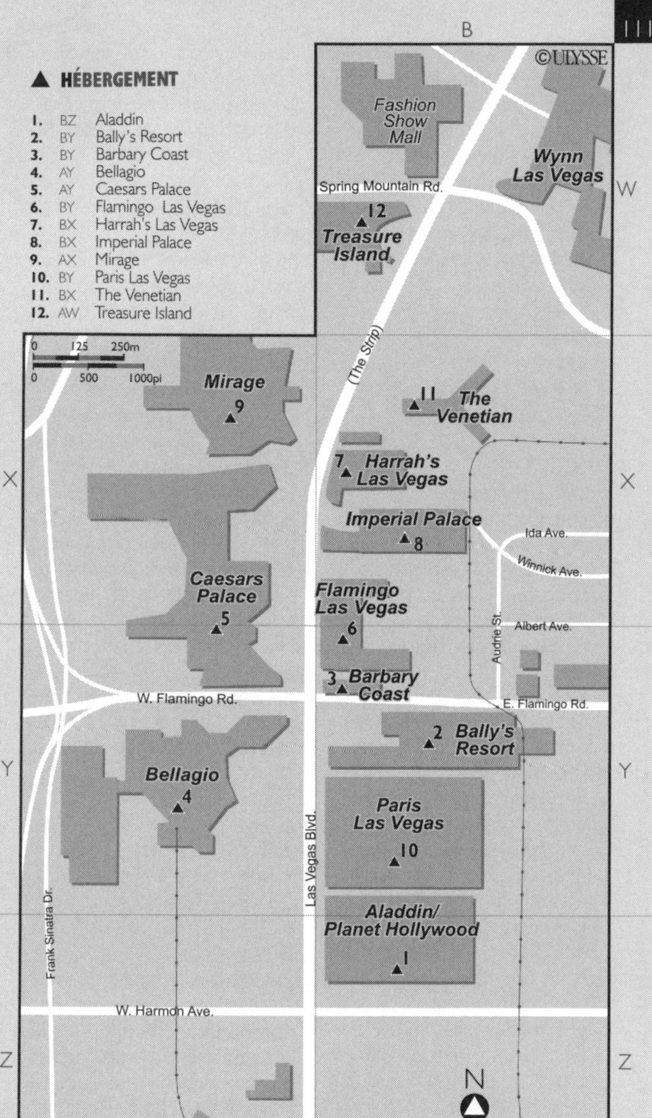

▲ HÉBERGEMENT
1. BZ Aladdin
2. BY Bally's Resort
3. BY Barbary Coast
4. AY Bellagio
5. AY Caesars Palace
6. BY Flamingo Las Vegas
7. BX Harrah's Las Vegas
8. BX Imperial Palace
9. AX Mirage
10. BY Paris Las Vegas
11. BX The Venetian
12. AW Treasure Island
©ULYSSE
Fashion Show Mall
Wynn Las Vegas
Spring Mountain Rd.
Treasure Island
(The Strip)
0 125 250m
0 500 1000pi
Mirage
The Venetian
Harrah's Las Vegas
Imperial Palace
Ida Ave.
Winnick Ave.
Caesars Palace
Flamingo Las Vegas
Albert Ave.
Audrie St.
Barbary Coast
W. Flamingo Rd.
E. Flamingo Rd.
Bally's Resort
Bellagio
Paris Las Vegas
Las Vegas Blvd.
Aladdin/ Planet Hollywood
Frank Sinatra Dr.
W. Harmon Ave.
N
Monte Carlo
monorail
AU CENTRE DU STRIP
A
B
W
X
Y
Z

un établissement vénérable, au passé riche mais révolu, il s'agit d'une adresse à retenir. Derrière l'établissement, des sentiers aménagés dans une végétation luxuriante ponctuée d'étangs où se trouvent des flamants roses et des pingouins mènent à une jolie piscine.

Mirage

$$$

≡ ♠ P ⩩ Y Ψ ≋ ♿ @

3400 Las Vegas Blvd. S.

☎702-791-7111 ou 800-374-9000

702-791-7414

www.themirage.com

Lorsque Steve Wynn inaugura le Mirage en grande pompe le 22 novembre 1989, le concept d'un mégahôtel thématique se situant autour de celui d'un paradis tropical semblait farfelu et voué à l'échec. Non seulement ce fut l'élément déclencheur qui a mené par la suite à l'érection d'une succession de mégacasinos, mais le Mirage parvient toujours à se maintenir dans le peloton de tête, même s'il s'est vu déclasser par d'autres complexes encore plus gros et que Wynn n'en est plus propriétaire. Érigé au cœur du *Strip*, cet établissement de 30 étages sur lesquels sont réparties 3 044 chambres offrent toutes les commodités qu'on peut s'attendre d'un grand hôtel. Reconnu surtout pour son volcan qui crache son fiel enflammé une fois la nuit tombée, le Mirage abrite une végétation luxuriante et des cascades d'eau. À signaler, l'énorme aquarium derrière la réception et le dernier-né des spectacles du Cirque du Soleil: *The Beatles LOVE*.

Treasure Island

$$$

≡ ♠ ⩩ Y Ψ ♿ @

3300 Las Vegas Blvd. S.

☎702-894-7111 ou 800-944-7444

702-894-7446

www.treasureisland.com

Sans conteste l'un des casinos les plus connus du *Strip* en raison de ses spectacles de pirates donnés devant la baie du village reconstitué et de la talentueuse troupe d'artistes du Cirque du Soleil du spectacle *Mystère*, le Treasure Island semble toujours plein comme un œuf. En effet, la clientèle est fidèle à ses quelque 3 000 chambres décorées avec goût et simplicité. Une grande piscine tropicale fait partie des installations.

Bellagio

$$$-$$$$

≡ ♠ P ⩩ Y Ψ ≋ ♿ @

3600 Las Vegas Blvd. S.

☎702-693-7111 ou 888-987-6667

702-693-8546

www.bellagiolasvegas.com

Le Bellagio est l'un des nombreux triomphes de l'imaginaire de son ancien propriétaire, le milliardaire Steve Wynn. Le Bellagio fut ouvert en grande pompe le 15 octobre 1998 grâce à la bagatelle de 1,5 milliard de dollars. L'établissement ressemble au petit village italien de Bellagio, construit en bordure du lac de Côme. Mentionnons que le lac de Las Vegas s'étend sur près de 5 ha devant l'hôtel et offre un joli spectacle de cascades sous les airs de 10 chansons rotatives. Les 4 000 chambres sont à la hauteur du chic que l'on peut s'attendre d'un établissement de catégorie supérieure et offrent d'intéressants points de vue sur le *Strip* et ses alentours. On y présente aussi le merveilleux spectacle *"O"* du Cirque du Soleil. L'hôtel est interdit aux personnes âgées de moins de 21 ans.

Caesars Palace
$$$-$$$$
≡ ♠ P ≋ Y ❄ @

3570 Las Vegas Blvd. S.
☎702-731-7110 ou 877-427-7243
702-731-7172
www.caesarspalace.com

Véritable institution au cœur du *Strip*, l'opulent Caesars Palace, inauguré en 1996, parvient à soutenir et à défier le poids des ans malgré les remous provoqués par le boom hôtelier de ces dernières années. En plus de ses quelque 3 000 chambres, on y retrouve des cinémas Omnimax et un centre commercial tout à fait unique, The Forum Shops, qui n'a pas terminé de séduire sa clientèle. C'est également au Caesars Palace que la chanteuse québécoise Céline Dion se produit dans une salle de spectacle construite spécialement à son intention.

Paris Las Vegas
$$$-$$$$
≡ ♠ P ≋ Y @

3655 Las Vegas Blvd. S.
☎702-862-5107 ou 877-796-2096
702-967-3836
www.parislv.com

En septembre 1999, Las Vegas a franchi un nouveau seuil d'incongruité en érigeant le Paris Las Vegas. Construit au coût de 800 millions de dollars, ce palace comprend une réplique à 50% de la tour Eiffel dont trois des quatre pieds enjambent le casino et qui est dotée d'un restaurant et d'un splendide belvédère. S'y trouvent aussi l'Arc de triomphe de l'Étoile, le palais Garnier, le parc Monceau et la sympathique rue de la Paix, pour tenter de capter et restituer l'atmosphère caractéristique de la Ville lumière. Le complexe abrite plus de 2 500 chambres et suites réparties sur 33 étages. L'intérieur est décoré de sculptures Art nouveau et de reproductions de tableaux d'impressionnistes français. Un centre commercial, une piscine olympique et des courts de tennis complètent les installations de l'établissement.

Aladdin
$$$$
≡ ♠ ≋ Y @

3667 Las Vegas Blvd. S.
☎702-785-5555 ou 877-333-9474

☰ 702-785-5557
www.aladdincasino.com
Cet hôtel qui abrite plus de 2 500 chambres a connu son heure de gloire lorsque que nul autre qu'Elvis et Priscilla s'échangèrent les traditionnels vœux de bonheur et les anneaux nuptiaux. Rasé en 1998 pour rouvrir au mois d'août 2000, il vit une autre transformation majeure. Planet Hollywood s'en étant portée acquéreur, l'hôtel voit son intérieur se conformer à l'atmosphère thématique qui fait la renommée de cette chaîne.

The Venetian
$$$$
≡ ♠ P ♨ 🍴 ♿ @
3355 Las Vegas Blvd. S.
☎ 702-414-1000 ou 877-883-6423
☰ 702-414-1100
www.venetian.com
Occupant l'emplacement où se dressait jadis le célèbre Sands, l'ancien lieu de rencontre du *Rat Pack*, le Venetian fut inauguré avec panache en 1999 pour rivaliser de beauté et de prestige avec le Bellagio. Les plafonds de l'hôtel sont décorés de peintures italiennes. Ayant pour thème Venise, ce complexe hôtelier ne compte que des suites élégantes. Au total, on trouve quelque 3 100 suites spacieuses, à la décoration qui s'inspire évidemment du style italien. Les sanitaires sont dallés de marbre. Et, comme à Venise, des gondoles sillonnent le petit canal devant l'hôtel.

Au nord du *Strip*

Sincity Hostel
$
≡ P ♿
1208 Las Vegas Blvd. S.
☎ 702-868-0222
☰ 702-384-1490
www.sincityhostel.com
Bien que située dans un quartier un peu douteux, l'auberge de jeunesse loue des chambres à des prix qui défient toute concurrence et qui sont généralement occupées par des touristes mal rasés voyageant sac au dos. L'établissement propose des chambres partagées, un peu glauques, qui conviendront parfaitement aux baroudeurs. Quelques chambres privées sont également disponibles. L'établissement dispose également d'une aire commune avec cuisine et accès à Internet. Cette adresse est très populaire auprès des globe-trotters venus des quatre coins du monde pour jouer dans les casinos dans l'espoir de pouvoir se payer une meilleure chambre. Les réservations sont vivement suggérées.

New Frontier
$-$$
≡ 🍴 ♿
3120 Las Vegas Blvd. S.
☎ 702-794-8200 ou 800-634-6966
www.frontierlv.com

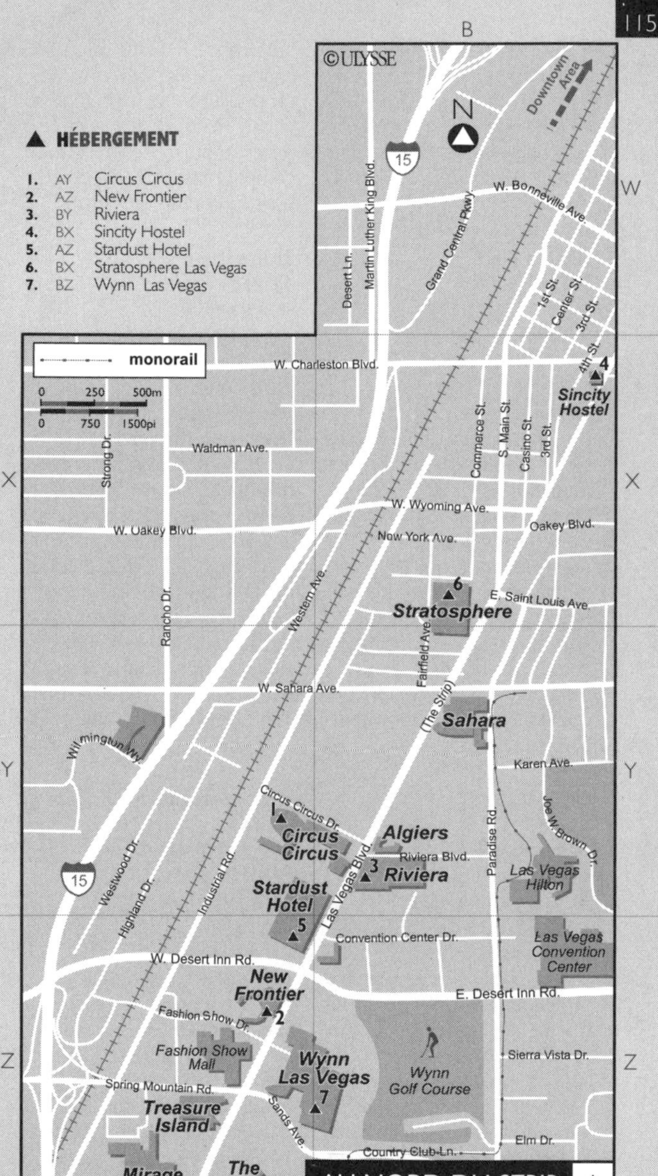

▲ HÉBERGEMENT
1. AY Circus Circus
2. AZ New Frontier
3. BY Riviera
4. BX Sincity Hostel
5. AZ Stardust Hotel
6. BX Stratosphere Las Vegas
7. BZ Wynn Las Vegas
©ULYSSE
monorail
0 250 500m
0 750 1500pi
Downtown Area
W. Bonneville Ave.
Grand Central Pkwy.
Martin Luther King Blvd.
Desert Ln.
1st St.
Center St.
3rd St.
4th St.
W. Charleston Blvd.
Sincity Hostel
Commerce St.
S. Main St.
Casino St.
3rd St.
Waldman Ave.
Strong Dr.
W. Wyoming Ave.
W. Oakey Blvd.
Oakey Blvd.
New York Ave.
Stratosphere
E. Saint Louis Ave.
Western Ave.
Rancho Dr.
Fairfield Ave.
W. Sahara Ave.
(The Strip)
Sahara
Wilmington Wy.
Karen Ave.
Circus Circus Dr.
Circus Circus
Algiers
Riviera Blvd.
Riviera
Joe W. Brown Dr.
Paradise Rd.
Las Vegas Hilton
Westwood Dr.
Highland Dr.
Industrial Rd.
Las Vegas Blvd.
Stardust Hotel
Convention Center Dr.
Las Vegas Convention Center
W. Desert Inn Rd.
New Frontier
E. Desert Inn Rd.
Fashion Show Dr.
Fashion Show Mall
Wynn Las Vegas
Wynn Golf Course
Sierra Vista Dr.
Spring Mountain Rd.
Treasure Island
Sands Ave.
Elm Dr.
Country Club Ln.
Mirage
The Venetian
AU NORD DU STRIP

L'un des premiers hôtels à se dresser sur le *Strip*, le New Frontier propose des chambres au décor western, sans charme particulier, mais louées à des prix raisonnables.

Stardust Hotel
$-$$
≡ 🍴 ♿
3000 Las Vegas Blvd. S.
☎ 702-732-6111 ou 800-824-6033
▤ 702-732-6257
www.stardustlv.com

Le Stardust est l'un de ces vieux établissements économiques qui sont éventuellement voués à disparaître ou à être retapés. C'est effectivement ce qui est prévu pour 2007; l'hôtel devrait être démoli afin que puisse être construit un nouveau complexe hôtelier. Pour le moment, les chambres sont quelconques mais bon marché.

Circus Circus
$$-$$$
≡ ♠ P ≋ 🍴 ♿
2880 Las Vegas Blvd. S.
☎ 702-734-0410 ou 800-634-3450
▤ 702-794-3816
www.circuscircus.com

Le vénérable Circus Circus a vu le jour en 1968, mais uniquement à titre de casino. À l'époque, il s'agissait du seul complexe à viser une clientèle familiale à cause de son énorme chapiteau sous lequel clowns et amuseurs publics divertissaient les gamins pendant que les parents dilapidaient leur argent au casino. Il fallut attendre l'année 1972 pour que les propriétaires se décident à faire construire les premières chambres. Aujourd'hui, il compte plus de 4 000 chambres au confort moderne.

Riviera
$$-$$$
≡ ♠ 🔒 ≋ 🍴 ♿
2901 Las Vegas Blvd. S.
☎ 702-734-5110 ou 800-634-6753
▤ 702-794-9451
www.theriviera.com

Lorsque le Riviera vit le jour en 1955, il s'agissait du premier hôtel-casino gratte-ciel de Las Vegas, grâce à ses 200 chambres réparties sur neuf étages. L'hôtel s'était inspiré de la vogue des nouveaux complexes hôteliers de Miami Beach pour se mettre en valeur. Aujourd'hui le Riviera compte 1 930 chambres et 170 suites remises au goût du jour.

Stratosphere Las Vegas
$$-$$$
≡ ♠ ≋ 🍸 🍴 ♿ @
2000 Las Vegas Blvd. S.
☎ 702-380-7777 ou 800-998-6937
▤ 702-380-7732
www.stratospherehotel.com

La tour d'observation du Stratosphere est la plus élevée à l'ouest du Mississipi. Ses 2 000 chambres offrent des vues spectaculaires sur le *Strip* et ses environs. L'établissement est doté d'un belvédère et d'un parc d'attractions qui ravira les petits… comme les grands!

Wynn Las Vegas
$$$$
≡ ♠ P ≋ Y ψ ≀≀≀ ♿ @
3131 Las Vegas Blvd. S.
☎702-770-7100 ou 888-320-9966
▤702-770-1571
www.wynnlasvegas.com
Avec ses projets aussi fantasques les uns que les autres, le milliardaire Steve Wynn avait déjà marqué le paysage de Las Vegas. Sa dernière création, le Wynn Las Vegas, est à la hauteur de sa propension pour la dépense dans la construction ou l'aménagement d'un méga-hôtel. Il a injecté dans l'établissement qui porte son nom la modique somme de 2,7 milliards de dollars – oui, vous avez très bien lu! À quoi peut-on s'attendre d'un établissement ayant coûté une somme aussi démesurée?

Il ne s'agit pas d'un hôtel thématique qui aurait certainement bénéficié de l'imagination débordante de son concepteur. Une attention particulière a été portée à la présence de lumière naturelle et aux nombreux arrangements floraux extravagants, mais naturels, qui ornent l'intérieur de l'établissement. Ses 2 716 chambres bénéficient toutes d'une fenêtre qui s'étend du plafond au plancher. Les tons de terre apaisants ornent les murs de ces chambres extrêmement confortables, mais qui conservent leur aspect moderne et pratique. Les invités pourront faire une balade sur la montagne recouverte d'un boisé et entrecoupée de chutes, qui se dresse devant le Wynn, ou encore profiter du parcours de golf à 18 trous.

À l'est du *Strip*

Motel 6
$-$$
≡ P ≋ ψ ♿ @
195 E. Tropicana Ave.
☎702-798-0728
▤702-798-5657
www.motel6.com
Avec ses quelque 600 chambres, le Motel 6 de Las Vegas présente un excellent rapport qualité/prix pour sa catégorie. Les chambres standardisées sont décorées sans artifices, mais elles se révèlent confortables et bon marché.

Sam's Town
$-$$
≡ P ≋ ψ ♿
5111 Boulder Hwy.
☎702-456-7777 ou 800-634-6371
▤702-454-8014
www.samstownlv.com
Populaire malgré sa situation loin du *Strip*, le Sam's Town reste attaché à ses racines du *Far West*, avec 650 chambres réparties sur neuf étages à la décoration western.

La Quinta Inn Las Vegas Airport
$$ pdj
≋ ψ @
3970 Paradise Rd.
☎702-796-9000

▲ HÉBERGEMENT

1. BW Alexis Park Resort
2. BV Courtyard by Marriott
3. DZ Green Valley Ranch and Resort
4. BW Hard Rock Hotel and Casino
5. BV La Quinta Inn Las Vegas Airport
6. BV Las Vegas Hilton
7. AW Motel 6
8. BV Residence Inn by Marriott
9. DV Sam's Town

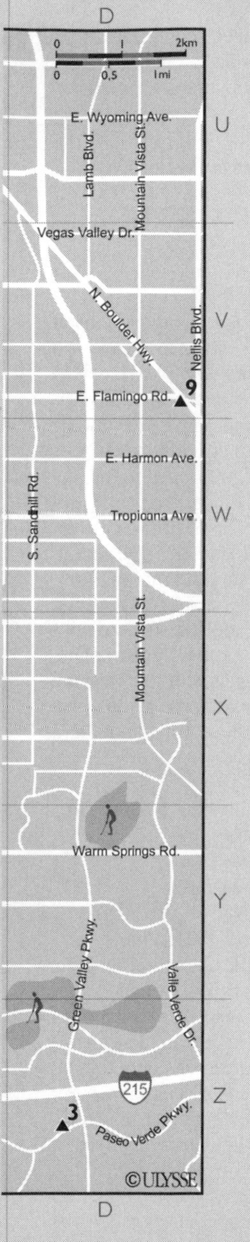

📠 702-796-3537
www.laquinta.com

Le bien-nommé La Quinta Inn ravira les visiteurs qui recherche la tranquilité que procure l'absence de casino. Beaucoup moins tape-à-l'œil que ses voisins, de taille beaucoup plus modeste avec ses quelque 250 chambres, cet établissement ressemble un peu à une villa espagnole avec son toit de tuiles rouges. Sans être luxueuses, les chambres se révèlent sécuritaires et bien équipées. La propreté, la situation et les bons tarifs demeurent les atouts principaux de l'hôtel.

Courtyard by Marriott
$$$
≡ P ♿ @
3275 Paradise Rd.
☎ 702-791-3600 ou 800-321-2211
📠 702-796-7981
www.marriott.com

Situé en face du Convention Center, le petit et charmant Courtyard by Marriott compte seulement 149 chambres, coquettes et généralement occupées par des gens d'affaires qui fuient l'animation frénétique du *Strip*. Une adresse à retenir pour sa dimension humaine et sa tranquilité!

Hard Rock Hotel and Casino
$$$
≡ ♠ P ♿ @
4455 Paradise Rd.
☎ 702-693-5000 ou 800-413-1635

702-693-5010
www.hardrockhotel.com
Au Hard Rock Hotel, faisant fi de la mode techno et de la *house* bourdonnante, la vieille garde du *rock 'n' roll* ne baisse jamais les bras. D'ailleurs, quel autre style musical peut se vanter d'avoir un hôtel qui lui soit dédié? Situé à quelques minutes de l'aéroport, mais à l'est du *Strip*, cet établissement propose 640 chambres décorées avec des éléments du rock et réparties sur 11 étages. L'hôtel dispose aussi d'une salle de spectacle, The Joint, où des musiciens d'allégeance rock viennent brûler les planches.

Las Vegas Hilton
$$$
≡ ♠ P Y ♿ @
3000 Paradise Rd.
☎ 702-732-5111 ou 800-732-7117
702-732-5778
www.lvhilton.com
Tout près du centre des congrès, mais un peu à l'est du *Strip*, le Las Vegas Hilton vous invite à loger «*where no hotel has gone before*» (où nul autre hôtel ne s'est encore aventuré). En effet, l'établissement abrite le célèbre bar-restaurant décoré sur le thème de *Star Trek*. Le Hilton a encore accru sa notoriété lorsque son casino servit de toile de fond pendant le tournage du film *Indecent Proposal*, avec Robert Redford, Demi Moore et Woody Harrelson. L'établissement totalise 3 174 chambres et 175 suites conformes aux normes de la chaîne Hilton, à la décoration contemporaine.

Residence Inn by Marriott
$$$
≡ P ♿ @
3225 Paradise Rd.
☎ 702-796-9300
702-796-9562
Le Residence Inn by Marriott se dresse juste à côté de son confrère (voir plus haut) et propose des prix similaires. Cet hôtel plaît davantage à ceux qui effectuent des séjours prolongés à Las Vegas ou qui participent à des congrès juste en face. En effet, chacune des 190 chambres comprend un four à micro-ondes et un réfrigérateur, tandis que les suites disposent d'une cuisine complète. Il est également tout désigné pour quiconque désire profiter d'un séjour tranquille à Las Vegas.

Green Valley Ranch and Resort
$$$-$$$$
≡ ♠ P Y ♿ @
2300 Paseo Verde Dr.
☎ 702-617-7777 ou 866-782-9487
www.greenvalleyranchandresort.com
À l'est de l'agitation du *Strip*, le Green Valley Ranch and Resort dispose d'un terrain grandiose et de 250 chambres, construites en retrait de son casino. Cet établissement propose le luxe et le raffinement, grâce notamment à la touche européenne qui auréole sa décoration. Sachez cependant que, si vous

choisissez d'y loger, vous devrez disposer d'une voiture ou prendre un taxi.

Alexis Park Resort
$$$$
≡ P @

375 E. Harmon Ave.
☎ 702-796-3300 ou 800-582-2228
▤ 702-796-4334
www.alexispark.com

L'Alexis Park Resort figure parmi les établissements de classe à Las Vegas et propose à sa clientèle un choix de 500 suites, vastes et luxueuses, arborant un décor attrayant qui saura satisfaire autant les gens d'affaires que les vacanciers. Le personnel parle plusieurs langues et ne ménage pas ses efforts pour rendre votre séjour des plus agréables. Cet établissement paisible représente une bonne option pour ceux qui souhaitent loger un peu à l'écart du *Strip*, près de l'aéroport, tout en se faisant dorloter dans le faste et l'opulence. S'y trouve aussi un petit vert d'exercice pour parfaire vos coups roulés. Ceux qui préfèrent jouer au tennis peuvent se renvoyer la balle sur un des courts de l'hôtel, éclairés la nuit.

À l'ouest du *Strip*

Orleans
$$-$$$
≡ ♠ P @

4500 W. Tropicana Ave.
☎ 702-365-7111 ou 800-675-3267
▤ 702-365-7500
www.orleanscasino.com

Comme son nom l'indique, l'Orleans tente de récréer l'ambiance de La Nouvelle-Orléans avec des reproductions clinquantes du Vieux Carré et de la trépidante Bourbon Street. Plus de 1 800 chambres, très spacieuses et lumineuses, procurent un confort tout à fait satisfaisant. S'y trouvent un

▲ **HÉBERGEMENT**

1. Orleans
2. Palms Casino Hotel
3. Rio
4. Silverton Hotel Casino

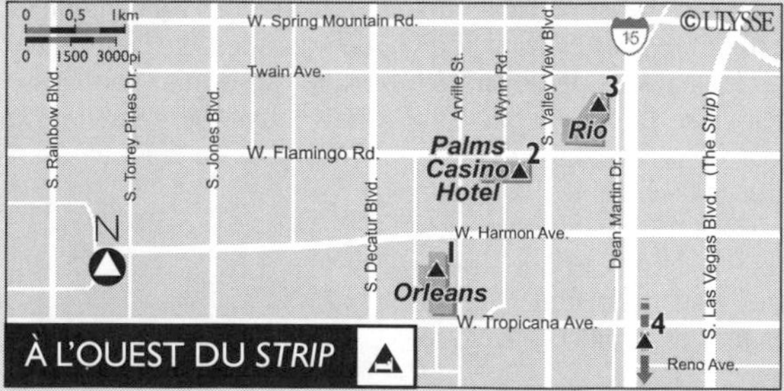

centre d'affaires, de même qu'un complexe cinématographique.

Silverton Hotel Casino

$$-$$$

≡ ♠ 🔒 ≋ Ψ ♿ @

3333 Blue Diamond Rd.

☎702-263-7777 ou 866-946-4373

www.silvertoncasino.com

Le Silverton est situé à une dizaine de kilomètres au sud-ouest du *Strip*. Placé sur le thème du Far West, l'établissement est très populaire auprès de la population locale. Ses 300 chambres, élégantes et confortables, comptent parmi les plus spacieuses de Las Vegas. Bien qu'à l'écart de l'agitation ambiante du centre du *Strip*, ses nombreux attraits sauront vous tenir occupés, particulièrement ses nombreux aquariums, dont un récif de corail regroupant quelque 4 000 poissons tropicaux.

Palms Casino Hotel

$$$-$$$$

≡ ♠ 🔒 P ≋ Y Ψ ♿ @

4321 W. Flamingo Rd.

☎702-942-7777 ou 888-942-7777

▤ 702-42-7001

www.palms.com

Inauguré avec panache en novembre 2001 et ayant coûté 265 millions de dollars, le Palms se dresse sur 42 étages où s'échelonnent environ 600 chambres soigneusement décorées avec des tons apaisants, et qui offrent des vues magnifiques sur le *Strip*. C'est d'ailleurs ici que la chanteuse américaine Britney Spears a séjourné avant son «mariage-éclair-divorce» au début de janvier 2004 avec Jason Allen Alexander. Ceux qui souhaitent se faire bichonner noteront que l'hôtel est pourvu d'un superbe spa d'une superficie d'environ 1 675 m². Les visiteurs désirant une plus grande intimité y trouveront des copropriétés. Le personnel est avenant.

Rio

$$$-$$$$

≡ ♠ ⛴ P ≋ Ψ ♿

3700 W. Flamingo Rd.

☎702-252-7777 ou 888-746-7482

▤ 702-253-6090

www.harrahs.com

Le Rio se dresse à l'écart du *Strip*, un peu à l'ouest. Malgré son éloignement, l'établissement s'attire la faveur d'une clientèle fringante grâce aux millions de dollars injectés par ses propriétaires, qui lui ont conféré une atmosphère festive aux allures carnavalesques et y ont construit l'une des boîtes de nuit les plus branchées de Las Vegas et environ 2 600 suites joyeusement colorées. Trois piscines sont entourées de cascades et d'une petite plage qui donne une fausse mais agréable impression d'être près de la mer.

Downtown Area

Binion's Gambling Hall and Hotel

$-$$

≡ ♠ ≋ Ψ ♿

128 E. Fremont St.
☎ 702-382-1600 ou 800-237-6537
▤ 702-382-5750
www.binions.com

Ceux qui veulent loger loin du tohu-bohu du *Strip* et séjourner dans une ambiance locale descendent au Binion's, qui dispose d'environ 370 chambres, propres mais dépouillées. Une piscine et une agréable terrasse ont été installées sur le toit de l'immeuble.

El Cortez Hotel Casino

$-$$

≡ ♠ Ψ ♿

600 E. Fremont St.
☎ 702-385-5200 ou 800-634-6703
▤ 702-385-1554
www.elcortezhotelcasino.com

Ne vous attendez pas au chic et au faste en poussant la porte du El Cortez, où vous trouverez 310 chambres plutôt banales. Il s'agit cependant d'une adresse pour le moins économique.

▲ **HÉBERGEMENT**

1. BY Binion's Gambling Hall and Hotel
2. BY El Cortez Hotel Casino
3. BY Fitzgerald's Casino
4. BY Four Queens
5. BY Fremont Hotel
6. AY Golden Gate
7. BY Golden Nugget
8. AY Main Street Station
9. AZ Plaza Hotel and Casino

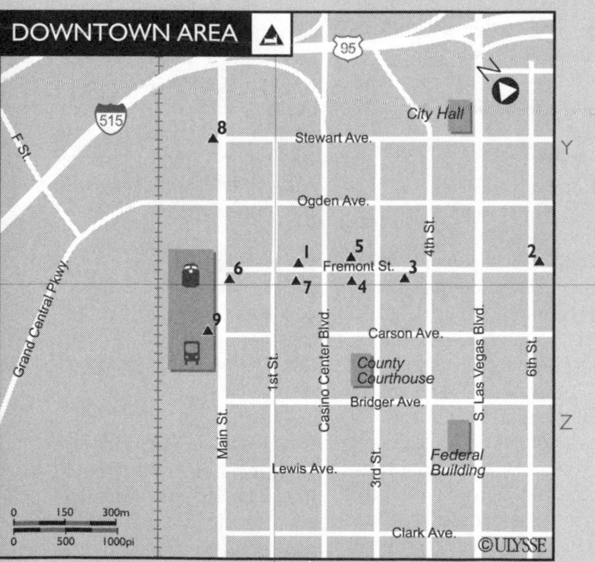

Fremont Hotel
$-$$
≡ ♠ 🔒 🍴 ♿
200 E. Fremont St.
☎ 702-385-3232 ou 800-634-6182
▤ 702-385-6270
www.fremontcasino.com

Le Fremont fut érigé en 1956. L'établissement abrite environ 450 chambres convenables mais sans artifices.

Golden Gate
$-$$
≡ ♠ 🍴 ♿
1 Fremont St.
☎ 702-385-1906 ou 800-426-1906
▤ 702-382-5349
www.goldengatecasino.com

Le vénérable Golden Gate fut érigé en 1906. Aujourd'hui doté d'une décoration plus contemporaine, sa centaine de chambres lui confère des airs plus intimes. La façade du Golden Gate est enjolivée par des fleurs disposées sous toutes ses fenêtres.

Main Street Station
$-$$
≡ ♠ 🍴 ♿
200 N. Main St.
☎ 702-387-1896 ou 800-465-0711
▤ 702-386-4421
www.mainstreetcasino.com

Situé à deux minutes à pied de Fremont Street, le charmant Main Street Station s'inspire de l'ère victorienne et propose 406 chambres plutôt jolies. S'y trouvent aussi quelques restaurants et un petit bar qui brasse sa propre bière. Si vous désirez loger dans le quartier, sachez qu'il s'agit d'un hôtel qui présente un excellent rapport qualité/prix.

Plaza Hotel and Casino
$-$$
≡ ♠ ≋ 🍴 ♿
1 Main St.
☎ 702-386-2110 ou 800-634-6575
▤ 702-386-2378
www.plazahotelcasino.com

Le Plaza ferme Fremont Street à l'ouest et propose à ses clients des chambres spacieuses et convenables qui offrent une vue sur la Fremont Street Experience, mais dont la décoration est quelconque.

Four Queens
$$
≡ ♠ P 🍴 ♿
202 E. Fremont St.
☎ 702-385-4011 ou 800-634-6045
▤ 702-387-5122
www.fourqueens.com

Nommé en mémoire des quatre filles du propriétaire, le Four Queens loue des chambres au confort décent. Plus de 600 chambres à la décoration simple sont réparties sur les 19 étages de l'établissement.

Fitzgerald's Casino
$$-$$$
≡ ♠ 🍴 ♿
301 E. Fremont St.
☎ 702-388-2400 ou 800-274-5825
▤ 702-388-2181
www.fitzgeralds.com

Facilement reconnaissable à l'énorme lutin qui vous salue poliment en levant son chapeau, le Fitzgerald's Casino compte 650 chambres, propres, sans âme mais bien équipées. L'établissement dispose également d'un centre d'affaires.

Golden Nugget
$$-$$$

129 E. Fremont St.
☎702-385-7111 ou 800-634-3454
702-386-8362
www.goldennugget.com

Sans nul doute l'établissement hôtelier ayant le plus de classe dans le quartier, le Golden Nugget dispose de 1 900 chambres élégantes, dotées d'une décoration contemporaine. Astiqué de partout, le hall est enjolivé de lustres étincelants, et le plancher est dallé de marbre. S'y trouvent aussi une piscine olympique et une immense salle de banquet.

Reno

Sands Regency Hotel Casino
$-$$

345 N. Arlington Ave.
☎775-348-2200 ou 866-386-7829
www.sandsregency.com

Adresse intéressante pour ses prix et sa situation, au centre-ville de Reno, le Sands Regency propose près de 1 000 chambres qui, sans être luxueuses, procurent un confort tout à fait honorable. L'établissement est populaire auprès des Canadiens. Et pour les intéressés, on y retrouve une chapelle pour la célébration des mariages.

Circus Circus Hotel Casino-Reno
$$-$$$

500 N. Sierra St.
☎775-329-0711 ou 800-648-4010
www.circusreno.com

Petit frère du Circus Circus de Las Vegas, le Circus Circus Hotel Casino de Reno

▲ HÉBERGEMENT

1. Circus Circus Hotel Casino-Reno
2. Eldorado Hotel Casino
3. Sands Regency Hotel Casino
4. Silver Legacy Resort Casino

dispose de 1 572 chambres sans surprises mais tout à fait correctes. S'y trouve aussi un chapiteau sous lequel les enfants peuvent se divertir.

Eldorado Hotel Casino

$$-$$$

≡ ♠ 🔒 P 🍴 ♿ @

345 N. Virginia St.

☎775-786-5700 ou 800-648-5966

▤775-322-7241

www.eldoradoreno.com

Situé au centre-ville, l'Eldorado fait sans conteste partie des meilleurs hôtels de Reno. Ses 817 chambres sont élégantes et spacieuses, avec une décoration aux accents d'Europe. Le personnel est avenant, et l'établissement est pourvu d'un centre d'affaires.

Silver Legacy Resort Casino

$$-$$$

≡ ♠ P ≋ Y 🍴 ♿ @

407 N. Virginia St.

☎775-325-7401 ou 800-687-8733

www.sillverlegacy.com

Les quelque 1 700 chambres du Silver Legacy Resort Casino sont de style «San Francisco Victorian». L'hôtel est coiffé d'un énorme dôme de plus de 55 m qui abrite une jolie réplique d'un *mining rig* (installation de forage) de 1890 s'élevant à 37 m au-dessus du plancher du casino.

Restaurants

Jadis objet de sarcasmes et de réflexions vitriolées en raison des repas au goût fadasse ou de réchauffé qu'il était commun de se faire servir, on évoque aujourd'hui les restaurants de Las Vegas en leur apposant les qualificatifs de cool et branchés, ou encore en les qualifiant carrément d'officines épicuriennes de classe internationale.

En effet, de plus en plus de chefs respectés se laissent séduire par l'idée d'ouvrir un établissement culinaire dans la capitale du jeu: Alain Ducasse, Joël Robuchon, Jean-Louis Palladin, Emeril Lagasse, Thomas Keller, Jean-Gœrges Vongerichten, Stephan Myles, Michael Mina, Todd English, Charlie Palmer, Alex Sratta, Wolfgang Puck, Julian Serrano et autres pontifes culinaires font partie du florilège de chefs qui officient avec diligence dans les cuisines de Las Vegas.

Un bon nombre de ces chefs s'inspirent de traditions culturelles et culinaires extrêmement variées, ce qui permet à certains d'entre eux de concocter toutes sortes de combinaisons, en rejetant bien des a priori mais sans écarter certaines incohérences. Cette approche très ouverte suscite bien des audaces culinaires et produit à la longue de nombreuses et surprenantes créations. Bref, que vous soyez à la recherche d'un gros steak juteux, d'un buffet plantureux, d'une cuisine fusion exotique ou de plats raffinés aux effluves dignes des fleurons gastronomiques de l'Hexagone, de l'Italie, du Japon ou de la Chine, vous trouverez sûrement, tenez-vous le pour dit, de quoi délecter vos papilles gustatives.

■ Prix et symboles

Les tarifs indiqués dans ce guide s'appliquent à **un repas pour une personne, avant boissons, taxes et pourboire**.

$	moins de 15$
$$	de 15$ à 30$
$$$	de 31$ à 60$
$$$$	plus de 60$

Le label Ulysse 

Le pictogramme du label Ulysse est attribué à nos établissements favoris (hôtels et restaurants). Pour plus de détails, voir p 105.

■ Les restaurants par types de cuisine

Pour choisir un restaurant selon sa spécialité, consultez l'index à la page 157.

Les établissements qui se distinguent

■ Pour son fabuleux décor d'inspiration russe et son *frozen vodka bar*

Red Square p 135

■ Pour savourer les fleurons de la cuisine française

Andre's p 134, 156

■ Pour la cuisine niponne

Hyakumi p 146

■ Pour observer les serveuses girondes descendre votre bouteille de vin

Aureole p 137

■ Pour les carnivores

Prime p 148

■ Pour la vue sur le *Strip*

Top of the World p 151
Eiffel Tower Restaurant p 148
Alizé p 154

■ Pour amener vos gamins

Rainforest Cafe p 134
GameWorks Restaurant p 132

■ Pour le simple plaisir de l'ostentation

Cirque p 148

■ Pour les m'as-tu-vu qui aiment la cuisine fusion

China Grill p 135

■ Pour la cuisine cajun

Emeril's New Orleans Fish House p 137
Commander's Palace p 148

■ Pour les *Trekkies*

Quark's Bar & Restaurant p 152

■ Pour déguster poissons et crustacés

Sea Blue p 136

Au sud du *Strip*

America

$

New York-New York, 3790 Las Vegas Blvd. S.

☎702-740-6451

Le plafond du restaurant America est doté d'une énorme carte des États-Unis sous laquelle les clients s'attablent à toute heure du jour pour faire ripaille. Le menu typiquement américain est fort simple, sans plus mais copieux.

Fat Burger

$

3765 Las Vegas Blvd. S.

☎702-736-4733

Le Fat Burger ne gagnera certainement pas beaucoup d'honneurs pour son décor un peu ringard, et plusieurs fins palais passeront sûrement leur chemin sans s'y arrêter, mais les amateurs de bons vieux hamburgers maison, de laits frappés onctueux et de rondelles d'oignons croustillantes seront sans nul doute comblés. Pour ajouter à l'atmosphère pittoresque, un juke-box crache de vieux tubes jamais démodés.

Border Grill

$-$$

Mandalay Bay, 3950 Las Vegas Blvd. S.

☎702-632-7403

Le Border Grill est un souriant petit restaurant mexicain, propriété des cuistots Mary Sue Milliken et Susan Feniger, qui gèrent un établissement semblable à Santa Monica, en Californie. La carte propose des *tacos*, des *quesadillas* bien relevés, en plus d'un excellent choix de tequilas. S'y trouve aussi une terrasse avec vue sur la piscine du Mandalay Bay.

Dragon Noodle Co.

$-$$

Monte Carlo, 3770 Las Vegas Blvd. S.

☎702-730-7967

Le sympathique et coloré Dragon Noodle Co. sert une alléchante cuisine chinoise fusion et pratique des prix qui ne malmèneront pas trop votre portefeuille. Sous l'œil bienveillant du bouddha souriant qui trône sur le comptoir, les cuistots travaillent avec diligence dans la cuisine à aire ouverte pour concocter des plats qui sauront sans nul doute satisfaire vos papilles gustatives.

Market City Caffé

$-$$

Monte Carlo, 3770 Las Vegas Blvd. S.

☎702-730-7965

Plaisant petit resto au décor sans prétention, le Market City Caffé est un lieu idéal pour se sustenter de délicieux mets toujours frais, sans se ruiner. Le menu propose un assortiment de pâtes et de sandwichs en plus de pizzas croustillantes cuites dans un four à bois. L'ambiance est décontractée et le service souriant.

Stage Deli Express
$-$$
MGM Grand, 3799 Las Vegas Blvd. S.
☎702-891-3373
Dans un local on ne peut plus banal, le Stage Deli Express se contente de préparer des plats simples et copieux, comme on en trouve tant à New York.

ESPN Zone
$$
New York-New York, 3790 Las Vegas Blvd. S.
☎702-933-3776
Le ESPN Zone est l'adresse à retenir pour les amateurs de sport qui veulent avoir l'impression d'arriver au Walhalla des Vikings. L'établissement est doté d'innombrables télévisions et écrans géants où sont retransmis les événements sportifs de l'heure. Pour calmer la faim, on y sert une belle sélection de pâtes, de steaks et de fruits de mer.

GameWorks Restaurant
$$
3785 Las Vegas Blvd. S.
☎702-432-4263
À l'intérieur du complexe GameWorks, ce restaurant ne fait pas dans la haute gastronomie, mais saura sans doute satisfaire votre fringale à l'aide d'une cuisine bourrative servie dans une ambiance de bon aloi. L'établissement peut toutefois devenir assez bruyant.

Harley Davidson Cafe
$$
3725 Las Vegas Blvd. S.
☎702-740-4555

● RESTAURANTS

Excalibur

Round Table Buffet
Sir Galahad's
Tournament of Kings

Luxor

Pharaoh's Pheast Buffet

Mandalay Bay

Aureole
Border Grill
China Grill
House of Blues
Red Square
Rum Jungle
Shanghai Lilly
Trattoria del Lupo

MGM Grand

Emeril's New Orleans Fish House
Joel Robuchon at the Mansion
L'Atelier
NobHill
Rainforest Cafe
SEABLUE
Stage Deli Express
Wolfgang Puck Cafe

Monte Carlo

Andre's
Dragon Noodle Co.
Market City Caffé
The Monte Carlo Buffet

New York - New York

America
ESPN Zone
Gallagher

Tropicana

Mizuno's Japanese Steak House

Restaurants à l'extérieur des hôtels

1. BY Fat Burger
2. BY Gameworks Restaurant (Showcase Mall)
3. BX Harley Davidson Cafe
4. BY Smith & Wollensky

Difficile de manquer le Harley Davidson Cafe avec sa réplique géante d'une Harley sortant de sa façade. Ce n'est évidemment pas une cuisine de grands chefs, mais les plats sont consistants et assez bons. La clientèle, vêtue de blousons de jean et de cuir, se mêle aux touristes curieux.

House of Blues
$$
Mandalay Bay, 3950 Las Vegas Blvd. S.
☎702-632-7607

Une clientèle trépidante se pointe au House of Blues pour se sustenter de plats cajuns comme un *jambalaya*, un *gumbo* ou un *blues burger* dans une pittoresque de-

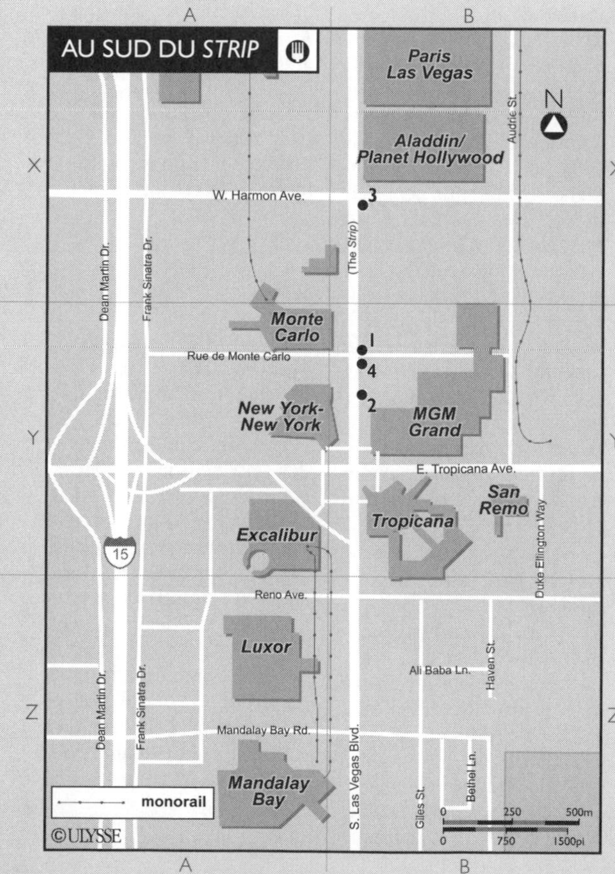

meure décorée de plusieurs éléments du *folk art*.

Mizuno's Japanese Steak House
$$
Tropicana, 3801 Las Vegas Blvd. S.
☎702-739-2713
Au Mizuno's, le décor est inspiré du Japon, et les chefs nippons donnent un bon spectacle en tranchant et faisant sauter viandes et volailles à votre table.

Rainforest Cafe
$$
MGM Grand, 3799 Las Vegas Blvd. S.
☎702-891-8580
Au Rainforest Cafe, les clients s'attroupent autour du bar situé sous l'énorme champignon géant qui tient lieu de toit. Des cascades d'eau ruissellent, des animaux mécaniques poussent des cris, et des hauts-parleurs couplés à des jeux de lumière reproduisent l'éclair et le tonnerre. On ne vient pas ici pour l'expérience culinaire, mais vos gamins seront sans doute ravis d'avaler des aliments gras et salés dans un tel décor, conçu pour séduire la jeunesse.

Wolfgang Puck Cafe
$$-$$$
MGM Grand, 3799 Las Vegas Blvd. S.
☎702-891-3000
Synonyme de cuisine américaine éclectique, le Wolfgang Puck Cafe prépare de délicieux plats où les produits frais du jour se mélangent avec élégance et originalité, et que l'on déguste dans une salle à manger spacieuse et colorée.

Sir Galahad's
$$-$$$
Excalibur, 3850 Las Vegas Blvd. S.
☎702-597-7448
Au Sir Galahad's, la cuisine prépare une viande séchée pendant au moins 21 jours. La clientèle vient surtout ici pour discuter tout en savourant un énorme steak juteux dans un local sobre et agrémenté de chaleureuses boiseries, mais la carte affiche aussi des pattes de crabe royal et un gâteau au fromage incontournable, le New York Cheesecake. L'établissement propose aussi un menu pour enfants.

Andre's
$$$
Monte Carlo, 3770 Las Vegas Blvd. S.
☎702-798-7151
Le chic restaurant français Andre's s'attire bien des éloges. Le chef mitonne la délectable cuisine de l'Hexagone, toujours fraîche, admirablement bien présentée et relevée juste à point. La carte des vins propose un vaste choix de grands crus (surtout des bordeaux). L'établissement est idéal pour un tête-à-tête intime à la table d'Épicure. S'y trouve aussi un *lounge* où l'on peut tirer sur un cigare de qualité pour digérer le tout. Le service est stylé.

China Grill

$$$

Mandalay Bay, 3950 Las Vegas Blvd. S.

☎702-632-7404

C'est au réputé China Grill que, pour se rassasier, beaucoup de clients échouent après avoir applaudi la comédie musicale *Mama Mia*. Les sanitaires unisexes sont en voie de devenir en eux-mêmes une attraction touristique. En effet, ils ressemblent à des douches où l'on aperçoit la silhouette des clients. La cuisine fusionne l'asiatique avec la française et se veut éclectique. Les portions sont généreuses et généralement offertes sur une gigantesque assiette disposée au centre de la table où les convives peuvent se servir. En soirée, l'atmosphère qui règne au China Grill s'apparente davantage à celle d'un *nightclub* qu'à celle d'un restaurant, à cause de la musique tonitruante qui parvient tout juste à rivaliser avec les conversations forcément rythmées des clients jeunes, cool et bien argentés.

Gallagher

$$$

New York-New York, 3790 Las Vegas Blvd. S.

☎702-740-6450

Si vous êtes végétarien, il vaut mieux éviter le restaurant Gallagher. Avant même d'avoir poussé la porte du resto, votre regard sera capté par le comptoir vitré qui expose des morceaux de viande en train de sécher, avant d'être grillés à votre convenance. Les tables en bois, les quelques bancs capitonnés en cuir et le décor sobre et classique en font un autre lieu idéal pour un repas d'affaires des plus copieux. Les portions sont généreuses, et le service est avenant.

Red Square

$$$

Mandalay Bay, 3950 Las Vegas Blvd. S.

☎702-632-7407

Le Red Square est facilement reconnaissable grâce à la statue de Lénine sans tête de 3 m de hauteur qui garde l'entrée de l'établissement. Chandeliers à la forme du Kremlin et plafond très élevé rendent la salle à manger, d'un rouge écarlate, élégante et romantique. Le menu propose du bœuf Strogonoff, du steak tartare et du caviar à des prix variables, le tout arrosé bien sûr d'une des nombreuses vodkas (environ 100) qui figurent sur la carte des alcools. Il n'est pas rare que plusieurs clients décident de digérer leur repas au *vodka bar*.

Rum Jungle

$$$

Mandalay Bay, 3950 Las Vegas Blvd. S.

☎702-632-7408

Au Rum Jungle, deux grandes torches éternelles brûlent dans les murs vitrés, de chaque côté de la porte d'entrée, tandis qu'une multitude de petites torches éclairent la façade vitrée où coule de l'eau et donnent l'impression qu'on va assister à une messe noire. Le décor est fantastique: huit cascades d'eau ruissellent sur des murs vitrés et mènent à un four et à la cuisine. Plus la soirée avance, plus les rythmes latins, africains et caribéens font vibrer l'établissement. La cuisine est aussi inspirée de ces contrées. Plus de 100 sortes de rhums confèrent au Rum Jungle le titre d'un des plus grands bars à rhum de la planète.

SEABLUE
$$$
MGM Grand, 3799 Las Vegas Blvd. S.
☎702-891-3486

Si la rivalité des grands casinos passe aussi par le prestige de la table, il va sans dire que le MGM Grand a eu la main heureuse en embauchant le chef Micheal Mina. Celui-ci n'a pas tardé à placer le SEABLUE sur la carte gastronomique de Las Vegas. Sa passion pour les poissons et les crustacés explique la subtilité de saveurs parfumant ses astucieuses combinaisons qui réservent aux convives bon nombre d'agréables surprises et de bonheurs. Dans une salle à manger contemporaine au décor épuré, les clients peuvent choisir parmi un délectable assortiment d'entrées, entre autres le Nantucket Bay Scallop Ceviche et le Hawaiian Blue Prawn Scampi. Comme assiette de résistance, la morue de la mer du Nord ou le plat de fruits de mer sont vivement suggérés. La cave renferme une excellente sélection de vins dont plusieurs sont vendus au verre. Quant aux desserts, le *chocolate pudding cake* saura satisfaire n'importe quel *chocoalic*. Bref, cette adresse est incontournable pour tout gastronome qui se respecte.

Shanghai Lilly
$$$
Mandalay Bay, 3950 Las Vegas Blvd. S.
☎702-632-7409

Peu de gens passent devant la façade du restaurant Shanghai Lilly sans jeter un regard incrédule sur les parties d'anatomie féminine exposées de façon impudique à la vue de tous. La carte propose quant à elle un délicieux voyage culinaire où la cuisine chinoise est à l'honneur.

Trattoria del Lupo
$$$
Mandalay Bay, 3950 Las Vegas Blvd. S.
☎702-632-7410

À la Trattoria del Lupo, pizza au calmar avec menthe et citron, ainsi que prosciutto et melon avec cresson et noisettes comptent parmi les

différentes créations originales qui figurent au menu. Les plafonds sont élevés, et le local est très lumineux. La cuisine à aire ouverte se trouve d'un côté, tandis que, de l'autre, un bar occupe le centre du local, les tables étant distribuées tout autour.

L'Atelier
$$$-$$$$
MGM Grand, 3799 Las Vegas Blvd. S.
☎702-891-7358
L'Atelier porte bien son nom. Le célèbre chef Joël Robuchon concocte ses créations dans une cuisine ouverte sur la salle à manger, sous les regards curieux des convives. Ce concept qui se veut décontracté n'en demeure pas moins à la hauteur de la réputation de son chef, lequel propose un menu typiquement français.

MIX in Las Vegas
$$$$
THEhotel at Mandalay Bay, 3950 Las Vegas Blvd. S.
☎702-632-9500
Ce restaurant du réputé chef français Alain Ducasse se démarque aussi bien par sa cuisine créative que par son impressionnant décor futuriste dont la pièce maîtresse est un magnifique chandelier composé de quelque 15 000 boules de verre soufflées une à une à Murano, en Italie. Le menu, qui affiche des classiques français et américains avec une touche multiethnique inspirée, comprend entre autres un délicieux tournedos Rossini, un homard du Maine au cari et un filet de bison sauce au poivre.

Aureole
$$$$
Mandalay Bay, 3950 Las Vegas Blvd. S.
☎702-632-7401
Au chic resto de Charlie Palmer, l'Aureole, les serveuses girondes rivalisent avec le menu en tant que vedettes du restaurant. Habillées comme Tom Cruise dans *Mission Impossible*, elles sont munies d'un harnais et descendent la bouteille de vin de votre choix d'un cellier vitré comportant environ 10 000 bouteilles, sur quatre niveaux et 13 m de hauteur. Devons-nous ajouter que les amis de Bacchus seront ravis? La cuisine est américaine, et la carte ressemble beaucoup à celle de l'autre restaurant de Palmer à New York. Elle affiche des plats comme le sauté de foie gras Apple Harvest et les calmars farcis au homard et au crabe.

Emeril's New Orleans Fish House
$$$$
MGM Grand, 3799 Las Vegas Blvd. S.
☎702-891-7374
Vous l'avez sans doute deviné, la carte du restaurant Emeril's comprend essentiellement des plats cajuns de la Louisiane. Le réputé chef Emeril Lagasse officie avec diligence dans la cuisine

Buffets

Las Vegas revendique à bon droit le titre de la capitale du jeu, mais la ville se targue également d'être la Mecque des buffets. D'ailleurs, Las Vegas étant surnommée *Sin City* (la ville du péché), il n'est guère étonnant qu'elle ait fini par succomber à l'un des sept péchés capitaux: la gourmandise... L'idée d'introduire des buffets à Las Vegas remonte à 1941, lorsque le propriétaire du premier casino du *Strip*, El Rancho Grande, décida d'innover en proposant le Midnight Chuck-Wagon Buffet, un buffet plantureux pour seulement 1$, afin d'inciter les joueurs compulsifs à rester dans le casino le plus tard possible, sans égard aux fatidiques 12 coups de minuit. Cette initiative remporta un vif succès, et l'idée fut vite reprise par les autres casinos. Il n'en fallut pas plus pour que la formule soit étendue au petit déjeuner, au déjeuner et au dîner, afin de satisfaire la fringale des joueurs à toute heure du jour. L'époque des buffets à 1$ est hélas révolue, mais il est toujours possible de se rassasier copieusement à des prix étudiés qui n'allégeront pas trop votre portefeuille. Par ailleurs, même si les plats préparés exclusivement sans viandes sont denrée rare, les végétariens trouveront sûrement de quoi se rassasier, en faisant attentivement le tour du buffet et en piochant à droite et à gauche. Sachez que certains buffets servant des œufs ou des saucisses baignant dans l'huile ou dans des sauces onctueuses deviennent des lieux de choix pour ceux qui veulent se gaver de matières grasses ou qui ne craignent pas le cholestérol. De plus, les files d'accès sont souvent longues et l'attente fastidieuse. Tentez donc d'arriver avant l'ouverture officielle des comptoirs, car la plupart des buffets n'offrent pas de places réservées à leurs clients.

Le **Round Table Buffet** *(\$-\$\$; Excalibur, 3850 Las Vegas Blvd. S., ☎702-597-7777)* conviendra parfaitement à ceux qui préfèrent s'empiffrer à satiété, au détriment de la qualité, et ce, sans trop se ruiner. L'immense salle à manger est vaguement inspirée de l'époque médiévale.

Une autre option économique est le **Pharaoh's Pheast Buffet** *($-$$; Luxor, 3900 Las Vegas Blvd. S., ☎702-262-4000)*. Un tant soit peu plus cher que le Round Table Buffet, il propose l'assortiment habituel de plats sans imagination. La salle à manger énorme est une version drolatique de ruines égyptiennes.

L'un des plus grands buffets de Las Vegas, le **Circus Buffet** *($-$$; Circus Circus, 2880 Las Vegas Blvd. S., ☎702-734-0410)* est aussi l'un des moins chers et, par conséquent, l'un des plus fréquentés. L'ambiance qui y règne s'apparente un peu à celle d'une cafétéria scolaire où les gamins et les gamines s'excitent comme des puces.

Pour vous rassasier dans une atmosphère festive et truculente à souhait sans pour autant alléger votre portefeuille, pointez-vous au **Carnival World Buffet** *($$$; Rio, 3700 W. Flamingo Rd., ☎702-252-7777)*. Le même établissement propose également un buffet très couru, composé uniquement de fruits de mer apprêtés de différentes façons: **The Village Seafood Buffet** *($$$; Rio, 3700 W. Flamingo Rd., ☎702-252-7777)* saura convaincre les inconditionnels de crustacés malgré les prix.

Dans un registre supérieur, le buffet du **Monte Carlo** *($-$$; 3770 Las Vegas Blvd. S., ☎730-7777)* est servi dans une élégante salle à manger séparée par des arcades et décorée sur le thème de l'Afrique du Nord.

Pour un repas dans un décor somptueux, rendez-vous au buffet du **Wynn Las Vegas** *($$$; 3131 Las Vegas Blvd. S., ☎702-248-3463)*, où vous trouverez 17 «stations-cuisine» proposant une variété de spécialités culinaires. Par contre, attendez-vous à payer le prix…

Au **Fantasy Market Buffet** *($-$$; Palms, 4321 W. Flamingo Rd., ☎702-942-7777)*, on retrouve les mêmes plats traditionnels que dans la plupart des buffets.

Le **Bayside Buffet** *($$-$$$; Mandalay Bay, 3950 Las Vegas Blvd. S., ☎702-632-7402)* ravira à coup sûr les papilles gustatives des convives en leur servant un bon choix de mets frais bien présentés. De plus, ce buffet jouit d'une situation privilégiée, avec vue sur la piscine de l'établissement.

Le décor du buffet **Cravings** *($-$$; The Mirage, 3400 Las Vegas Blvd. S., ☎702-791-7111)* donne dans l'exotisme avec ses palmiers et ses fleurs colorées. Les plats sont variés, et la cuisine tente de maintenir la qualité et la fraîcheur des aliments aussi élevées que possible.

Pour un dimanche royal, gâtez-vous en vous offrant l'un des brunchs les plus dispendieux de la ville: le **Bally's Sterling Brunch** *($$$$; Bally's, 3645 Las Vegas Blvd. S., ☎702-967-7999)*. Pour un buffet à prix plus raisonnable, avec une jolie sélection de plats mitonnés avec soin, optez pour le **Big Kitchen Buffet** *($$; Bally's, 3645 Las Vegas Blvd. S., ☎702-967-7999)*.

Les clients apprécient particulièrement le **Village Buffet** *($$-$$$; Paris Las Vegas, 3655 Las Vegas Blvd. S., ☎702-946-7000)* pour goûter à la gastronomie des provinces françaises (Alsace-Lorraine, Bretagne, Bourgogne, Provence, Normandie). Le Village Buffet propose un excellent rapport qualité/prix.

Plusieurs considèrent qu'on retrouve le meilleur rapport qualité/prix au **Garden Court Buffet** de l'hôtel Main Street Station *($$; 200 N. Main St., ☎702-387-1896)*, dans la Downtown Area. On y sert une cuisine honnête (pizzas cuites au four à bois, fruits de mer, spécialités mexicaines, hawaïennes, chinoises et du sud des États-Unis) à prix raisonnable.

pour concocter de nombreux et délicieux mets à base de poissons et de fruits de mer que l'on savoure dans une salle à manger qui prend des allures du Vieux Carré, à La Nouvelle-Orléans. Plus de 1 000 grands crus noircissent la carte des vins.

Joël Robuchon at the Mansion
$$$$
MGM Grand, 3799 Las Vegas Blvd. S.
☎702-891-7925

Le second restaurant du célèbre Joël Robuchon est une véritable ode à la cuisine française, qui s'accompagne d'une liste de quelque 750 vins. Dans un décor qui rappelle l'intérieur d'un manoir français du XXe siècle, vous pourrez vous offir tout ce que l'imagination de ce chef a de meilleur.

Nobhill
$$$$
MGM Grand, 3799 Las Vegas Blvd. S.
☎702-891-7337

Se sustenter au Nobhill est une expérience qui transporte dans le monde gastronomique de San Francisco. La cuisine a effectivement élaboré un menu inspiré des meilleurs restaurants de la Bay Area. Des tables dressées avec goût, un décor raffiné et un service impeccable, tout est mis en œuvre ici pour offrir aux convives une agréable parenthèse. Les prix sont assez élevés, mais pourquoi ne pas en faire l'expérience si l'on en a les moyens?

Smith & Wollensky
$$$$
3767 Las Vegas Blvd. S.
☎702-862-4100

Le Smith & Wollensky de Las Vegas a gardé les mêmes couleurs, vert et blanc, et la même façade architecturale qu'à Manhattan, mais a décidé d'agrandir sa surface pour s'adapter à la démesure de la ville. On y déguste toujours de délicieuses portions pantagruéliques de filet de surlonge, de *T-bones* (biftecks d'aloyau) ou de côtelettes de porc préparées à la perfection, si tant est que vous ayez suffisamment d'appétit pour pouvoir les apprécier. Pour tomber dans l'extase, goûtez aux desserts, véritables chefs-d'œuvre de l'art culinaire qui fondent dans la bouche. Les amis de Bacchus ne seront certainement pas déçus en consultant la longue liste de vins de qualité qui figurent sur la carte. Après le repas, les convives se retrouvent au *cigar lounge* pour relaxer et discuter tout en prenant un digestif.

Au centre du *Strip*

Battista's Hole in the Wall
$-$$
4041 Audrie St.
☎702-732-1424

Petite gargote à la rusticité italienne, le Battista's Hole in the Wall dresse sa façade en face du Bally's. On ne vient pas ici pour une soirée mondaine, mais, si prendre un bon vieux repas maison italien dans un local qui ne paie guère de mine ne vous rebute pas trop, allez-y. L'établissement existe depuis plus de 30 ans, et, au dire des habitués, la qualité de la

nourriture n'a jamais fléchi. De vieilles photos rappelant une époque révolue tapissent les murs de ce vénérable restaurant.

La Salsa Cantina

$-$$

Aladdin, 3663 Las Vegas Blvd. S.

☎702-892-0645

La Salsa Cantina est un établissement sans prétention et décontracté, parfait pour déguster un échantillon de la cuisine mexicaine. Les copieux petits déjeuners, les portions généreuses et bien relevées, ainsi que les prix raisonnables, gagnent la faveur du public.

Bertolini's

$$

The Forum Shops, 3500 Las Vegas Blvd. S.

☎702-735-4663

Il est agréable de s'arrêter un moment sur la «terrasse intérieure» du Bertolini's pour s'offrir des pâtes maison et de pizzas croustillantes tout en observant la fontaine romaine qui clapote, avant de poursuivre plus loin ses emplettes.

Planet Hollywood

$$

The Forum Shops, 3500 Las Vegas Blvd. S.

☎702-791-7827

Situé dans le centre commercial The Forum Shops, le

● RESTAURANTS

Aladdin - Planet Hollywood

Commander's Palace
La Salsa Cantina

Bally's Resort

Al Dente
Bally's Steakhouse
Bally's Sterling Brunch
Big Kitchen Buffet
Chang's
Sidewalk Cafe

Barbary Coast

Drai
Michael's

Bellagio

Cirque
Jasmine
Osteria del Circo
Picasso
Prime

Caesar's Palace

Bertolini's
Chinois
Hyakumi
Planet Hollywood
Spago
The Cheesecake Factory

Flamingo Las Vegas

Hamada of Japan

Mirage

Cravings

Paris Las Vegas

Eiffel Tower Restaurant
Mon Ami Gabi
The Village Buffet

The Venetian

Delmonico Steakhouse
Pinot Brasserie
Zeffirino

Restaurant à l'extérieur des hôtels

1. BY Battista's Hole in the Wall

Planet Hollywood prend les allures d'un petit resto-musée consacré aux stars d'Hollywood. Le produit est cependant à l'image des films que les stars commercialisent, qui en mettent plein la vue du spectateur mais sont dépourvus de contenu. Toutefois, l'environnement plaira sans doute aux amateurs du septième art, car des films passent sans arrêt sur plusieurs écrans, tandis que des mannequins drapés de costumes comme dans *Terminator* en feront sourire plus d'un.

Chinois
$$-$$$
The Forum Shops, 3500 Las Vegas Blvd. S.
☎702-737-9700

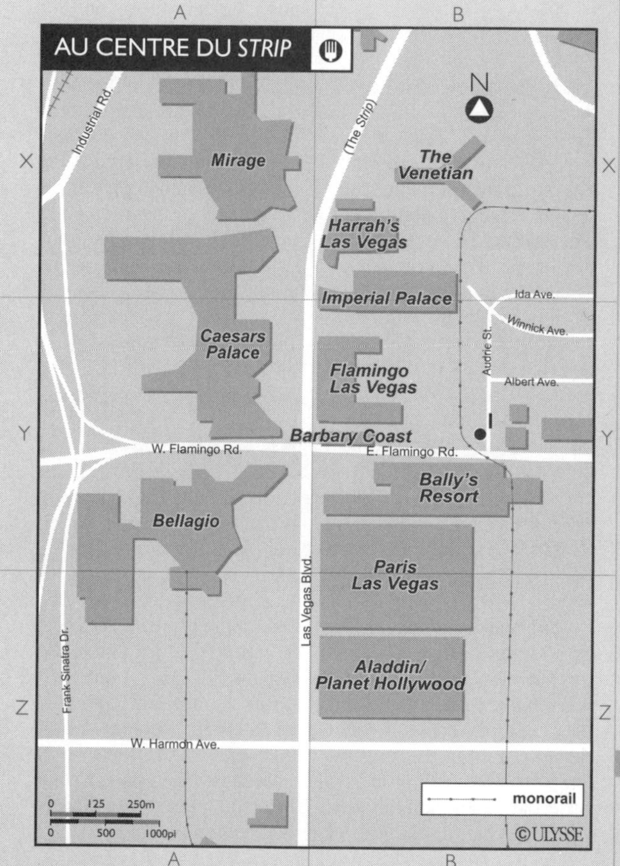

Installé sur deux niveaux, le Chinois compte parmi les restaurants les plus chéris de Las Vegas. La cuisine à aire ouverte concocte une variété de délicieux plats qui varient selon l'inspiration du chef, comme le *Shanghai lobster* (homard de Shanghai), plusieurs variétés de sushis et le tofu croustillant à l'ail accompagné d'épinards, lequel plaira sûrement aux végétariens.

Jasmine

$$-$$$

Bellagio, 3600 Las Vegas Blvd. S.

☎702-693-7223

Chez Jasmine, on savoure une délicieuse cuisine cantonaise agréablement présentée et merveilleusement bien épicée. La carte affiche des spécialités comme le canard cantonais rôti et le poulet croustillant au citron. De grands rideaux élégants, des chandeliers et d'immenses fenêtres s'ouvrent sur le lac artificiel afin que vous puissiez jouir d'une jolie vue durant votre repas.

Sidewalk Cafe

$$-$$$

Bally's, 3645 Las Vegas Blvd. S.

☎702-967-4364

Le Sidewalk Cafe propose trois quarts de livre (0,3 kg) de viande grillée comme vous l'aimez avec des pommes de terre, tous les jours de 17h à minuit. Le reste du temps, on peut choisir à la carte parmi les hamburgers, les pizzas, les *quesadillas* et les salades. Les peintures murales illustrent différents cafés-terrasses, d'où le nom de l'établissement.

Spago

$$-$$$

The Forum Shops, 3500 Las Vegas Blvd. S.

☎702-369-0360

Halte gastronomique fort appréciée, le Spago semble s'être donné comme mission d'enjôler vos papilles gustatives en fusionnant la cuisine américaine à celle de l'Hexagone, de l'Italie et de l'Asie. Les déjeuners sont tout simplement exquis, tandis qu'une variété d'assiettes joliment présentées et merveilleusement préparées composent le menu pour le dîner. Le personnel est souriant, agréable et très attentionné.

The Cheesecake Factory

$$-$$$

The Forum Shops; 3500 Las Vegas Blvd. S.

☎702-792-6888

Situé à côté de Virgin Records, le Cheesecake Factory propose une cuisine variée qui plaira à toute la famille, allant des pizzas aux gros hamburgers juteux, en passant par le poulet à l'orange, le *vegetable stir fry* (sauté de légumes), sans bien sûr oublier son grand choix de gâteaux au fromage. Attablez-vous sur la terrasse et prenez votre repas devant l'aquarium géant où folâtrent des poissons colorés.

Al Dente

$$$

Bally's, 3645 Las Vegas Blvd. S.

☎702-739-4111

Si l'envie de déguster des pâtes maison s'impose soudain, le restaurant italien Al Dente vous incitera à consulter sa carte. Celle-ci propose nombre de pizzas minces cuites dans un four à bois, des tortellinis fourrés au veau accompagnés de champignons et nappés d'une sauce à l'échalote et aux fines herbes, et des crevettes au pesto avec oignons rouges et fromage mozzarella. On retrouve aussi des classiques comme le spaghetti Bolognese et l'entrée de prosciutto au melon sucré. Le service est excellent.

Bally's Steakhouse

$$$

Bally's, 3645 Las Vegas Blvd. S.

☎702-795-3990

N'hésitez pas à pousser la porte du restaurant Bally's Steakhouse si vous êtes friand de gros steaks juteux et cuits juste à point. Le menu comprend bien sûr l'entrecôte et le filet mignon, mais vous fait aussi découvrir de savoureuses assiettes de poisson. De plus, son cadre élégant, ses boiseries et la discrétion de son service vous feront passer une soirée des plus agréables.

Chang's

$$$

Bally's, 3645 Las Vegas Blvd. S.

☎702-967-7999

On dit de la cuisine de cet établissement qu'elle compte parmi les plus fidèles à ses origines cantonaises. Le menu affiche des soupes, des nouilles, de même que plusieurs plats qui raviront les végétariens.

Delmonico Steakhouse

$$$

The Venetian, 3355 Las Vegas Blvd. S.

☎702-414-3737

Autre adresse de prédilection des carnivores, le Delmonico Steakhouse appartient au réputé chef Emeril Lagasse. Dans une salle à manger romantique aux murs blancs dominés par une coupole, les convives plongent leurs crocs dans des steaks tendres, juteux, appétissants et relevés juste à point.

Drai

$$$

Barbary Coast, 3595 Las Vegas Blvd. S.

☎702-737-0555

Pour commencer la soirée du bon pied, pourquoi ne pas faire une halte gastronomique chez Drai? L'établissement appartient à un ex-producteur d'Hollywood qui s'est recyclé dans la restauration. Le menu est centré autour de la cuisine française et italienne.

Hamada of Japan

$$$

Flamingo, 3555 Las Vegas Blvd. S.

☎702-737-0031

Le menu du restaurant Hamada of Japan propose les

Dîners-spectacles

Ceux qui désirent faire une pierre deux coups et se délecter d'un repas tout en assistant à un spectacle en compagnie de leurs enfants seront ravis d'assister au **Tournament of Kings** de l'**Excalibur** *(3850 Las Vegas Blvd. S., ☎702-597-7600)*. Devant un bon repas, les spectateurs sont conviés à revivre les joutes de l'époque médiévale et son atmosphère. Dans ce dîner-spectacle médiéval, des chevaliers de la Table ronde provenant de contrées différentes, telles la France, l'Espagne, l'Irlande ou l'Angleterre, se disputent l'honneur d'être le meilleur chevalier, et croisent le fer à travers une série d'épreuves. Par exemple, des cavaliers qui s'affrontent avec une lance et un bouclier. S'ensuit un merveilleux spectacle d'acrobates et de jolies femmes dansantes, puis une bataille de cape et d'épée entre le bien et le mal, le tout accompagné d'effets spéciaux, d'explosions et de musique entraînante. Le dîner, quant à lui, n'a rien de très raffiné. On mange avec les doigts, et la serviette est très utile.

plats traditionnels de sushis, sashimis et tempuras. On retrouve aussi des mets teriyakis.

Hyakumi
$$$
Caesars Palace, 3570 Las Vegas Blvd. S.
☎702-731-7731

Pour s'entrechoquer les baguettes avec classe, le Hyakumi s'avère l'un des meilleurs en son genre. Côté cuisine, ce sont évidement les fleurons de la cuisine nippone qui sont à l'honneur. Les amateurs de sushis, de makis et de tempuras ne seront certainement pas déçus. Dans la salle à manger élégante, le service est assuré par des serveuses souriantes vêtues de kimonos.

Michael's
$$$
Barbary Coast, 3595 Las Vegas Blvd. S.
☎702-737-7111

Le restaurant Michael's centre son menu autour d'une cuisine continentale, toujours fraîche. De plus, son plafond ouvragé et sa coupole couverte de vitraux retiendront sans doute votre attention. Les chaises sont en velours rouge, et l'établissement semble toujours bondé; aussi est-il préférable de réserver votre table à l'avance. Le service est sans faille.

Mon Ami Gabi
$$$
Paris Las Vegas, 3655 Las Vegas Blvd. S.
☎702-946-3918

Ne vous attendez pas à parcourir *Le Monde* au restaurant Mon Ami Gabi. Si l'on se rend ici, c'est avant tout pour s'installer sur sa terrasse qui s'ouvre sur le *Strip*, afin d'observer le flux et le reflux de la foule. Le service ne s'effectue pas toujours dans la langue de Molière, mais le choix des plats s'approche véritablement de celui offert dans les brasseries parisiennes. Outre le sempiternel steak frites, le menu affiche entre autres une soupe au pistou, une salade maison et un cassoulet. Côté décor, on se croirait également dans une brasserie de la Ville lumière: carreaux de céramiques, boiseries, grands miroirs, va-et-vient incessant des serveurs et conversations bruyantes. Vous pouvez aussi déguster votre repas à l'intérieur de la salle à manger cossue.

Bouchon
$$$-$$$$
The Venetian, 3355 Las Vegas Blvd. S.
☎702-414-6200

Situé dans la Venezia Tower de l'hôtel Venetian, le restaurant Bouchon est tenu par Thomas Keller, le grand chef américain qui s'est fait connaître avec son réputé restaurant californien The French Laundry. Fidèle à ses influences françaises, Keller propose une cuisine de bistro classique, ainsi qu'une variété de plats de fruits de mer où les huîtres sont particulièrement mises à l'honneur. Bien sûr, la carte des vins et le décor, qui comprend entre autres un spectaculaire bar en étain, sont tout à fait à la hauteur de la succulente cuisine qu'on sert au Bouchon.

Pinot Brasserie
$$$-$$$$
The Venetian, 3355 Las Vegas Blvd. S.
☎702-414-8888

Des portes massives en bois ayant jadis appartenu à un vénérable hôtel du XIXe siècle à Monte Carlo, des chaises capitonnées en cuir, des murs lambrissés et un éclairage tamisé donnent au restaurant branché du nom de Pinot Brasserie une atmosphère de bistro parisien un tantinet guindé. Les convives s'offrent du saumon grillé, du steak tartare, des moules et des frites ou encore la prise du jour. La carte des vins fera le bonheur des amis de Bacchus.

Prime
$$$-$$$$
Bellagio, 3600 Las Vegas Blvd. S.
☎702-693-8255
Dans la lignée des grilladeries haut de gamme, Prime est un restaurant qui possède beaucoup de caractère. L'établissement s'enorgueillit d'une salle à manger opulente et feutrée. Les steaks tendres et juteux sont à l'honneur. Côtelettes de porc et poissons complètent la carte invitante, mais tous les plats proposés au menu sont présentés avec art et servis de façon irréprochable. Service sans faille et excellente cave à vins.

Cirque
$$$$
Bellagio, 3600 Las Vegas Blvd. S.
☎702-693-8100
Rendez-vous claironnant d'une clientèle résolument branchée et bien argentée, le Cirque de Las Vegas n'est pas aussi flamboyant et somptueux que celui de New York, mais loge dans un local feutré où le bois d'acajou ajoute à l'ambiance une touche de raffinement supplémentaire. N'oubliez pas de vous habiller convenablement, car le code vestimentaire est scrupuleusement respecté, mais, si votre portefeuille est hypertrophié, le maître d'hôtel se fera un plaisir de vous prêter un veston pour la soirée. Foie gras sauté, gitotin d'agneau de lait provençal et saumon au poivre sauce au vin accompagné de pommes de terre et de brocoli composent le menu. Il y a aussi un menu dégustation pour deux personnes. Le service est irréprochable, et les prix sont aussi exorbitants qu'à Manhattan.

Commander's Palace
$$$$
Aladdin, Desert Passage, 3663 Las Vegas Blvd. S.
☎702-892-8272
Après avoir fait un malheur à La Nouvelle-Orléans, le Commander's Palace a décidé d'apporter ses pénates à Las Vegas. Contrairement à l'établissement original, celui-ci n'est pas aménagé dans une maison victorienne, mais ça n'empêche nullement le chef de préparer sa savoureuse cuisine créole néo-orléanaise. Le menu comporte également des classiques de la cuisine américaine, selon l'inspiration du jour. Des musiciens de jazz égaient les soirées des convives. La carte des vins est prolixe et bien choisie.

Eiffel Tower Restaurant
$$$$
Paris Las Vegas, 3655 Las Vegas Blvd. S.
☎702-948-6937
Et pourquoi ne pas vous offrir un repas au sommet de la tour Eiffel? Huit étages au-dessus du tintamarre du casino, le Eiffel Tower Restaurant est un établissement tiré à quatre épingles dont le menu, écrit en français,

propose les classiques de l'Hexagone: carré d'agneau rôti à la provençale, pavé de saumon sauvage au beurre de pinot noir, tournedos au foie gras. La crème brûlée est incontournable. En soirée, la fenestration permet aux convives de jouir d'une vue spectaculaire du *Strip*, ce qui confère au restaurant un cachet romantique à souhait. Le bar, confortable et chaleureux, est l'endroit parfait où siroter un verre pour prolonger un moment privilégié ou passer les derniers moments de la soirée. Avant de réserver une table, n'oubliez pas de délier les cordons de votre bourse.

Osteria del Circo
$$$$
Bellagio, 3600 Las Vegas Blvd. S.
☎702-693-8150

Autre haut lieu gastronomique de Las Vegas, l'Osteria del Circo possède une salle à manger décorée sensiblement de la même façon que celle de Manhattan, c'est-à-dire aux couleurs vives et festives d'un cirque. La cuisine est évidement fortement influencée de l'Italie, tandis que le service est aussi stylé et avenant qu'à New York.

Picasso
$$$$
Bellagio, 3600 Las Vegas Blvd. S.
☎702-693-8255

Après avoir hissé Masa dans les hautes sphères de la gastronomie à San Francisco, Julian Serrano a catapulté le Picasso dans l'orbite culinaire de Las Vegas. Certes, les tarifs pratiqués sont élevés, mais ils sont largement justifiés si vous êtes en mesure d'apprécier à sa juste valeur la fine cuisine de l'Hexagone fusionnée aux effluves méditerranéens. Le subtil mélange de bois et de brique rehaussé de tableaux de Picasso sur les murs confère à la spacieuse salle à manger une ambiance romantique à souhait. Faites vos réservations à l'avance et garnissez bien votre portefeuille.

Zeffirino
$$$$
The Venetian, 3355 Las Vegas Blvd. S.
☎702-414-3500

Pour titiller vos papilles gustatives à l'italienne, une halte chez Zeffirino s'impose. Situé à l'intérieur des Grand Canal Shoppes, ce restaurant de grand standing est vite devenu le repaire favori des aficionados de fruits de mer. Ceux qui préfèrent les pâtes fraîches et voluptueuses ne seront pas déçus, puisqu'elles sont préparées sur place. Le service est avenant et sans ostentation. Très belle carte des vins. Les prix sont en conséquence.

Au nord du *Strip*

Tony Roma's
$$-$$$

Stardust, 3000 Las Vegas Blvd. S.
☎702-732-6111

Le restaurant Tony Roma's est réputé pour ses côtes levées, mais on y sert aussi des steaks, des hamburgers et du poulet. Bref, des plats consistants bien relevés qui n'ont rien de très raffiné.

Red 8
$$$

Wynn Las Vegas, 3131 Las Vegas Blvd. S.
☎888-352-3463

Le Red 8 est un petit bijou. Contrairement aux autres grandes tables de la ville, le chef Hisham Johari est une figure quasi inconnue du monde de la gastronomie. Il vous accueille dans un décor tout de rouge et de noir, qui rappelle la terre qui influence son menu, dédié aux délices de la cuisine

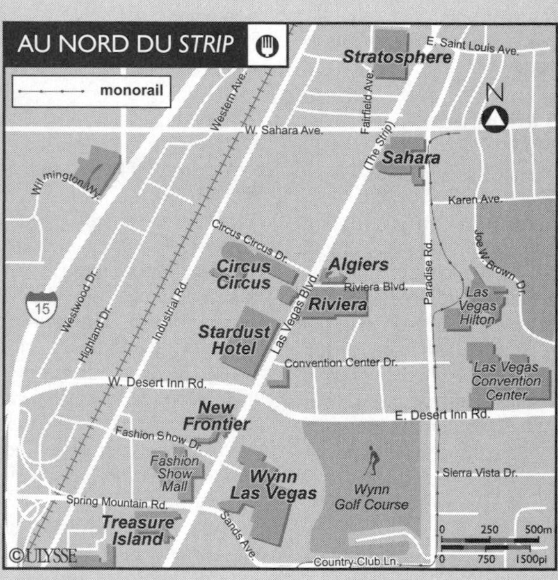

● **RESTAURANTS**

Circus Circus

Circus Buffet
Steakhouse

Stardust Hotel

Tony Roma's

Stratosphere

Top of the World

Wynn Las Vegas

Red 8

asiatique et adapté au goût du jour. La carte des thés ravira les amateurs.

Steakhouse
$$$
Circus Circus, 2880 Las Vegas Blvd. S.
☎702-794-3767
L'un des très bons temples pour carnivores de Las Vegas est sans nul doute le Steakhouse du Circus Circus, qui loge dans une salle à manger feutrée et discrète.

Top of the World
$$$-$$$$
Stratosphere, 2000 Las Vegas Blvd. S.
☎702-380-7777
Top of the World, voilà un nom un tant soit peu pompeux, mais qui prend tout son sens lorsqu'on s'y attable et qu'on découvre la ville à ses pieds. La carte est sans grande surprise, mais saura satisfaire votre appétit.

À l'est du *Strip*

Cozymel
$-$$
355 Hughes Center Dr.
☎702-732-4833
Nommé par analogie avec Cozumel, l'île mexicaine qui émerge à l'est de la péninsule du Yucatán, Cozymel est un joyeux restaurant mexicain qui propose des plats costauds et délicieusement riches en cholestérol. Évidemment, on met l'accent sur les spécialités yucatèques.

Marrakech
$-$$
3900 Paradise Rd.
☎702-737-5611
Le restaurant Marrakech propose des créations culinaires aux consonances méditerranéennes. Des spectacles de *baladi* ajoutent une touche d'exotisme oriental aux soirées. Les lumières tamisées et le décor bariolé contribuent à créer une ambiance agréable.

Hard Rock Cafe
$$
Hard Rock Hotel, 4455 Paradise Rd.
☎702-693-5525
Le Hard Rock Cafe n'a nul besoin de présentation. C'est en effet un établissement largement plébiscité par des instruments de musique d'artistes de renom inscrits au firmament de l'univers de la musique. Toutefois, son menu est avare d'agréables surprises, et l'établissement est bruyant.

Pink Taco
$$
Hard Rock Hotel, 4455 Paradise Rd.
☎702-733-7625
Le Pink Taco est un restaurant mexicain branché qui sert des plats bien relevés accompagnés de piments qui vous mettent le feu à la bouche. En attendant d'être servi, sirotez donc une tequila en observant la dame qui s'affaire à préparer devant vous la pâte des *tortillas* ou des *tacos*.

Quark's Bar & Restaurant

$$

Las Vegas Hilton, 3000 Paradise Rd.

☎702-697-8725

Trekkies et bon nombre de curieux se pointent au Quark's Bar & Restaurant pour savourer des plats aux noms évocateurs comme *Excalbian Enchiladas*, *The Wrap of Kahn* ou *Cheese Borger* tout en bavardant du *Warm Hole* avec un *Klingon*. De nombreux téléviseurs diffusent d'anciennes émissions de *Star Trek*, *Deep Space Nine* et *The Next Generation*. Après vous être rassasié, faites donc un saut à la boutique-musée consacrée aux personnages des différents longs métrages et téléséries.

Shalimar

$$-$$$

3900 Paradise Rd.

☎702-796-0302

Lorsque vient le temps de déterminer quel est le meilleur restaurant indien de la ville, le Shalimar ne cesse de revenir dans les discussions. Dans un cadre élégant, on y prépare une délectable cuisine aux saveurs exotiques et lointaines. Les nombreux plats de tandouri occupent une place de choix sur le menu.

Nobu

$$$

Hard Rock Hotel, 4455 Paradise Rd.

☎702-693-5090

Après avoir fait craquer New York et Londres, Nobu reste dans le sillage des célèbres cuistots qui s'installent dans la capitale du jeu. Le local est plus petit qu'à Manhattan, et l'on ne retrouve pas les célèbres «bancs baguettes», mais la nourriture est irréprochable. Le buffet de sushis vous laissera pantois d'admiration par sa fraîcheur et sa qualité. Bon choix de sakés, froids ou chauds.

Pamplemousse

$$$

400 E. Sahara Ave.

☎702-733-2066

Chez Pamplemousse, il n'y a pas de menu imprimé. La cuisine est résolument française, et le serveur récite le menu de vive voix. C'est cependant un restaurant de classe, mais ce n'est pas l'endroit tout choisi si vous êtes à court d'argent. Le service est courtois et empressé.

Piero's

$$$

355 Convention Center Dr.

☎702-369-2305

Des chandelles à la flamme vacillante déposées çà et là sur les tables distillent une atmosphère romantique au restaurant Piero's. La cuisine mitonne de bons plats italiens typiques, mais sans plus. On vous suggère de goûter au délicieux osso buco. Le service est professionnel, prévenant et sans ostentation.

● RESTAURANTS

Hard Rock Hotel and Casino

Hard Rock Cafe
Nobu
Pink Taco

Las Vegas Hilton

Quark's Bar & Restaurant

Restaurants à l'extérieur des hôtels

1. AZ Cozymel
2. AZ Marrakech
3. AY Pamplemousse
4. AY Piero's
5. AZ Shalimar

À l'ouest du *Strip*

Capriotti's

$

322 Sahara Ave. W.
☎702-474-0229

Vous en avez assez de ces restaurants aux prix exorbitants? Le Capriotti vous propose de savoureux sous-marins et sandwichs à prix abordables.

Little Buddha

$$-$$$

Palms, 4321 W. Flamingo Rd.
☎702-942-7778

Voilà un restaurant pour les fidèles de l'emblématique Buddha Bar de Paris, version Las Vegas. La cuisine prépare des mets éclectiques, résultat d'un mélange de recettes asiatiques et françaises. Le décor à la fois exotique et contemporain, est agrémenté de petits bouddhas. La

RESTAURANTS

Palms Casino Hotel

Alizé
Fantasy Market Buffet
Little Buddha

Rio

Carnival World Buffet
The Village Seafood Buffet
Voo Doo Cafe

Restaurant à l'extérieur des hôtels

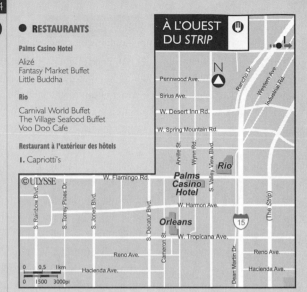

1. Capriotti's

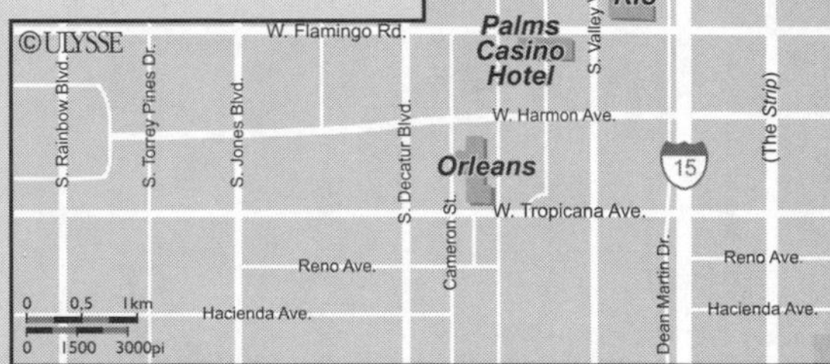

clientèle se veut zen, belle et branchée.

Voo Doo Cafe

$$$

Rio, 3700 W. Flamingo Rd.
☎702-252-7777

On pousse d'abord la porte du Voo Doo Cafe pour la vue qu'il commande du haut du 52e étage de l'hôtel et pour se rincer les yeux à la vue de la clientèle branchée, élégamment drapée. Ensuite on s'attable pour savourer un cocktail exotique et se sustenter de mets cajuns variés.

Alizé

$$$$

Palms, 4321 W. Flamingo Rd.
☎702-951-7000

Pour les férus de bonne cuisine française aux accents méditerranéens, l'Alizé est une excellente adresse à retenir. L'établissement appartient au chef André Rochat, qui a déjà acquis une réputation enviable dans les cercles culinaires de Las Vegas. L'Alizé se perche sur le Palms et permet aux convives de bénéficier d'une des meilleures vues de la ville. Les amis de Bacchus seront excités d'apprendre que la salle à manger feutrée s'articule autour d'un monumental cellier contenant plus de 5 000 grands crus.

Downtown Area

Binion's Coffee Shop

$-$$

Binion's, 128 E. Fremont St.

☎ 702-382-1600

Le Binion's Coffee Shop loge dans un local chaleureux et plein de charme qui attire une clientèle tout azimut à la recherche d'un bon repas, mais qui ne veut pas dépenser une fortune. On y sert de bons petits déjeuners économiques.

Triple 7 Brewpub

$-$$

Main Street Station, 200 N. Main St.

☎ 702-387-1896

Pour vous offrir une cuisine typique de pub avec une touche à l'orientale, tout en buvant une bonne bière fraîche brassée sur place, rendez-vous au Triple 7 Brewpub. Atmosphère de bon aloi et service sympathique.

Hugo's Cellar
$$$

Four Queens, 202 E. Fremont St.
☎702-385-4011

Si vous êtes à la recherche d'un restaurant pour un tête-à-tête romantique, sachez monsieur que chaque dame reçoit une rose en guise de bienvenue au Hugo's Cellar. On suggère aux convives de jeter leur dévolu sur les steaks tendres et juteux. La salle à manger en brique au plafond voûté exhale une atmosphère sereine dans laquelle il fait bon se restaurer.

Andre's
$$$$

401 S. Sixth St.
☎702-385-5016

Chez Andre's, tous les classiques de la cuisine française figurent au menu, et le service fait preuve d'une grande courtoisie. Ce restaurant sobre, chic et feutré convient merveilleusement à un dîner d'affaires, ou un tête-à-tête, et demeure populaire malgré ses tarifs prohibitifs. Les disciples de Bacchus ne seront certainement pas déçus en consultant la très longue carte des vins.

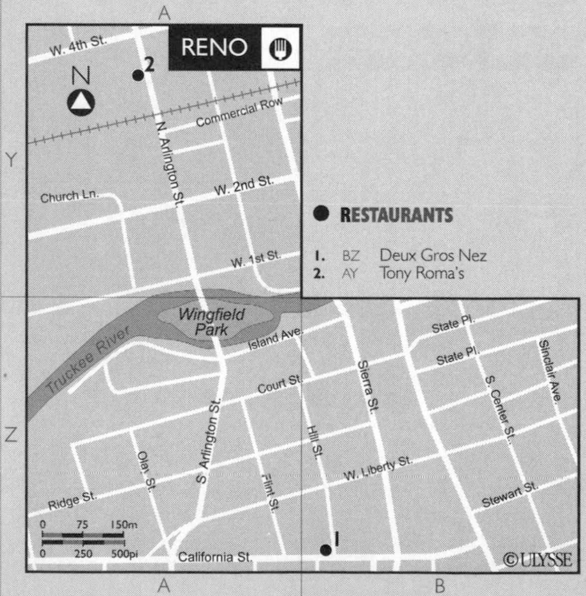

RENO

W. 4th St.
N
Commercial Row
N. Arlington St.
W. 2nd St.
Church Ln.
W. 1st St.
Wingfield Park
Island Ave.
Truckee River
Court St.
Sierra St.
Hill St.
State Pl.
State Pl.
S. Center St.
Sinclair Ave.
Olar St.
S. Arlington St.
Flint St.
W. Liberty St.
Ridge St.
Stewart St.
California St.
0 75 150m
0 250 500pi
A B Y Z

RESTAURANTS

1. BZ Deux Gros Nez
2. AY Tony Roma's

Reno

Deux Gros Nez

$

249 California St.

☎775-786-9400

Pour un repas santé dans un local coloré à l'ambiance bohème, rendez-vous au Deux Gros Nez. L'établissement sort un peu des sentiers battus, mais mérite le détour si vous souhaitez vous soustraire de l'ambiance des casinos. Repérez l'étendard tricolore et le vélo jaune sur le toit.

Tony Roma's

$-$$

345 N. Arlington Ave.

☎775-348-2200

Tony Roma's est réputé pour ses savoureuses côtes levées, mais on y sert aussi des steaks, des hamburgers et du poulet. Bref, des plats consistants bien relevés qui n'ont rien de très raffiné.

Les restaurants par types de cuisine

■ Américaine

■ Cafés

■ Cajun

Commander's Palace p 148
Emeril's New Orleans Fish House p 137
Voo Doo Cafe p 154

■ Chinoise

Chang's p 145
Dragon Noodle Co. p 131
Jasmine p 144
Shanghai Lilly p 136

■ Française

Alizé p 154
Andre's p 134, 156
L'Atelier p 137
Eiffel Tower Restaurant p 148
Bouchon p 147
Joël Robuchon at the Mansion p 141
Mon Ami Gabi p 147
Pamplemousse p 152
Pinot Brasserie p 147

■ Fusion

China Grill p 135
Chinois p 143
Little Buddha p 153
MIX in Las Vegas p 137
Nobhill p 141
Picasso p 149
Red 8 p 150
Rum Jungle p 135
Spago p 144

■ Grilladeries

Bally's Steakhouse p 145
Delmonico Steakhouse p 145
Hugo's Cellar p 156

Gallagher p 135
Prime p 148
Sir Galahad's p 134
Smith & Wollensky p 141
Steakhouse p 151

■ Indienne

Shalimar p 152

■ Italienne

Al Dente p 145
Bertolini's p 142
Battista's Hole in the Wall p 141
Osteria del Circo p 149
Piero's p 152
Trattoria del Lupo p 136
Zeffirino p 149

■ Japonaise

Hamada of Japan p 145
Hyakumi p 146
Mizuno's Japanese Steak House p 134
Nobu p 152

■ Méditerranéenne

Marrakech p 151

■ Mexicaine

Border Grill p 131
Cozymel p 151
Pink Taco p 151
La Salsa Cantina p 142

■ Poissons et fruits de mer

SEABLUE p 136

■ Pub

■ Russe

■ Restaurants thématiques

■ Santé

Le Cirque du Soleil présente de nombreux spectacles à grand déploiement à Las Vegas, dont

1. *LOVE*, un hommage aux Beatles, au Mirage Hotel; *(page 166)*
2. le spectacle aquatique *O*, au Bellagio Hotel; *(page 169)*
3. le très sexy *Zumanity, Another Side of Cirque du Soleil*, au New York-New York Hotel. *(page 191)*

1. Ouvrage hydraulique hors du commun, le Hoover Dam attire de nombreux visiteurs. *(page 89)*

2. Plus grand lac artificiel du monde, le Lake Mead est aujourd'hui un lieu de loisirs. *(page 93)*

Pour un dépaysement total, rien ne vaut une courte escapade jusqu'au Red Rock Canyon. *(page 93)*

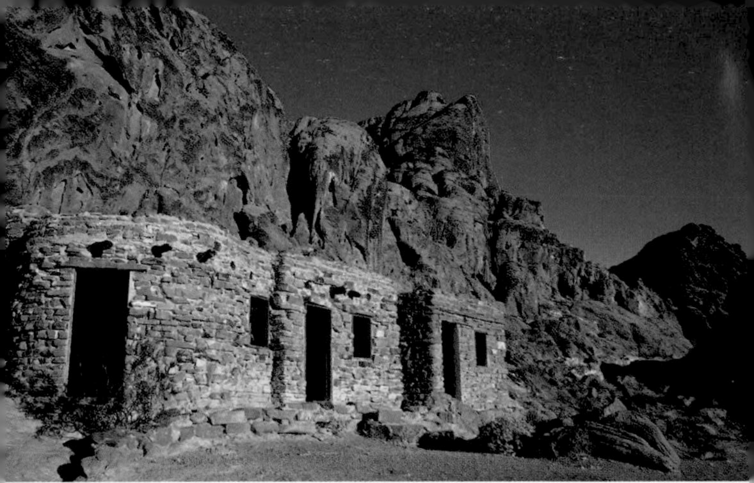

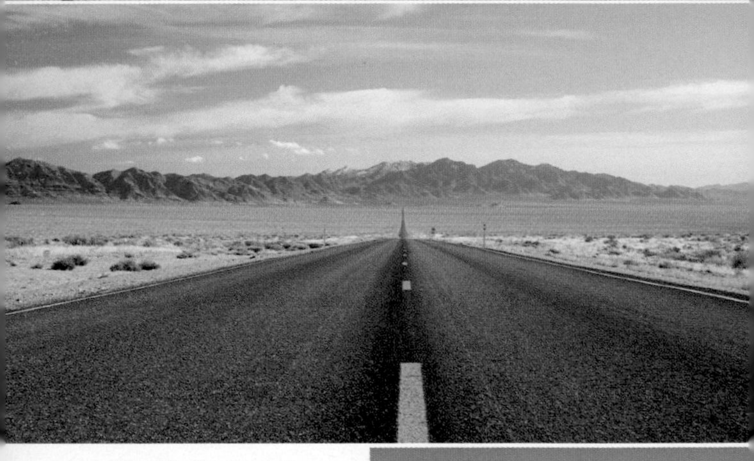

1. Le Valley of Fire State Park est recouvert de vallées et de montagnes de grès rouge. *(page 94)*

   © Eric Foltz | Dreamstime.com

2. Au Nevada, la route 375, dite l'Extraterrestrial Highway, mène au complexe Area 51. *(page 94)*

   © iStockphoto.com/ Toby Fraley

3. Pour vous approvisionner, rendez-vous à Sparks, reconnue pour son Farmers Market. *(page 95)*

   © iStockphoto.com/ Harry Thomas

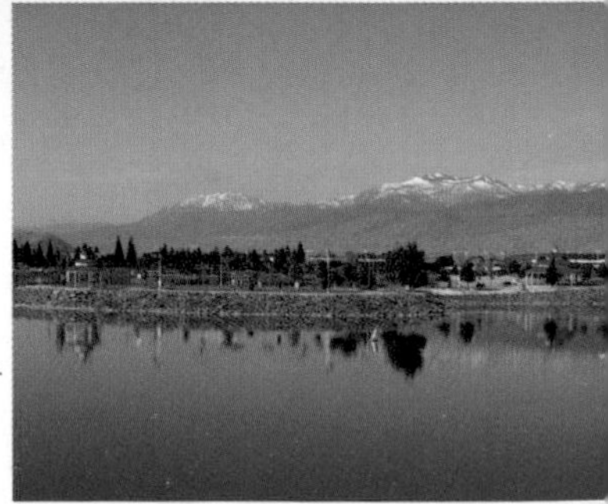

Sorties

S'étant autoproclamée un peu sentencieusement l'*Entertainment Capital of the World*, Las Vegas ne se fait décidément pas de complexe, mais elle est toutefois capable de soutenir pareille prétention.

Éden nocturne incomparable, à la fois captivant et déconcertant, Las Vegas offre sans doute à ses habitants un éventail de choix de divertissements capables de satisfaire les goûts les plus diversifiés, les plus étranges, voire les plus fous. Ici, on fait ribote à longueur d'année longue, plus spécialement une fois la nuit tombée.

Alors que certains la verront comme une image de kaléidoscope qui se répète sans fin, et que d'autres y verront plutôt une boîte de pandore, Las Vegas se présente à vous la nuit sous un aspect différent à chaque pas, dans un véritable arc-en-ciel de couleurs et de tons, d'abord pour charmer les visiteurs, puis pour assouvir les besoins de jouissance sensuelle des hédonistes.

Même si le périmètre géographique de la ville déborde des trottoirs du *Strip*, cette artère forme le noyau de la vie nocturne de la capitale du jeu et rivalise avec le borough de la *Big Apple* pour se mériter le titre de *city that never sleeps*. En effet, la panoplie de spectacles en tous genres qui s'y donnent la nuit est impressionnante: des *Broadway shows*, des *production shows*, des revues de cirque avec ou sans animaux, des bringues à tout casser et de la folie dans des boîtes de nuit, des bars, des cabarets du rire, des spectacles variés de danse, de musique, de magie, et beaucoup d'autres possibilités encore pour meubler les nuits folles de votre séjour à Las Vegas.

Les stars du showbiz d'antan, Frank, Ella et Elvis, ont fait place aujourd'hui à une nouvelle génération d'artistes talentueux, comme Lance Burton et Danny Gans, ou à de grosses productions, comme le spectacle de Céline Dion, ou encore à des productions avant-gardistes, comme *Blue Man*, *KÀ* et *"O"*, ou même à des classiques remaniés, telles les Folies Bergères. De plus, il y a toujours des artistes irréductibles qui, comme les Gaulois, refusent de baisser les bras face à des plus jeunes; tels Tom Jones et Wayne Newton, icônes d'une époque déjà lointaine, mais qui parviennent toujours, étrangement, à repousser l'âge de la retraite et continuent de charmer leur auditoire en faisant assaut de leurs vieux succès.

Certains mégacasinos peuvent se permettre de sortir leur carnet de chèques pour payer le cachet de gros noms, tels Jerry Seinfeld, Madonna, Cher, Bob Dylan, U2, David Copperfield ou Tony Bennett pour une nuit, parfois deux, et quelquefois une semaine, afin qu'ils se produisent dans leur salle de spectacle attitrée. Ce ne sont hélas que des spectacles ponctuels qui peuvent, ou ne peuvent pas, avoir lieu au cours de votre séjour. Si la chance vous sourit, votre artiste préféré sera peut-être à l'affiche d'une de ces salles durant votre séjour à Las Vegas.

Les nombreux bars et boîtes de nuit sauront sans doute satisfaire les attentes des oiseaux de nuit et des noceurs qui sont légion à Las Vegas, car il n'est pas rare que les soirées s'étirent jusqu'aux petites heures du matin. Dans les bars adjacents de certains casinos, on peut aussi souvent assister à des spectacles de jazz donnés soit par des musiciens en devenir, soit par des *has been*, ou soit encore par de vieux crooners d'allégeance musicale variée. Les fervents supporters sportifs seront aussi comblés, car pratiquement tous les casinos possèdent des bars sportifs dotés d'antennes paraboliques qui captent toutes les compétitions d'envergure, dans lesquels on peut bien sûr parier, selon la saison, sur les résultats des matchs professionnels de baseball, de football, de hockey et de basket-ball.

Pour en savoir davantage sur les spectacles, les divertissements et la vie nocturne de Las Vegas, consultez les hebdomadaires gratuits *Review-Journal*, *Las Vegas Weekly*, *What's On* et *City Life*. Ces journaux sont en effet de véritables mines de renseignements sur les spectacles de musique de tout acabit; ils dressent la liste des nouveaux restaurants, bars, cabarets et salles de spectacle, et donnent les horaires des principaux cinémas. On les trouve dans plusieurs lieux publics très fréquentés, comme les bars, les cafés, les restaurants et quelques boutiques.

Activités culturelles et divertissements

■ Billetteries

Pour acheter les billets des spectacles des stars de ce monde, de même que pour les événements sportifs, vous pouvez contacter **Ticketmaster** *(☎ 702-474-4000, www.ticketmaster.com)*.

Pour obtenir des rabais allant jusqu'à 50% du prix régulier, adressez-vous à **Tickets2nite** *(Showcase Mall, 3785 Las Vegas*

Blvd. S., ☎*888-484-9264, www.tickets2nite.com).* Les billets vendus sont pour le jour même de la représentation, et le choix des spectacles est plutôt limité. **Tix 4 Tonight** *(Fashion Show Mall,* ☎*877-849-4860, www.tix4tonight.com)* applique également cette logique.

La plupart des hôtels proposent à leurs hôtes un service de réservation de billets pour les spectacles en cours à Las Vegas.

Cinémas

Las Vegas est pourvue de nombreuses salles de cinéma qui projettent les dernières œuvres cinématographiques produites. Pour en connaître l'horaire, consultez les journaux locaux.

Century Orleans 12 Century Theaters
Orleans Hotel, 4500 Tropicana Ave. W.
☎702-227-3456

Crown Neonopolis 11
450 Fremont St. E.
☎702-383-9600

Tropicana Cinemas
3330 E. Tropicana Ave.
☎702-450-3737

United Artists Show Case 8
Showcase Mall, 3769 Las Vegas Blvd. S.
☎702-740-4511

Las Vegas abrite aussi un cinéma IMAX:

IMAX - Luxor Hotel
Luxor Hotel, 3900 Las Vegas Blvd. S.
☎702-262-4555

Événements sportifs

Baseball

Cashman Field Center
850 Las Vegas Blvd. N.
☎702-386-7200
Entre les mois d'avril et d'août, les **Stars** de Las Vegas font face à leurs rivaux. Les Stars sont la filiale des Padres de San Diego et font partie de la Pacific Coast League.

Football

Sam Boyd Stadium
☎702-739-3267 ou 866-388-3267
De septembre à novembre, les **UNLV Rebels** affrontent leurs adversaires au Sam Boyd Stadium.

Boxe

Las Vegas accueille chaque année plusieurs championnats mondiaux de boxe. Attendez-vous à payer entre 25$ et 300$ pour assister à l'un de ces combats, selon son importance. Pour les horaires et les événements à venir, vous pouvez consulter le site *www.lvboxing.com*. La plupart des combats d'envergure ont lieu soit au Mandalay Bay, au MGM Grand ou à

Monday Night Football

Le *Monday Night Football* est l'une des manifestations sportives les plus prisées des États-Unis. Écouté religieusement tous les lundis soir par des millions de téléspectateurs depuis plus de 30 ans, il s'agit d'un lieu de rencontre idéal pour prendre le pouls d'un haut lieu de testostérone. À cette occasion, les *sportsbooks* des casinos sont littéralement submergés de fervents partisans de football américain qui viennent parier sur leur équipe favorite.

l'Orleans. Durant ces soirées épiques, les preneurs aux livres de Las Vegas établissent des cotes qui suscitent l'intérêt de bien des joueurs compulsifs.

■ Spectacles de production

Le coût des billets de spectacle varie d'un endroit à l'autre. Cependant, prévoyez entre 50$ et 150$ par personne pour assister à une représentation. Vous trouverez l'information concernant l'horaire des représentations dans les magazines locaux, de même qu'en téléphonant aux numéros apparaissant ci-dessous.

American Superstars
Stratosphere Las Vegas, 2000 Las Vegas Blvd. S.
☎800-998-6937

American Superstars est un spectacle d'imitateurs de stars, tels Michael Jackson, Gloria Estefan, Madonna et les Spice Girls, qui prennent les planches pour se déhancher, danser et chanter certains tubes du répertoire musical des vedettes. C'est une excellente solution de rechange si vous êtes un fan d'une de ces stars et que vous n'avez pas les moyens de vous offrir un billet pour aller les applaudir en concert.

An Evening at La Cage
Riviera, 2901 Las Vegas Blvd. S.
☎702-734-5110

Inspiré du film *La Cage aux Folles*, *An Evening at La Cage* met en vedette des *drag queens* qui prêtent leur corps pour devenir des interprètes de Whoopie Goldberg, Céline Dion, Madonna et Diana Ross, pendant que les enceintes acoustiques crachent la musique d'origine de ces artistes et que leurs vidéos sont projetées sur plusieurs écrans géants. Frank Marino anime le *show*, passe son temps à changer de robes de scène et est tout simplement excellent dans le rôle de Joan Rivers.

LOVE

The Mirage, 3400 Las Vegas Blvd. S.
☎702-792-7777 ou 800-763-9634
Le dernier-né du Cirque du Soleil n'est certes pas passé inaperçu lors de sa première. Les Paul McCartney, Ringo Starr et Yoko Ono sont tous venus assister à ce qui se veut un hommage à l'esprit musical des *Fab Four*. Plus de 60 artistes internationaux prennent part à ce spectacle haut en couleur avec danse *freestyle* et acrobaties. Sir George Martin, que l'on surnommait le «5e Beatle», a lui-même pris part à la création du spectacle, qui a reçu en appui une trame sonore tout droit sortie du célèbre studio Abbey Road. Un spectacle qui ravira les inconditionnels des Beatles, et qui réjouira les amateurs des créations du Cirque du Soleil. Déjà, les critiques sont unanimes ...

Blue Man Group

The Venetian, 3355 Las Vegas Blvd. S.
☎877-883-6423
Après des prestations à l'Astor Theater de «la ville qui ne dort jamais» (New York) où il s'est fait aduler par la critique, le *Blue Man Group* étend son emprise sur le public en se produisant maintenant dans l'autre ville qui ne bâille jamais (Las Vegas). Des hommes chauves dont le visage est peint en bleu font des prouesses avec les nouvelles technologies. Ce spectacle avant-gardiste remporte un grand succès auprès d'une foule dans le coup.

Céline Dion, A New Day

Caesars Palace, 3570 Las Vegas Blvd. S.
☎702-866-1400
Céline Dion prend les planches dans une salle de spectacle spécialement conçue pour la diva québécoise. La mise en scène flamboyante est signée par nul autre que Franco Dragone, le même qui a orchestré *"O"*, le fleuron du Cirque du Soleil. Accompagnée de 48 danseurs qui rivalisent de virtuosité, Céline plonge ses fans dans un univers à la fois musical et théâtral. Depuis la première, le 23 mars 2003, *Céline Dion, A New Day* s'est attiré une ribambelle de critiques dithyrambiques.

Danny Gans: The Man of Many Voices

Mirage, 3400 Las Vegas Blvd. S.
☎800-963-9634
À lui seul, Danny Gans puise dans un vaste répertoire scénique de quelque 300 icônes du showbiz pour interpréter ses personnages de façon remarquable, en plus de leur faire faire de superbes mimiques faciales: ses personnages Louis Armstrong, Sammy Davis Jr., Smokey Robinson, Tom Jones, Rod Stewart, John Travolta, Rodney Dangerfield et Woody

Allen, pour n'en nommer que quelques-uns.

Folies Bergères
Tropicana, 3801 Las Vegas Blvd. S.
☎702-739-2411
Spectacle quasi séculaire parmi le merveilleux monde du showbiz de Las Vegas, les *Folies Bergères*, inspirées de la célèbre troupe parisienne du XIXe siècle, roulent sans arrêt depuis 1959. Divertissement de grande classe, fidèle à ses traditions européennes, avec ses ravissantes filles emplumées dansantes et au galbe avenant, le spectacle chorégraphique offert par ces *showgirls* ne vieillit pas, mais au contraire évolue admirablement bien à travers les âges.

Jubilee!
Bally's, 3645 Las Vegas Blvd. S.
☎702-967-4567
Jubilee! s'inscrit dans la lignée des productions issues de la pure tradition des spectacles de cabaret. Une pléiade de *showgirls* à la poitrine dénudée et aux jambes fuselées dansant sur des airs classiques partagent l'énorme scène avec des magiciens et des acrobates. Durant le spectacle, on trouve même le moyen de couler le *Titanic*! *Only in Las Vegas...*

KÀ
MGM Grand, 3799 Las Vegas Blvd. S.
☎702-796-9999 ou 877-264-1844
Las Vegas accueille depuis 2004 le spectacle du Cirque du Soleil intitulé *KÀ*. Avec l'aide du réputé scénographe Mark Fisher (Rolling Stones, Pink Floyd et U2), le célèbre metteur en scène québécois Robert Lepage signe une production à couper le souffle, où se mêlent ombres chinoises, marionnettes, multimédia et arts martiaux.

Legends in Concert
Imperial Palace, 3535 Las Vegas Blvd. S.
☎702-794-3261
Si vous n'avez pas eu la chance de voir Elvis, Madonna ou The Blues Brothers en concert, *Legends in Concert* constitue un excellent plan B et est la meilleure option qui s'offre à vous. D'une ressemblance saisissante, ces émules sont costumés exactement de la même façon que les véritables stars et s'époumonent à chanter (ils ne font pas que faire semblant) les chansons originales en compagnie d'un groupe de musiciens, et ce, pendant des séances d'environ 15 min pour chacune des «vedettes» invitées.

Mamma Mia!
Mandalay Bay, 3950 Las Vegas Blvd. S.
☎702-632-7580
Mamma Mia! est une comédie musicale à l'italienne qui a débarqué à Las Vegas en février 2003 et qui ne se gêne pas pour jouer dans les platebandes des grands. Spectacle bien interprété, charmant, efficace et diver-

tissant. Humour débridé, et une vingtaine des plus grands succès du groupe ABBA.

Mystère
Treasure Island, 3300 Las Vegas Blvd. S.
☎800-392-1999

Depuis 1993, *Mystère*, le premier spectacle du Cirque du Soleil à avoir été présenté dans la capitale du jeu, est une véritable figure de proue dans le monde du showbiz de Las Vegas et reçoit un concert d'éloges de la part de tous ceux qui ont assisté à ce spectacle avant-gardiste de grande classe. Au total, 72 artistes issus de 18 pays plongent le spectateur dans un monde à la fois magique, féerique et fabuleux, où des saltimbanques pimpants, des musiciens aux allures de troubadours modernes, des clowns sympathiques et des acrobates de haute voltige suscitent l'intérêt et déridept les spectateurs en exécutant des numéros à la fois drôles, merveilleux et fascinants. Un *must* lorsqu'on parle d'un spectacle qui nous fait passer 90 min de purs délices visuels et auditifs.

Le Cirque du Soleil

De la vingtaine de saltimbanques qui animaient les rues de Baie-Saint-Paul en 1984, le Cirque du Soleil compte désormais plus de 3 000 employés, dont 900 artistes, provenant d'environ 40 pays. Le Cirque a connu une trajectoire ahurissante pour se hisser au zénith du monde du spectacle d'avant-garde. D'une part, il a délaissé les animaux et les dompteurs issus du cirque traditionnel. D'autre part, il a conçu des mises en scène absolument prodigieuses qui roulent sur les rails d'une machine bien huilée avec son lot de personnages étranges, sympathiques, parés de costumes fabuleux, d'athlètes de haut niveau, d'amuseurs publics fantastiques et de musiciens aux accords réinventés. Plus de 50 millions de spectateurs, dans une centaine de villes réparties sur quatre continents, ont assisté à ces spectacles merveilleusement bien enlevés qui surpassent les frontières du langage en alliant poésie, charme, bravoure et humour. Aujourd'hui, le Cirque du Soleil a son siège social international à Montréal, mais compte aussi des sièges sociaux en Asie-Pacifique, en Europe et à Las Vegas.

O

Bellagio, 3600 Las Vegas Blvd. S.
☎888-488-7111

Fleuron de l'imagination débridée des concepteurs du Cirque du Soleil, *"O"* continue à repousser dans l'imaginaire les frontières de l'univers des spectacles pour réaliser une fresque iconoclaste, spectaculaire et inénarrable. *O* se déroule dans une fabuleuse salle de spectacle ressemblant étrangement à une énorme salle d'opéra européenne du XIVe siècle avec une touche de contemporanéité, spécialement conçue pour ce spectacle unique. La scène contient environ 5 610 000 litres d'eau dans lesquels 82 artistes présentent des numéros à couper le souffle, autant dans l'eau et sur l'eau qu'au-dessus de l'eau. Le tout se termine par une salve d'applaudissements retentissants et des bravos. Sans doute le meilleur spectacle à Las Vegas.

Le Rêve

Wynn Las Vegas, 3131 Las Vegas Blvd. S.
☎888-320-7110

Présenté au Wynn Las Vegas, ce spectacle se veut une sorte de transposition musicale du rêve. Ce spectacle aérien tout en acrobaties, avec l'eau comme thématique centrale, a été mis en scène par Franco Dragone (*O* et *A New Day* dc Céline Dion).

■ Spectacles d'humour et spectacles de magie

Jadis, les *stand-up comics* étaient littéralement relégués au rang de comiques de service et avaient pour seule tâche de réchauffer l'auditoire avant l'arrivée de LA vedette de la soirée. C'est toujours le cas aujourd'hui, mais à cette différence près que les comédiens qui se démarquent du peloton acquièrent vite le droit de donner leur propre spectacle. De plus, ces «cabarets du rire» servent parfois de tremplins à de futures vedettes du comique. Si vous êtes chanceux, il arrive parfois que de gros noms du genre, comme Jerry Seinfeld, Bill Cosby ou Andrew Dice Clay, y fassent une apparition surprise. Quant aux spectacles de magie, ils raviront les petits comme les grands, avec des trucs qui n'ont parfois rien à voir avec la conception des tours de magie traditionnels. Attendez-vous à débourser entre 25$ et 75$ pour assister à ces spectacles.

The Comedy Stop

Tropicana, 3801 Las Vegas Blvd. S.
☎702-739-2714

Dans la grande salle de spectacle du Comedy Stop, les comédiens dérident l'auditoire grâce à un humour ravageur.

The Improv At Harrah's
Harrah's, 3475 Las Vegas Blvd. S.
☎702-369-5223

The Improv At Harrah's sert de tremplin à de jeunes comédiens et comédiennes. Vous courez la chance d'être agréablement surpris et de voir une future vedette du rire s'exprimer devant vous avec talent et charme, tout en débitant à vos oreilles une série de gags proprement irrésistibles.

Lance Burton: Master Magician
Monte Carlo, 3770 Las Vegas Blvd. S.
☎702-730-7160

Lance Burton mérite amplement le titre de *Master Magician* (maître magicien). Oubliez le simplet petit tour de magie où l'on sort un lapin du chapeau pour impressionner les naïfs. Lance Burton vous convie à une soirée pleine de charme, de rebondissements et de surprises inattendues. Dans une ravissante salle de spectacle aux allures victoriennes spécialement conçue selon ses critères esthétiques, Lance Burton allie charisme, subtilité et intelligence pour émerveiller le public avec des numéros d'une efficacité déconcertante, accompagné sur scène par de jolies femmes qu'il fait tout simplement sortir de sa valise. Il accorde également une attention particulière aux gamins en choisissant au hasard dans l'auditoire quelques-uns d'entre eux pour qu'ils participent à son spectacle. N'oublions pas de mentionner son sympathique *sidekick* (numéro de soutien) qui, en plus de dérider l'auditoire par son humour ravageur, donne une tout autre dimension au nom de «jongleur».

Mac King Comedy and Magic Show
Harrah's, 3475 Las Vegas Blvd. S.
☎800-427-7247

Si vous êtes à la recherche d'un très bon divertissement qui coûte moins que la moitié d'une grosse production, le jeu de Mac King en vaut la chandelle. Mélange d'humour et de magie, ce spectacle figure sans conteste parmi les spectacles offrant le meilleur rapport qualité/prix de Las Vegas.

Penn and Teller
Rio, 3700 Flamingo Rd. W.
☎888-746-7784

Penn et Teller sont deux excentriques qui ne présentent pas les habituels artifices tape-à-l'œil qui sont monnaie courante à Las Vegas. Ce duo de magiciens a fait un tabac dans le circuit Off-Broadway et s'amuse à pulvériser les normes de la rectitude politique en déployant des tours de magie intelligents et en assenant l'auditoire de blagues corrosives. Ils poussent même l'audace jusqu'à dévoiler certains de leurs trucs de magie. Les sceptiques seront confondus!

Avez-vous 21 ans?

Avant d'arpenter les rues de Las Vegas et de vous diriger vers un bar ou une boîte de nuit, on vous conseille fortement d'avoir en votre possession des pièces qui attestent votre identité ainsi que votre âge si votre physique vous fait paraître jeune. En effet, il n'est pas rare que le portier d'un établissement licencié vous en fasse la demande avant de vous laisser entrer à l'intérieur. Il est illégal de servir de l'alcool aux moins de 21 ans.

Rita Rudner
New York-New York, 3790 Las Vegas Blvd. S.
☎888-696-9887

Sans fanfaronnade, Rita Rudner passe nos vies au prisme de son kaléidoscope. Pendant une heure, l'humoriste égrène ses blagues caustiques et intelligentes avec classe. Il s'agit sans doute d'un des rares spectacles où l'humour est dénué de vulgarité.

Riviera Comedy Club
Riviera, 2901 Las Vegas Blvd. S.
☎702-794-9433

Le Riviera Comedy Club reçoit aussi sa part d'humoristes renommés, qui choisissent de se produire de temps à autre dans ce cabaret bien connu.

Bars et discothèques

Les boîtes de nuit exigent généralement un droit d'entrée qui varie entre 10$ et 30$, selon la notoriété de l'établissement. Renseignez-vous également sur le code vestimentaire qui prévaut dans l'établissement où vous désirez aller afin d'éviter les mauvaises surprises.

Au sud du *Strip*

Bar At Times Square
New York-New York, 3790 Las Vegas Blvd. S.
☎702-740-6969

Le Bar At Times Square plonge les visiteurs dans une ambiance joyeuse grâce au duo de pianistes dynamiques qui s'en donnent à cœur joie. Des quidams grillent des cigarettes pendant que la foule trinque et chantonne les airs entraînants. L'établissement

est souvent plein comme un œuf.

Coyote Ugly
New York-New York, 3790 Las Vegas Blvd. S.
☎702-740-6330
À l'instar du film éponyme, le Coyote Ugly est un bar qui torpille les règles de la rectitude politique. La clé du succès de cet établissement est effectivement très simple: des serveuses sexy se déhanchent de façon suggestive et chantent sur le bar tout en incitant les clients à se remplir la panse avant qu'ils ne sombrent dans l'amnésie. On encourage même les dames trop éméchées à laisser leur soutien-gorge derrière le Bra Wall of Fame. Aucun code vestimentaire.

Empire Ballroom
3765 Las Vegas Blvd. S.
☎702-737-7375
Faire la fête sur le *Strip* en dehors d'un méga-hôtel? C'est possible! La preuve a pour nom l'Empire Ballroom, qui peut accueillir plus de 1 000 personnes, qui viennent se déhancher sous un immense lustre en cristal et sur la musique des DJ.

House of Blues
Mandalay Bay, 3950 Las Vegas Blvd. S.
☎702-632-7600
Au House of Blues, il n'est pas rare que des groupes musicaux bien établis accaparent les planches pour s'éclater. La musique va du blues au rock, en passant par le funk et la pop. L'acoustique des lieux est excellente.

Monte Carlo Brew Pub
Monte Carlo, 3770 Las Vegas Blvd. S.
☎702-730-7423
Une clientèle BCBG se pointe au Monte Carlo Brew Pub pour discuter, grignoter la bouffe typique d'un pub et se partager un pichet de bière brassée sur place dans un local aux allures d'énorme usine industrielle recyclée, doté de nombreux écrans de télévision. L'ambiance est conviviale et décontractée. On peut même voir les immenses cuves en inox où fermentent les bières maison.

Nine Fine Irishmen
New York-New York, 3790 Las Vegas Blvd. S.
☎702-740-6463
Les propriétaires du Nine Fine Irishmen ont littéralement réussi à transposer un morceau du patrimoine irlandais dans la capitale du jeu. Ce pub a été effectivement transporté pièce par pièce et reconstruit dans l'antre du New York-New York. La clientèle d'habitués se montre très accueillante envers les visiteurs, qu'elle intègre rapidement dans ses rangs. Ambiance très cordiale avec des discussions interminables entre deux pintes de Guinness. Des musiciens enthousiastes viennent égayer les soirées.

The velvet rope

Le *velvet rope* est un cordon de velours qui bloque l'entrée des établissements branchés.

Pour éviter d'avoir des «indésirables» dans leurs établissements, les proprios engagent des portiers qui ressemblent plus souvent qu'autrement à des monstres au regard torve et au cou surdimensionné, dans le but de contrôler les allées et venues de la foule. Il va sans dire que si le portier n'aime pas votre mine ou votre mise, vous risquez de faire longtemps le pied de grue à la porte et de consulter souvent votre montre. En attendant que le portier au torse bombé et aux bras croisés vous adresse un regard approbateur, il arrive parfois, au grand désarroi de ceux qui attendent depuis longtemps, qu'un inconnu ignore la notion de file d'attente et décide tout bonnement de dépasser tout le monde sans jeter un regard derrière soi, croise le portier qui, sans ciller, lui ouvre immédiatement les portes. C'est la preuve que cet inconnu de la foule n'est pas tout à fait inconnu de tout le monde, puisqu'il a ses entrées ici.

Sans vouloir tomber dans les stéréotypes et les clichés, on doit avouer que les top-modèles anorexiques, les femmes fatales, les charmantes divas ou encore les jeunes premiers et les hommes bénis par les dieux de l'Olympe qui peuvent exhiber un corps d'Adonis à la dentition parfaite ont un avantage indéniable sur le commun des mortels. Si, malgré tout, vous tenez à fréquenter ces boîtes de nuit branchées et élitistes, laissez vos jeans, votre t-shirt et vos chaussures sport à l'hôtel, habillez-vous nickel (en noir de préférence), n'oubliez pas de passer à la banque et soyez prêt à attendre un peu en file.

Ra
Luxor, 3900 Las Vegas Blvd. S.
☎ 702-262-4949
Installé dans l'antre du Luxor, le Ra possède deux bars dotés d'un immense être hybride aux allures égyptiennes dont les yeux lancent de puissants faisceaux lumineux. Des nym-

phettes se déhanchent lascivement dans des cages, de sémillants barmen s'improvisent cracheurs de feu, et les prédateurs urbains jettent des coups d'œil furtifs aux filles sexy vêtues de leurs plus beaux atours. Le code vestimentaire est scrupuleusement observé toutes les nuits de la semaine, alors mettez-y toute la gomme, ou vous risquez de vous faire courtoisement refuser l'entrée par un portier au regard intransigeant.

Red Square
Mandalay Bay, 3950 Las Vegas Blvd. S.
☎702-632-7407
Lieu de prédilection de la faune nocturne où fusionnent l'atmosphère joyeuse d'une fête *glamour* entre amis et le confort d'un salon cossu et somptueux au décor et à l'ameublement d'inspiration russe, le Red Square fait honneur à son nom (place Rouge) en proposant à ses clients une sélection impressionnante de quelque 100 vodkas. Les sybarites s'attardent en effet au *frozen vodka bar* pour découvrir les vertus de la vodka, tout en se laissant tenter par celles du caviar et en batifolant avec les jolies filles qui passent par là.

Rum Jungle
Mandalay Bay, 3950 Las Vegas Blvd. S.
☎702-632-7408
Le Rum Jungle est un chic bar-restaurant doté d'un décor ahurissant composé de huit énormes cascades d'eau, d'innombrables chandelles vacillantes, d'un bar illuminé et d'une piste de danse où les oiseaux de nuit viennent se défouler pour exorciser leurs démons. D'autres préfèrent juste trinquer avec des verres de rhum ou siroter des cocktails exotiques en rêvant de faire des rencontres fortuites.

Studio 54
MGM Grand, 3799 Las Vegas Blvd. S.
☎702-891-7254
Modelé sur le défunt *club* new-yorkais reconnu pour avoir établi les standards pompeux et élitistes des *nightclubs*, le Studio 54 perpétue la tradition de ces boîtes de nuit aux files d'attente antidémocratiques. L'adage du Studio 54 à Manhattan était on ne peut plus simple: *No matter if you're a plumber or a model, as long as you look good, you're in* (que vous soyez plombier ou mannequin, si vous êtes agréable à regarder, vous pouvez entrer). L'intérieur est doté de plusieurs pistes de danse, de quelques bars et d'endroits plus intimes répartis çà et là. La décoration tente de recréer l'ambiance du *club* original de Manhattan, avec des foules qui sont toujours aussi belles, et des files d'attente toujours aussi longues.

Tabu
MGM Grand, 3799 Las Vegas Blvd. S.
☎702-891-7129
Au Tabu, certains noctambules chevronnés viennent simplement faire un tour pour siroter un cocktail bien dosé, alors que d'autres préfèrent y passer une nuit blanche à danser sous les rythmes en vogue. L'établissement est également très populaire pour ses serveuses «ultra» sexy qui poussent à la consommation. La politique de limitation des entrées répond évidemment à un souci d'esthétique.

Au centre du *Strip*

Drai
Barbary Coast, 3595 Las Vegas Blvd. S.
☎702-737-0555 ou 702-737-7801
Cet *afterhours* qui jouit d'une grande popularité ouvre ses portes à compter de minuit pour les fermer aux petites heures du matin. Sa décoration plutôt invitante, avec sofas et peintures abstraites, de même que la musique endiablée des DJ, laissent présager des nuits plutôt courtes.

Cleopatra's Barge
Caesars Palace, 3570 Las Vegas Blvd. S.
☎702-731-7110
La statue égyptienne à la poitrine défiant les lois de la gravité qui est fixée à la proue du bateau flottant sur l'eau au centre du Cleopatra's Barge est révélatrice du ton qui préside en ces lieux. Cette boîte attire en effet une faune élégamment drapée qui vient danser, discuter, griller une cigarette, se darder du regard, prendre un verre et échanger son numéro de téléphone. Si vous avez trop bu, prenez garde de ne pas tomber à l'eau...

Risqué
Paris Las Vegas, 3655 Las Vegas Blvd. S.
☎702-946-4589
Ultra lounge très *upscale*, le Risqué exsude une atmosphère sophistiquée qui rassemble tous les éléments qui font le succès de ce type d'établissement: serveuses girondes à la démarche chaloupée, décor cool (divans moelleux, miroirs étincelants, œuvres d'art asiatiques) et programmation musicale branchée. Les clients peuvent même se rafraîchir les idées sur l'un des sept balcons qui donnent sur le *Strip*.

Shadow
Caesars Palace, 3570 Las Vegas Blvd. S.
☎702-731-7110
Bar pimpant qui fait le plein de BCBG chaque soir, le Shadow doit son nom aux silhouettes des danseuses au galbe avenant qui donnent l'impression d'être nues derrière la toile de fond du bar. Musique *happy* et ambiance remuante.

Au nord du *Strip*

Lure
Wynn Las Vegas, 3131 Las Vegas Blvd. S.
☎702-770-3633
Pour déguster champagne ou cocktail dans une atmosphère intimiste, le chic fou de cet *ultra lounge* vous séduira, avec ses tables en miroir disposées à l'intérieur comme à l'extérieur.

Tryst
Wynn Las Vegas, 3131 Las Vegas Blvd. S.
☎702-770-3375
Le dernier-né des bars sélects et ultrachics de la ville propose des soirées loin d'être ennuyantes, pendant lesquelles vous aurez peut-être la chance de croiser plusieurs visages connus du monde du spectacle ou de la scène hollywoodienne. Les fins de semaine, à moins que vous ne vous procuriez un laissez-passer VIP au coût de 100$, vous pourriez attendre fort longtemps dans la file d'attente. Rendez-vous de belles gens, service impeccable et DJ déchaînés.

À l'est du *Strip*

The Beach
365 Convention Center Dr.
☎702-731-1925
Haut lieu de défoulement des *jocks* et des sportifs, The Beach, situé tout près du Las Vegas Convention Center, vous convie à une soirée tonifiante dans un bar où l'esbroufe tient la vedette. Une foule fringante se dandine sous les airs assourdissants produits par la sono. Il s'agit de l'endroit tout indiqué pour ceux qui aiment se faire servir de l'alcool par des serveuses en bikinis, tout en faisant une partie de billard ou de fléchettes, ou encore en regardant l'événement sportif de l'heure à l'une des nombreuses télévisions. Pour leur part, des serveurs baraqués déambulent torse nu pour mieux exhiber leur musculature d'adonis. Cet établissement vous permettra de mettre le nez hors d'un hôtel-casino.

Crown and Anchor
1350 E. Tropicana Ave.
☎702-739-8676
Dans le quartier universitaire, ce pub qui s'inscrit dans la tradition de ce type d'établissement propose une vaste sélection de bières européennes. Pour sortir de l'atmosphère plus grand que nature de la ville, et revenir à une échelle humaine.

Gorden Biersh
3987 Paradise Rd.
☎702-312-5247
Le Gorden Biersh est un lieu idéal pour fraterniser entre copains et s'envoyer une bière brassée sur place derrière le gosier. Ambiance conviviale et service sympathique, à l'extérieur des hôtels-casinos.

Quark's Bar & Restaurant
Las Vegas Hilton, 3000 Paradise Rd.
☎702-697-8725
Les *Trekkies* se pointent au Quark's Bar & Restaurant afin de siroter une bière fraîche et de boustifailler en compagnie d'un *Klingon*. Plusieurs écrans projettent les téléséries-cultes de l'équipage toujours composé d'*overachievers* (surdoués) au quotient intellectuel de 250.

Rainbow Bar & Grill
4480 Paradise Rd.
☎702-898-3525
Petit frère d'un établissement du même nom sur Sunset Boulevard à Hollywood, le Rainbow Bar & Grill de Las Vegas est idéal pour boire un verre, danser ou encore assister à un spectacle rock de la scène locale. L'atmosphère *rock 'n' roll* qui y règne plairait même aux célébrités en quête d'un *post-happy hour* aux dimensions humaines. Ici, pas de droit d'entrée, des boissons vendues à prix raisonnables, des sourires et une terrasse.

À l'ouest du *Strip*

Club Rio
Rio, 3700 W. Flamingo Rd.
☎702-777-6875
Le Club Rio est l'endroit tout indiqué pour les oiseaux de nuit qui veulent «rouler des fesses»: sous un plafond en dôme joue une musique *high energy* au rythme assourdissant pendant que des vidéos sont projetées sur des écrans géants. L'établissement est toujours bondé, enfumé, et résonne jusqu'aux petites heures du matin. S'y trouvent aussi quelques banquettes pour se concerter avant de repartir draguer. Habillez-vous correctement et attendez-vous à poireauter quelque temps en file, popularité oblige.

Ghost Bar
Palms, 4321 W. Flamingo Rd.
☎702-938-2666
Perché au 55e étage du Palms, le Ghost Bar est un *lounge* particulièrement réputé pour sa vue spectaculaire du *Strip*. Il est peuplé de mecs souriants et de femmes bien fringuées qui aiment potiner ou pratiquer l'art de la drague.

Rain in the Desert
Palms, 4321 W. Flamingo Rd.
☎702-942-6832
En matière de discothèque, Rain est le repaire branché de l'heure. Les clients qui sourient à pleines dents font sagement la queue devant le portier au regard de glace. Bien sûr, si vous êtes jeune, beau et célèbre, ou bien *on the list*, vous serez accueilli à bras ouverts. Les *happy few* pénètrent dans cet antre nocturne de prédilection par un tunnel étincelant pourvu de miroirs. Sur la piste de danse, des *clubbers* hystériques balancent violemment la tête au rythme émergeant des excellents DJ qui se re-

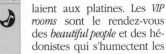

laient aux platines. Les *VIP rooms* sont le rendez-vous des *beautiful people* et des hédonistes qui s'humectent les lèvres entre deux bouchées de hors-d'œuvre.

Cheyenne Saloon
3103 Rancho Dr. N.
☎702-645-4139

D'accord, le Cheyenne Saloon est excentré. Situé au nord-ouest du *Strip*, il vaut cependant amplement le déplacement. Si vous en avez marre du glamour, des gros muscles et des tours de taille parfaits, ce bar propose une autre facette de Las Vegas: sa scène punk-rock et alternative. Décapant!

Voodoo Lounge
Rio, 3700 W. Flamingo Rd.
☎702-777-6875

Si vous êtes assez patient pour attendre en file afin de recevoir l'aval du portier au regard de glace, le Voodoo Lounge mérite résolument une visite, ne serait-ce que pour la vue splendide qu'il offre sur le *Strip* illuminé. Au 52e étage du Rio Hotel, les mecs au charme caustique sirotent un nectar ambrosiaque en écoutant des musiciens d'allégeances musicales variées tout en admirant les attributs physiques des serveuses girondes. S'y trouve aussi une piste de danse pour bondir et se déhancher sur des airs entraînants. Rectitude politique oblige, drapez-vous de vos plus beaux atours.

Downtown Area

Triple 7 Brew Pub
Main Street Station, 200 N. Main St.
☎702-387-1896

Il est de mise de commander une bière maison lorsqu'on fait halte au Triple 7 Brew Pub. On y sert aussi des plats simples pour casser la croûte.

Bars gays

Las Vegas Eagle
3430 E. Tropicana
☎702-458-8662

Situé à l'est du *Strip*, l'Eagle est un bar où un DJ fait jouer

The Gay Triangle

La plupart des établissements gays sont établis à l'est du *Strip*, dans un périmètre surnommé *The Gay Triangle*. Cette zone se trouve principalement sur Paradise Road, entre Naples Drive et le Las Vegas Convention Center.

un mélange de musiques variées tandis que la foule pimpante vêtue de cuir en profite pour s'éclater et faire ribote.

Gypsy
4605 Paradise Rd.
☎702-731-1919
Étape fort courue par une clientèle masculine plutôt jeune, le Gypsy, situé à l'est du *Strip*, est toujours plein comme un œuf. Dans un local au décor pseudo-tropical qui présente des éléments archéologiques en trompe-l'œil, le DJ fait jouer une musique assourdissante qui ensorcelle jusqu'aux petites heures du matin.

Krave
3663 Las Vegas Blvd. S.
☎702-836-0830
Nouveau venu de la scène gay, au sud du *Strip*, Krave est l'un de ces bars qui sait plaire à sa clientèle de prédilection. Cette discothèque est toujours pleine à craquer. À souligner: ses soirées pour femmes seulement.

The Buffalo
4640 Paradise Rd.
☎702-733-8355
Si vous êtes de ceux qui favorisent le *look* jeans serrés ou pantalon-blouson-casquette de cuir, The Buffalo, situé à l'est du *Strip*, est l'adresse tout indiquée. Dans une ambiance particulière, les mâles jouent au billard, draguent et boivent.

Casinos

Sans l'ombre d'un doute, les casinos constituent l'attrait principal de Las Vegas. Depuis que les maisons de jeux furent légalisées en 1931, les machines et les installations pour s'adonner au plaisir du jeu ont beaucoup changé, mais on peut toujours parier sur à peu près n'importe quoi ou n'importe qui. Les casinos sont ouvert 24 heures sur 24 et sont interdis aux moins de 21 ans.

Sur chaque table de jeu, on indique clairement le montant minimum que vous devez parier. Ce montant peut varier de casino en casino et de jeu en jeu.

Vous devez acheter des *chips* (jetons) pour jouer aux jeux de table. Ils sont vendus à la table ou au bureau de change. Si vous gagnez, vous serez payé en jetons qu'il vous faudra changer contre de l'argent liquide.

Au sud du *Strip*

Excalibur
3850 Las Vegas Blvd. S.
☎702-597-7777
www.excalibur.com
Le casino du gigantesque Excalibur trône dans une ambiance médiévale faite d'armures, d'oriflammes et d'armes antiques qui créent un anachronisme choquant

Casinos

L'effet est résolument étrange. En descendant de l'avion, avant même d'avoir pu récupérer vos bagages sur le carrousel, des machines à sous disposées bien en vue vous souhaitent la bienvenue à l'aéroport et attendent que vous y glissiez un jeton.

De toute évidence, Las Vegas doit sa notoriété et sa fulgurante popularité aux casinos qui y règnent en maître et qui l'ont propulsée au zénith des grandes villes américaines. Las Vegas sans casinos serait un peu comme Paris sans tour Eiffel, New York sans la statue de la Liberté ou Londres sans *Big Ben*.

Comme le temps change inexorablement sur son passage tout ce qui vit, l'allure des casinos a grandement changé depuis les saloons d'antan aux planchers de bois usés sur lesquels des gaillards torves jouaient aux cartes, le dos au mur, dans l'ambiance créée par les rengaines à la mode d'un pianiste au regard placide. On tentait de divertir les clients avec des filles emplumées et girondes qui dansaient sur scène afin de les garder sur place le plus longtemps possible. De nos jours, les saloons, ces curieux fantômes du passé, ont fait place à d'immenses surfaces modernes où se côtoient et se mêlent étroitement le merveilleux (le large sourire esquissé d'un gagnant s'extasiant devant la quantité d'argent soudain gagnée), le cocasse ou le pathétique (la vieille dame fumant cigarette après cigarette, bière dans une main, tandis que l'autre glisse machinalement des pièces dans les machines à sous) et le pitoyable (les cheveux ébouriffés et l'œil hagard de celui qui vient soudain de perdre l'argent du loyer). Par ailleurs, il y a toujours le spectacle offert par de jolies femmes aux jambes fusiformes, mais il se déroule dans une salle attitrée.

Chaque casino cherche à afficher une identité propre et déploie bien des efforts, et souvent même une stratégie bien élaborée, pour attirer, séduire et retenir les visiteurs. C'est pourquoi, de l'extérieur, chaque casino essaie de vous en mettre plein la vue et fait assaut de séduction pour vous attirer vers l'intérieur. Grosso modo, cependant, tous les casinos se ressemblent et proposent sensiblement les mêmes jeux: roulette, keno, black-jack, etc. Chaque casino est un immense champ clos replié sur lui-même qui ne voit jamais la lumière du jour ou de la nuit et qui, dans un vain effort pour s'affranchir du temps, se garde bien d'afficher le moindrement l'heure présente. Bref, les tenanciers mettent tout en œuvre pour garder le plus longtemps possible les joueurs dans leurs établissements.

Assurez-vous d'avoir 21 ans et de pouvoir le prouver si vous décidez de jouer car, même si la chance est de votre côté et que vous gagnez le gros lot, il vous sera cruellement enlevé s'il s'avère que vous êtes mineur.

Sachez que les casinos investissent des sommes faramineuses dans des systèmes de sécurité perfectionnés. Au-dessus des tables et partout dans l'établissement, des caméras presque invisibles font la sentinelle et vous gardent étroitement à l'œil, et de surcroît, des employés de sécurité, en uniforme ou non, sont à l'affût des tricheurs.

et une atmosphère incongrue autour des innombrables machines à sous et tables de jeux qui le composent.

Luxor
3900 Las Vegas Blvd. S.
☎702-262-4000
www.luxor.com
Sous l'immense pyramide de verre noir, le casino Luxor étale sa pléthore de machines à sous et de tables de poker dans un environnement de 11 150 m² décoré d'hiéroglyphes de l'Égypte pharaonique qui feraient sûrement se retourner dans son tombeau le pharaon Toutankhamon s'il reposait là.

Mandalay Bay
3950 Las Vegas Blvd. S.
☎702-632-7777
www.mandalaybay.com
D'une étendue d'un peu plus de 12 500 m², le casino du Mandalay Bay est doté de plafonds surélevés, en plus d'être bien aéré, réfrigéré et imbu d'opulence et d'élégance. Son *sportsbook* comporte 17 écrans géants et environ 300 sièges.

MGM Grand
3799 Las Vegas Blvd. S.
☎702-891-1111
www.mgmgrand.com
On a presque besoin d'une carte et d'une boussole pour se déplacer sans s'égarer à l'intérieur de l'immense casino du MGM Grand, toujours bondé de *high rollers*, de *beautiful people* et de Monsieur et Madame Tout-le-monde. Fort heureusement, plusieurs panneaux indicateurs sont placés bien en vue afin de faciliter les déplacements du public.

Monte Carlo
3770 Las Vegas Blvd. S.
☎702-730-7777
www.monte-carlo.com
L'élégant casino du Monte Carlo est l'établissement où les BCBG s'adonnent au plaisir du jeu tout en dégustant un martini et en courtisant les girondes. Plus de 2 100 machines à sous et de vidéopoker, dont la mise va de 0,05$ à 100$, et quelque 95 tables de jeux sont à la disposition des joueurs.

New York-New York
3790 Las Vegas Blvd.
☎702-740-6969
www.nynyhotelcasino.com
Sans conteste le casino au décor le mieux réussi, le New York-New York reproduit merveilleusement bien des éléments au symbolisme très riche et qui évoquent fortement la *Big Apple*. Un essaim toujours en mouvement de touristes grouille à travers les allées et donne presque l'impression que l'ambiance y est aussi affairée qu'à Manhattan un vendredi après-midi à l'heure de pointe (autour de 17h1). Couvrant une surface de jeu de 25 600 m², le casino propose l'assortiment habituel de machines à sous et de tables de jeu dans une ambiance qui restitue admirablement bien celle qui règne au Greenwich Village, au Central Park ou à Times Square.

Tropicana
3801 Las Vegas Blvd. S.
☎702-739-2222
www.tropicanalv.com
Le Tropicana est sans doute l'un des rares casinos où l'on peut être assis dans la piscine et s'adonner au plaisir du jeu. L'intérieur se signale par une superbe coupole en verre.

Au centre du *Strip*

Aladdin
3667 S. Las Vegas Blvd.
☎702-785-5555
www.aladincasino.com
Sur une surface d'environ 9 000 m², le casino du Aladdin est baigné d'une ambiance exotique, notamment grâce à des chevaux en ivoire qui pendouillent du plafond. Ce casino dispose également d'un des plus petits *Race & Sports Books* du *Strip*, ce qui fera plaisir

Pourboires

Dans les casinos, il est de mise de laisser un certain pourboire si vous faites des gains intéressants. De même, comme les consommations sont souvent gratuites, il est de mise de laisser entre 1$ et 2$ au serveur.

aux parieurs à la recherche d'un peu «d'intimité». Son *European style gambling game* fera le bonheur des *high rollers*. Au moment de mettre sous presse, la chaîne Planet Hollywood s'en étant portée acquéreur, l'hôtel-casino voit son intérieur se conformer à l'atmosphère thématique qui fait la renommée de cette chaîne. Il est à noter que l'établissement demeurera ouvert pendant toute la durée des travaux, qui se font par phases successives et qui devraient être complétés au cours de l'année 2007.

Bally's
3645 Las Vegas Blvd. S.
☎702-739-4111
www.ballyslv.com
Après avoir circulé sur le tapis roulant couvert de 93 m de long et flanqué de palmiers, on pousse la porte du casino du Bally's pour accéder à une salle spacieuse s'étendant sur 6 225 m² qui propose l'assortiment habituel de jeux en plus d'offrir des cours d'initiation aux débutants pour leur permettre de se familiariser avec les différents types de jeux.

Bellagio
3600 Las Vegas Blvd. S.
☎702-693-7111
www.bellagiolasvegas.com
Au risque de décevoir les intervenants qui tentent de faire croire que Las Vegas est une destination familiale de vacances, le Bellagio a compris que *Sin City* n'est tout simplement pas un endroit convenable pour les enfants et réserve son casino uniquement aux adultes. Lorsque le Bellagio a ouvert ses portes en 1998, il a dicté les nouvelles normes à respecter pour l'avenir à Las Vegas: élégance, classe et bienvenue aux touristes argentés qui désirent assouvir leur vice du jeu dans une atmosphère détendue autant que cossue.

Caesars Palace
3570 Las Vegas Blvd. S.
☎702-731-7110
www.caesars.com
Le Caesars Palace n'a plus besoin de présentation. Il fut le premier à aborder un

thème particulier, mais son aura et son concept sont loin d'être dépassés, et il figure toujours sans nul doute parmi les poids lourds des casinos de la ville. L'établissement est très populaire lors des compétitions sportives d'envergure, comme un match de boxe important ou le Super Bowl. Les serveuses, vêtues de toges, ressemblent à des vestales avec leur plateau, tandis que des émules de Brutus déambulent dans les allées pour ajouter de la couleur à la truculence des lieux. On y propose gratuitement, là aussi, des cours pour se familiariser avec les différents types de jeux.

Flamingo Las Vegas
3555 Las Vegas Blvd. S.
☎702-733-3111
www.flamingolv.com
Lorsque «Bugsy» Siegel a inauguré le Flamingo en 1946, devenu ultérieurement le Flamingo Hilton, tous les employés étaient vêtus de smokings. Hélas pour lui, moins d'un an après, le glas du destin sonna, et il n'eut pas la chance de constater qu'il venait de déclencher une tendance qui allait changer à tout jamais le visage de Las Vegas. Ne vous attendez pas au même traitement royal, car pratiquement tout l'hôtel fut remodelé, mais, si vous désirez lancer les dés dans un lieu chargé d'histoire, c'est ici que vous devez aller.

Harrah's
3475 Las Vegas Blvd. S.
☎702-369-5000
www.harrahs.com
Entouré de casinos plus flamboyants, comme celui du Mirage ou du Venetian, le casino du Harrah's reste discret et s'avère tout indiqué pour le commun des mortels qui veut s'essayer au jeu en simple amateur et sans risquer d'y laisser sa chemise.

Imperial Palace
3535 Las Vegas Blvd. S.
☎702-731-3311
www.imperialpalace.com
Si vous êtes déçu par l'extérieur de l'Imperial Palace, vous ne serez guère séduit par sa décoration intérieure, qui ressemble davantage à celle d'un restaurant chinois clinquant qu'à celle du palais de la prestigieuse dynastie chinoise dont ce casino s'approprie le thème.

The Mirage
3400 Las Vegas Blvd. S.
☎702-791-7111
www.themirage.com
Beaucoup de *high rollers* se retrouvent au casino du Mirage, qui exploite le thème d'un petit village polynésien où un toit de chaume coiffe l'ensemble des machines à sous et des tables de jeu afin de rendre l'établissement plus intime et moins «champ de foire». Une *poker room* et un *race and sports book* complètent les installations de jeu de ce casino.

avant de vous mettre à perdre votre argent.

Golden Nugget
129 E. Fremont St.
☎702-385-7111
www.goldennugget.com
Le Golden Nugget n'a absolument rien à envier aux autres gros casinos du *Strip*. Ici le personnel en place maintient jalousement les normes du service afin que les joueurs puissent s'adonner à leur vice dans un établissement de classe.

■ Jeux

Baccara

Datant du XVe siècle, le baccara puise ses racines en Europe et vise un but bien précis: se rapprocher du chiffre 9. Vous pariez sur un joueur ou sur le croupier.

Huit jeux de cartes sont déposés dans une grande boîte qu'on appelle le «sabot». Le joueur qui possède le sabot agit à titre de banquier. Il tire deux paires de cartes du sabot puis les distribue aux autres joueurs. Si vous êtes chanceux, vous tirerez un huit ou un neuf, appelé un «naturel», et vous aurez gagné la partie sans appel.

L'as = 1 point.
2 à 9 = leur chiffre.
Par exemple: 2 = 2 points, 3 = 3 points, 8 = 8 points.
Les 10 et les figures = zéro point.

Craps

Vous connaissez l'adage «la vitesse tue»? Eh bien, le *craps* est l'un des jeux les plus rapides et les plus déroutants des casinos. Quatre employés du casino sont requis pour le jeu de *craps*: un qui surveille les dés, deux croupiers qui s'affairent à accepter les mises, à recueillir les gains et à payer les vainqueurs et une personne qui s'assure que tout se déroule sans anicroche.

Le concept premier du *craps* est de parier sur la combinaison des dés. Si un joueur lance les dés et que le résultat est 7 ou 11, ceux qui ont parié sur l'option *passline* sont gagnants, mais s'il obtient 2, 3 ou 12, la banque ramasse la cagnotte. Le joueur relance alors les dés jusqu'à ce qu'il obtienne un point ou 7. Le joueur perd s'il obtient 7. Cependant, n'importe quel chiffre sauf 7 lui accorde un «point», et le joueur remporte la mise. Les joueurs qui ont misé sur l'option *don't pass* gagnent également.

Slot machine – One armed bandit (machine à sous – bandit manchot)

Les machines à sous sont sans doute la façon la plus simple et la plus rapide de

Comps

Comp est le diminutif de *complimentary*, qui signifie «gratuité». Le système des *comps* fut inventé afin de récompenser les joueurs qui dépensent assidûment leurs billets verts dans les casinos. Les *comps* sont offerts sous différentes formes, la plus courante étant l'alcool «gratuit» (c'est gratuit, mais il faut donner un pourboire).

Durant les folles années de Las Vegas, les *comps* étaient évidemment les boissons alcoolisées offertes, mais aussi des chambres que les tenanciers ne pouvaient louer, et des prostituées au regard insistant pour libérer les pulsions sexuelles des joueurs. Grosso modo, plus vous flambez d'argent, plus vous êtes récompensé. Les *high rollers* se voient offrir des billets d'avion jusqu'à Las Vegas afin de les inciter à revenir y jouer, des spectacles, des repas plantureux et tout ce qui leur permet de se sentir à l'aise.

Toutefois, il convient de retenir qu'ici comme ailleurs il n'y a rien de gratuit. Vous devez le mériter en perdant de l'argent. De plus, les serveuses s'attendent à recevoir un pourboire (environ 1$), sinon elles ne reviendront tout simplement pas vous voir.

Donc, récapitulons, vous jouez, vous perdez de l'argent, on vous sert une bière fraîche pour laisser tomber vos inhibitions, vous glissez un dollar dans la main de la serveuse souriante, vous misez encore de l'argent pendant qu'on vous sert une autre bière fraîche, vous récompensez votre serveuse avec un autre billet, votre jugement s'altère petit à petit, vous avez perdu plus d'argent que vous ne le pensiez, hop, encore une bière, et hop, encore un dollar de disparu, vous décidez de tout miser, vous n'avez donc plus d'argent à donner à la serveuse, bref, vous comprenez le principe?

Paris Las Vegas
3655 Las Vegas Blvd. S.
☎702-862-5107
www.parislv.com
Dans un décor qui flirte avec le sens subtil de l'absurde, la pièce maîtresse du cadre du casino du Paris Las Vegas est sans conteste les trois pattes géantes de la réplique de la tour Eiffel. Les employés vous souhaiteront la bienvenue avec un bonjour qui fait très couleur locale.

Treasure Island
3300 Las Vegas Blvd. S.
☎702-894-7111
www.treasureisland.com
Le casino du Treasure Island est un autre temple du ludique, décoré assez sobrement et destiné à une clientèle issue de la classe moyenne.

The Venetian
3355 Las Vegas Blvd. S.
☎702-414-1000 ou 877-883-6423
www.venetian.com
Érigé pour marcher sur les platebandes du Bellagio, le Venetian offre une ambiance européenne. S'y trouve même une roulette européenne au milieu d'une salle de jeux couvrant quelque 11 150 m², dont les planchers sont dallés de marbre et les murs ornés de fresques peintes à la main.

Au nord du *Strip*

Circus Circus
2880 Las Vegas Blvd. S.
☎702-734-0410
www.circuscircus.com
Le vénérable casino du Circus Circus s'adapte aux changements des dernières années, mais s'efforce de conserver son ambiance ludique, un peu loufoque et assez bruyante, qui s'apparente à celle d'une fête foraine.

Wynn Las Vegas
3131 Las Vegas Blvd. S.
☎702-770-7100 ou 888-320-9966
www.wynnlasvegas.com
Le Wynn Las Vegas, qui s'apparente à un casino européen, se veut la quintessence du luxe. Son casino principal propose 1 900 machines à sous ainsi que l'éventail habituel de tables à jeu (black-jack, roulettes, poker, etc.), et les visiteurs peuvent même prendre part à une partie de black-jack en sirotant un verre sur les abords de la piscine du Cabana Bar and Casino.

À l'est du *Strip*

Hard Rock Hotel
4455 Paradise Rd.
☎702-693-5000
www.hardrockhotel.com
Sans nul doute le casino le plus cool et le plus branché de Las Vegas, le casino du Hard Rock Hotel est décoré de blousons de cuir d'Iggy Pop et des Ramones, de nombreuses guitares électriques, dont celle de P.J. Harvey, de photos ainsi que de souvenirs d'artistes de «musicals» à l'allégeance rock. Les leviers du «bandit manchot» ont même été remplacés par des manches de guitare.

Las Vegas Hilton
3000 Paradise Rd.
☎702-732-5111
www.lvhilton.com
C'est au Las Vegas Hilton que Robert Redford a réalisé son célèbre coup de dés dans le film *Indecent Proposal*. Quelqu'un a-t-il dit *high roller*?

Sam's Town
5111 Boulder Hwy.
☎702-456-7777
www.samstownlv.com
Pas de chichi, pas de fla-fla, pas de cravate protocolaire, le casino du Sam's Town est l'endroit tout choisi pour perdre son argent dans une ambiance western de bon aloi.

À l'ouest du *Strip*

Palms
4321 W. Flamingo Rd.
☎702-942-7777
Coulé dans le moule du «chic, cool et branché», le casino du Palms étale ses 2 200 machines à sous ainsi que l'assortiment habituel (keno, roulettes, poker, black-jack) dans une ambiance tropicale très *hot*.

Rio
3700 W. Flamingo Rd.
☎702-252-7777
www.playrio.com
Une foule fringante et pimpante se presse autour des tables de jeu et des machines à sous du casino thématisé autour de la délurée Rio. Des acrobates exécutent ici des pirouettes au-dessus des têtes des joueurs et des joueuses pour les divertir, pendant que des hommes au teint bronzé et souriants, en chemises aux couleurs criardes, et des serveuses sexy, au décolleté plongeant, vous apportent une bière fraîche renouvelée autant de fois que vous le souhaitez.

Downtown Area

Binion's Gambling Hall and Hotel
128 E. Fremont St.
☎702-382-1600
Pour se faire photographier avec 100 billets de 10 000$ en toile de fond, rendez-vous au Binion's. *Low rollers* et résidants locaux s'y retrouvent aussi pour tenter leur chance.

Fitzgerald's Casino Holiday Inn
301 E. Fremont St.
☎702-388-2400
www.fitzgeralds.com
Pour améliorer vos chances de gagner, le Fitzgerald's Casino Holiday Inn vous propose de frotter une authentique *barley stone* irlandaise

Initiation au jeu

Plusieurs casinos offrent gratuitement à leurs clients des cours pour qu'ils se familiarisent avec les nombreux jeux proposés. N'oubliez pas toutefois qu'on vous enseigne comment jouer, mais qu'on ne vous explique pas comment gagner.

gagner ou de perdre de l'argent. Glissez une pièce dans la fente, tirez sur le levier, croisez vos doigts et attendez fébrilement le résultat. À l'époque, on surnommait les machines à sous *one armed bandit* (bandit manchot), car elles volaient les gens sans ambages et ne possédaient qu'un levier.

Black-jack (21)

L'un des jeux de cartes les plus populaires et les plus faciles à jouer, le black-jack est aussi connu en français sous le nom de 21. Il s'agit d'obtenir un score plus élevé que la maison sans toutefois dépasser 21. Un as peut compter comme 1 ou 11. Le croupier distribue deux cartes aux joueurs et à lui-même, l'une cachée et l'autre dévoilée. Lorsque le joueur juge qu'il a assez de cartes, le croupier dévoile sa carte. Le croupier est dans l'obligation de tirer une autre carte si son total est inférieur ou égal à 16.

Keno

Qu'on se le tienne pour dit, les probabilités de gagner au Keno sont presque aussi bonnes que si vous achetiez des actions de Bre-X. Vénérable jeu originaire de Chine, le Keno ressemble un peu au bingo. Le joueur choisit 20 numéros sur une possibilité de 80. Il remet ses choix en échange d'un carton sur lequel ceux-ci sont officiellement imprimés, puis il attend que les numéros gagnants sortent. Plus vous aurez de numéros gagnants, plus grande sera votre cagnotte.

Roulette

La roulette est un jeu agréable à regarder. On fait tourner une roulette qui contient 38 numéros, puis on y dépose la petite bille qui bondit à droite et à gauche, pour finalement s'arrêter à l'intérieur d'une case numérotée. Le but du jeu est de prédire où va s'arrêter la petite bille en plaçant votre mise sur la table où sont reproduits les 38 numéros de la roulette. La

High roller wannabe

Si vous n'êtes qu'une verte recrue dans l'univers effervescent des casinos, on vous suggère de bien vous documenter avant de vous lancer dans la frénésie du jeu et de frayer à la même table que les *high rollers*. En effet, les «pros» n'aiment pas perdre leur temps à expliquer les règles du jeu à des novices. N'ayez crainte: certains casinos proposent des cours d'apprentissage pour vous familiariser avec certains jeux.

moitié des 38 numéros sont de couleur rouge, l'autre moitié de couleur noire. Vous pouvez parier tant que la bille tourne.

Poker

L'un des rares jeux où les joueurs n'affrontent pas la maison, mais eux-mêmes, le poker est souvent associé à la sempiternelle scène des films où le héros joue contre le méchant au regard patibulaire dans un local enfumé tout en sirotant tranquillement un whisky sous le regard attentif des partis.

Plusieurs versions existent, mais la plus courante est le *stud 5*. Le croupier distribue les cartes et ne fait que prendre un pourcentage de la cagnotte. Les joueurs se voient distribuer sept cartes en deux mains: la *high hand* et la *low hand*. Le but du jeu consiste à gagner la mise en ayant une main plus forte que l'autre.

La main la plus forte est la quinte royale (*royal flush*): l'as, le roi, la dame, le valet et le 10 de la même couleur.

Pai Gow Poker

Le Pai Gow Poker est joué de la même façon que le poker, mais on ajoute un joker qui équivaut à un as ou permet de compléter une *flush*.

Vidéopoker

Jeu dont la popularité ne cesse de croître, le vidéopoker se joue de la même façon que le poker traditionnel, mais au lieu de jouer contre un adversaire au regard intimidant, vous affrontez une machine froide et imperturbable. Il paraît qu'il s'agit de l'une des raisons pour lesquelles le vidéopoker gagne la faveur des personnes ordinaires, qui ne s'engageraient normalement pas contre un requin.

Sportsbooks (paris sportifs)

Il s'agit d'une grande salle où l'on gage sur toutes les manifestations sportives importantes qui sont diffusées sur de nombreux écrans. En janvier, durant le Super Bowl, tous les *sportsbooks* sont bondés de joueurs et de partisans anxieux qui ont les yeux rivés sur les téléviseurs.

Spectacles pour adultes

En matière de strip-tease masculin, ***Chippendales The Show*** *(Rio, 3700 W. Flamingo Rd., ☎888-746-7784)* représente le pompon du divertissement féminin. Des mecs plus vrais que nature en mettent plein la vue pour le grand plaisir d'une clientèle féminine en délire.

Haut lieu fantasmatique de la gent masculine, ***Crazy Girls*** *(Riviera, 2901 Las Vegas Blvd. S., ☎702-734-5110)* met en vedette de jolies femmes exhibant sans retenue une poitrine généreuse tout en s'affichant dans une tenue vestimentaire réduite à sa plus simple expression. De plus, ces dames se livrent à des danses suggestives en faisant du *lip-sync* sur une musique chaloupée afin d'émoustiller le plus mâle d'entre les mâles. Une comédienne vient meubler les temps morts en lançant des blagues sulfureuses.

Inspiré de la légendaire brasserie parisienne du Crazy Horse – qui célèbre la beauté féminine et l'art de la nudité depuis 1951 –, le spectacle intitulé ***La Femme*** *(MGM Grand, 3799 Las Vegas Blvd. S., ☎702-891-7777)* bat pavillon d'excellence en matière de divertissement pour adultes. Sous une musique de circonstance, des filles à la beauté pétrifiante sont artistiquement sublimées par un jeu de lumière. Qu'on se le tienne pour dit, la silicone ne fait pas partie de cette distribution. Et si les poitrines sont dénudées, les silhouettes sont d'un naturel particulièrement étonnant. Spectacle de classe.

Thunder from Down Under *(Excalibur, 3850 Las Vegas Blvd. S., ☎702-597-7600 ou 800-933-1334)*. Des danseurs sciemment sélectionnés aux sourires carnassiers exhibent leurs muscles longuement travaillés au gymnase. Clientèle majoritairement composée de femmes divorcées en quête d'un nouveau frisson et de jeunes filles hystériques qui fêtent joyeusement l'autorisation de boire en public.

Zumanity, Another Side of Cirque du Soleil *(New York-New York, 3790 Las Vegas Blvd. S., ☎888-696-9887)* représente, comme l'indique son nom anglais, «L'autre facette

du Cirque du Soleil» et tente une première incursion dans l'univers du spectacle érotique. Avant même la levée du rideau, les spectateurs sont projetés malgré eux dans l'arène de la séduction grâce aux préliminaires d'artistes au regard concupiscent qui flirtent avec des quidams, alors que des jumelles voluptueuses en bas résille distribuent des fraises entre les allées – clin d'œil aux préludes habituels des spectacles du Cirque. *Zumanity* s'articule autour d'un maître de cérémonie à l'humour irrévérencieux qui présente une succession de numéros qui abordent la sexualité sous toutes ses formes. Si l'on est loin de l'érotisme promis, le spectacle est toutefois fort divertissant, mais légèrement inégal. Un brin affriolant, un peu érotique, résolument coquin.

Strip Clubs

Le **Cheetah's** *(2112 Western Ave., ☎702-384-0074)* se taille une place de choix parmi les boîtes de *strip* de Vegas. Pour les amateurs de films de série B, sachez que c'est ici que fut tourné le navet du réalisateur Paul Verhoeven, *Showgirls*. Les messieurs peuvent même s'émoustiller en regardant le *Monday Night Football*.

Le Club Paradise *(4416 Paradise Rd., ☎702-734-7990)* est l'une des boîtes de *strip* les plus élégantes de Vegas. L'établissement attire une clientèle de touristes curieux un peu abrutis par la testostérone et de cadres dissertant à la fois sur la politique étrangère et sur les attributs physiques des danseuses au torse siliconé.

Élégant et intime, le **Jaguars** *(3355 S. Procyon St., ☎702-732-1116)* brigue sa place parmi les meilleures boîtes de *strip* de la ville du vice. L'établissement a accru sa notoriété en 2004, lorsque la chanteuse Christina Aguilera y a dédié publiquement un strip-tease à l'homme de sa vie, Jordan Bratman.

Palomino *(1848 Las Vegas Blvd. N., ☎702-642-2984)*. Selon la loi, les seins dénudés sont la seule nudité permise dans la ville du vice, mais le Palomino se targue d'être le seul établissement de Las Vegas où l'on peut boire de l'alcool et où les filles sont complètement nues. Adresse pour les messieurs qui souhaitent s'encanailler dans une ambiance de débauche contenue.

Shappire *(3025 Industrial Rd. S., ☎702-796-6000)*. Rien de moins que le nec plus ultra des boîtes de *strip* de la planète. Sur une surface de près de 6 500 m², environ 800 demoiselles à la beauté ostentatoire défilent pour les amateurs de plaisirs visuels.

Achats

Si la ville de New York est considérée comme la capitale du magasinage, Las Vegas regroupe néanmoins tous les grands noms du commerce de détail à l'échelle mondiale. Amateurs de lèche-vitrine et fouineurs y dénicheront sûrement un trophée de voyage qui saura les satisfaire.

Mis à part la pléthore de boutiques de souvenirs qui proposent de nombreuses babioles inutiles allant du t-shirt d'Area 51 à la tasse estampillée Elvis, en passant par la salière et la poivrière en forme de machines à sous, la ville possède sûrement l'une des plus grandes concentrations de boutiques spécialisées et de stylistes regroupées dans un périmètre restreint.

Si vous n'avez pas perdu tout votre argent dans les gobe-sous des casinos ou s'il vous reste une carte de crédit préférablement sans limite, Las Vegas s'assure que votre crédit sera poussé à son maximum en vous incitant à déambuler et flâner dans les allées des chics centres commerciaux climatisés. Évidemment, afin de permettre aux clients de rester le plus longtemps possible sans mettre le pied à l'extérieur, la plupart de ces chics boutiques font partie des centres commerciaux des mégacasinos.

Centres commerciaux

Desert Passage
Aladdin, 3667 Las Vegas Blvd. S.
☎702-866-0710
Centre commercial truculent s'il en est un, le Desert Passage a ouvert ses portes à l'été de l'an 2000. Son décor s'inspire des marchés exotiques de l'Orient, de l'Inde et de l'Afrique du Nord. On y dénombre environ 140 boutiques et une quinzaine de restaurants.

Fashion Show Mall
3200 Las Vegas Blvd. S.
☎702-369-0704
Malgré son nom étincelant, le Fashion Show Mall est beaucoup moins flamboyant que The Forum Shops (voir ci-dessous). Situé tout juste au nord du Treasure Island, ce spacieux centre commercial abrite malgré tout une jolie brochette de boutiques à la mode, comme Saks Fifth Ave., Macy's, Victoria's Secret et Gap.

The Forum Shops
Caesars Palace, 3500 Las Vegas Blvd. S.
☎702-893-4800

Ode au mercantile postmoderne, The Forum Shops est non seulement un mégacentre commercial, mais aussi une attraction touristique en soi ainsi qu'un établissement pour se ravitailler et se divertir. Les allées sont construites sur le modèle des voies de la Rome antique: elles sont en effet dotées de fontaines, couvertes d'un faux ciel et bordées de chics boutiques branchées et de restos. Même si vous n'achetez absolument rien, l'endroit vaut résolument le déplacement. Parmi ses boutiques à succursales multiples, mentionnons Banana Republic, Gap, Diesel, Guess, Armani, Hugo Boss, DKNY, Versace et Gucci.

The Grand Canal Shoppes
The Venetian, 3355 Las Vegas Blvd. S.
☎702-414-4500

Si l'argent ne vous pose aucun problème, et si vous désirez déambuler le long du Grand Canal de Venise, allez aux Grand Canal Shoppes, qui proposent une vingtaine de chics boutiques à écornifler, entres autres Ca'd'Oro, Cesare Paciotti, Davidoff, Kenneth Cole, Lladro, Movado et Sephora. L'expérience culmine à la place Saint-Marc, une piazza sous un plafond d'une hauteur de plus de 20 m qui prend des airs de ciel vénitien.

Las Vegas Outlet Center
7400 Las Vegas Blvd. S.
☎702-896-5599

Ce centre commercial constitue une solution de rechange aux boutiques dispendieuses des hôtels-casinos. On y retrouve de grands noms à bas prix, tels Liz Claiborne, Levi's, Reebok et Tommy Hilfiger, ainsi que plusieurs autres puisque le complexe compte plus de 130 boutiques.

Las Vegas Premium Outlets
875 Grand Central Pkwy. S.
☎702-474-7500

Si vous êtes à la recherche de vêtements de marque à prix moindres, ces quelque 120 boutiques feront votre bonheur. On y retrouve de grands noms tels que Adidas, Calvin Klein, Dolce & Gabbana, Nike et Polo Ralph Lauren, de même que plusieurs autres.

Masquerade Shops
Rio, 3700 W. Flamingo Rd.
☎702-252-7777

Pour faire vos emplettes dans une ambiance digne du Mardi gras, rendez-vous aux Masquerade Shops. S'y trouvent de nombreuses boutiques de mode et de stylistes disposées sur deux étages, le tout couvrant environ 5 550 m².

Showcase Mall
3785 Las Vegas Blvd. S.
☎702-597-3122

À la fois un centre commercial et un complexe de divertissement, le Showcase Mall a compris comment garder sa clientèle le plus longtemps possible. Ses boutiques sont principalement axées sur les produits dédiés aux touristes.

Star Lane Shops
MGM Grand, 3799 Las Vegas Blvd. S.
☎702-891-1111
Les Star Lane Shops se présentent comme le centre commercial du MGM Grand. Le centre compte de nombreuses boutiques et plusieurs restaurants en tous genres. Les cinéphiles qui ont un faible pour les produits dérivés des films produits par la célèbre maison de production MGM y trouveront sûrement leur compte.

Via Bellagio
Bellagio, 3600 Las Vegas Blvd. S.
☎702-693-7111
Les consommateurs stressés peuvent déambuler paisiblement dans les allées dallées du Via Bellagio, sous un lumineux plafond voûté, tout en étant bercé par des airs de musique classique. Le décor faste et opulent des lieux s'inspire d'une villa italienne du XIXe siècle. On y trouve des boutiques de mode haut de gamme telles que Giorgio Armani, Tiffany, Chanel, Gucci, Prada et Hermes.

Curiosités

The Attic
1018 Main St. S.
☎702-388-4088
Les amateurs de fripes en auront plein les yeux dans cette boutique située dans un coin glauque du centre-ville de Vegas. Attention cependant, car les prix ne sont pas rétro.

M&M's World
Showcase Mall, 3785 Las Vegas Blvd. S.
☎702-736-7611
Si une envie de chocolat vous tenaille, pointez-vous dans le merveilleux monde des M&M, dédié bien entendu, aux célèbres bonbons qui portent ce nom. L'endroit mérite un détour, ne serait-ce que pour faire plaisir à vos gamins en les accompagnant à travers la visite explicative de la production de ces friandises.

The Magic Shop
Monte Carlo, 3770 Las Vegas Blvd S.
☎702-730-7777
Après avoir apprécié le spectacle de Lance Burton, certains d'entre vous voudront peut-être faire un saut à la boutique The Magic Shop pour se procurer le dernier truc de magie.

Showcase Slots and Antiques
4505 S. Industrial Rd., Suite B-110
☎702-740-5722
Vous n'achèterez probablement rien au Showcase Slots and Antiques, mais la visite mérite un détour si vous êtes un amateur de machines à sous anciennes. Si par chance vous avez les poches pleines, le personnel se fera

Comps

Comp est le diminutif de *complimentary*, qui signifie «gratuité». Le système des *comps* fut inventé afin de récompenser les joueurs qui dépensent assidûment leurs billets verts dans les casinos. Les *comps* sont offerts sous différentes formes, la plus courante étant l'alcool «gratuit» (c'est gratuit, mais il faut donner un pourboire).

Durant les folles années de Las Vegas, les *comps* étaient évidemment les boissons alcoolisées offertes, mais aussi des chambres que les tenanciers ne pouvaient louer, et des prostituées au regard insistant pour libérer les pulsions sexuelles des joueurs. Grosso modo, plus vous flambez d'argent, plus vous êtes récompensé. Les *high rollers* se voient offrir des billets d'avion jusqu'à Las Vegas afin de les inciter à revenir y jouer, des spectacles, des repas plantureux et tout ce qui leur permet de se sentir à l'aise.

Toutefois, il convient de retenir qu'ici comme ailleurs il n'y a rien de gratuit. Vous devez le mériter en perdant de l'argent. De plus, les serveuses s'attendent à recevoir un pourboire (environ 1$), sinon elles ne reviendront tout simplement pas vous voir.

Donc, récapitulons, vous jouez, vous perdez de l'argent, on vous sert une bière fraîche pour laisser tomber vos inhibitions, vous glissez un dollar dans la main de la serveuse souriante, vous misez encore de l'argent pendant qu'on vous sert une autre bière fraîche, vous récompensez votre serveuse avec un autre billet, votre jugement s'altère petit à petit, vous avez perdu plus d'argent que vous ne le pensiez, hop, encore une bière, et hop, encore un dollar de disparu, vous décidez de tout miser, vous n'avez donc plus d'argent à donner à la serveuse, bref, vous comprenez le principe?

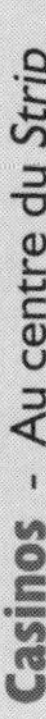

Paris Las Vegas
3655 Las Vegas Blvd. S.
☎702-862-5107
www.parislv.com
Dans un décor qui flirte avec le sens subtil de l'absurde, la pièce maîtresse du cadre du casino du Paris Las Vegas est sans conteste les trois pattes géantes de la réplique de la tour Eiffel. Les employés vous souhaiteront la bienvenue avec un bonjour qui fait très couleur locale.

Treasure Island
3300 Las Vegas Blvd. S.
☎702-894-7111
www.treasureisland.com
Le casino du Treasure Island est un autre temple du ludique, décoré assez sobrement et destiné à une clientèle issue de la classe moyenne.

The Venetian
3355 Las Vegas Blvd. S.
☎702-414-1000 ou 877-883-6423
www.venetian.com
Érigé pour marcher sur les platebandes du Bellagio, le Venetian offre une ambiance européenne. S'y trouve même une roulette européenne au milieu d'une salle de jeux couvrant quelque 11 150 m², dont les planchers sont dallés de marbre et les murs ornés de fresques peintes à la main.

Au nord du *Strip*

Circus Circus
2880 Las Vegas Blvd. S.
☎702-734-0410
www.circuscircus.com
Le vénérable casino du Circus Circus s'adapte aux changements des dernières années, mais s'efforce de conserver son ambiance ludique, un peu loufoque et assez bruyante, qui s'apparente à celle d'une fête foraine.

Wynn Las Vegas
3131 Las Vegas Blvd. S.
☎702-770-7100 ou 888-320-9966
www.wynnlasvegas.com
Le Wynn Las Vegas, qui s'apparente à un casino européen, se veut la quintessence du luxe. Son casino principal propose 1 900 machines à sous ainsi que l'éventail habituel de tables à jeu (black-jack, roulettes, poker, etc.), et les visiteurs peuvent même prendre part à une partie de black-jack en sirotant un verre sur les abords de la piscine du Cabana Bar and Casino.

À l'est du *Strip*

Hard Rock Hotel
4455 Paradise Rd.
☎702-693-5000
www.hardrockhotel.com
Sans nul doute le casino le plus cool et le plus branché de Las Vegas, le casino du Hard Rock Hotel est décoré de blousons de cuir d'Iggy

Pop et des Ramones, de nombreuses guitares électriques, dont celle de P.J. Harvey, de photos ainsi que de souvenirs d'artistes de «musicals» à l'allégeance rock. Les leviers du «bandit manchot» ont même été remplacés par des manches de guitare.

Las Vegas Hilton
3000 Paradise Rd.
☎702-732-5111
www.lvhilton.com
C'est au Las Vegas Hilton que Robert Redford a réalisé son célèbre coup de dés dans le film *Indecent Proposal*. Quelqu'un a-t-il dit *high roller*?

Sam's Town
5111 Boulder Hwy.
☎702-456-7777
www.samstownlv.com
Pas de chichi, pas de fla-fla, pas de cravate protocolaire, le casino du Sam's Town est l'endroit tout choisi pour perdre son argent dans une ambiance western de bon aloi.

À l'ouest du *Strip*

Palms
4321 W. Flamingo Rd.
☎702-942-7777
Coulé dans le moule du «chic, cool et branché», le casino du Palms étale ses 2 200 machines à sous ainsi que l'assortiment habituel (keno, roulettes, poker, black-jack) dans une ambiance tropicale très *hot*.

Rio
3700 W. Flamingo Rd.
☎702-252-7777
www.playrio.com
Une foule fringante et pimpante se presse autour des tables de jeu et des machines à sous du casino thématisé autour de la délurée Rio. Des acrobates exécutent ici des pirouettes au-dessus des têtes des joueurs et des joueuses pour les divertir, pendant que des hommes au teint bronzé et souriants, en chemises aux couleurs criardes, et des serveuses sexy, au décolleté plongeant, vous apportent une bière fraîche renouvelée autant de fois que vous le souhaitez.

Downtown Area

Binion's Gambling Hall and Hotel
128 E. Fremont St.
☎702-382-1600
Pour se faire photographier avec 100 billets de 10 000$ en toile de fond, rendez-vous au Binion's. *Low rollers* et résidants locaux s'y retrouvent aussi pour tenter leur chance.

Fitzgerald's Casino Holiday Inn
301 E. Fremont St.
☎702-388-2400
www.fitzgeralds.com
Pour améliorer vos chances de gagner, le Fitzgerald's Casino Holiday Inn vous propose de frotter une authentique *barley stone* irlandaise

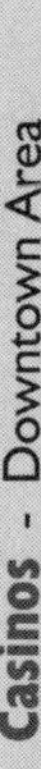

avant de vous mettre à perdre votre argent.

Golden Nugget
129 E. Fremont St.
☎702-385-7111
www.goldennugget.com
Le Golden Nugget n'a absolument rien à envier aux autres gros casinos du *Strip*. Ici le personnel en place maintient jalousement les normes du service afin que les joueurs puissent s'adonner à leur vice dans un établissement de classe.

■ Jeux

Baccara

Datant du XVe siècle, le baccara puise ses racines en Europe et vise un but bien précis: se rapprocher du chiffre 9. Vous pariez sur un joueur ou sur le croupier.

Huit jeux de cartes sont déposés dans une grande boîte qu'on appelle le «sabot». Le joueur qui possède le sabot agit à titre de banquier. Il tire deux paires de cartes du sabot puis les distribue aux autres joueurs. Si vous êtes chanceux, vous tirerez un huit ou un neuf, appelé un «naturel», et vous aurez gagné la partie sans appel.

L'as = 1 point.
2 à 9 = leur chiffre.
Par exemple: 2 = 2 points, 3 = 3 points, 8 = 8 points.
Les 10 et les figures = zéro point.

Craps

Vous connaissez l'adage «la vitesse tue»? Eh bien, le *craps* est l'un des jeux les plus rapides et les plus déroutants des casinos. Quatre employés du casino sont requis pour le jeu de *craps*: un qui surveille les dés, deux croupiers qui s'affairent à accepter les mises, à recueillir les gains et à payer les vainqueurs et une personne qui s'assure que tout se déroule sans anicroche.

Le concept premier du *craps* est de parier sur la combinaison des dés. Si un joueur lance les dés et que le résultat est 7 ou 11, ceux qui ont parié sur l'option *passline* sont gagnants, mais s'il obtient 2, 3 ou 12, la banque ramasse la cagnotte. Le joueur relance alors les dés jusqu'à ce qu'il obtienne un point ou 7. Le joueur perd s'il obtient 7. Cependant, n'importe quel chiffre sauf 7 lui accorde un «point», et le joueur remporte la mise. Les joueurs qui ont misé sur l'option *don't pass* gagnent également.

Slot machine – One armed bandit (machine à sous – bandit manchot)

Les machines à sous sont sans doute la façon la plus simple et la plus rapide de

Initiation au jeu

Plusieurs casinos offrent gratuitement à leurs clients des cours pour qu'ils se familiarisent avec les nombreux jeux proposés. N'oubliez pas toutefois qu'on vous enseigne comment jouer, mais qu'on ne vous explique pas comment gagner.

gagner ou de perdre de l'argent. Glissez une pièce dans la fente, tirez sur le levier, croisez vos doigts et attendez fébrilement le résultat. À l'époque, on surnommait les machines à sous *one armed bandit* (bandit manchot), car elles volaient les gens sans ambages et ne possédaient qu'un levier.

Black-jack (21)

L'un des jeux de cartes les plus populaires et les plus faciles à jouer, le black-jack est aussi connu en français sous le nom de 21. Il s'agit d'obtenir un score plus élevé que la maison sans toutefois dépasser 21. Un as peut compter comme 1 ou 11. Le croupier distribue deux cartes aux joueurs et à lui-même, l'une cachée et l'autre dévoilée. Lorsque le joueur juge qu'il a assez de cartes, le croupier dévoile sa carte. Le croupier est dans l'obligation de tirer une autre carte si son total est inférieur ou égal à 16.

Keno

Qu'on se le tienne pour dit, les probabilités de gagner au Keno sont presque aussi bonnes que si vous achetiez des actions de Bre-X. Vénérable jeu originaire de Chine, le Keno ressemble un peu au bingo. Le joueur choisit 20 numéros sur une possibilité de 80. Il remet ses choix en échange d'un carton sur lequel ceux-ci sont officiellement imprimés, puis il attend que les numéros gagnants sortent. Plus vous aurez de numéros gagnants, plus grande sera votre cagnotte.

Roulette

La roulette est un jeu agréable à regarder. On fait tourner une roulette qui contient 38 numéros, puis on y dépose la petite bille qui bondit à droite et à gauche, pour finalement s'arrêter à l'intérieur d'une case numérotée. Le but du jeu est de prédire où va s'arrêter la petite bille en plaçant votre mise sur la table où sont reproduits les 38 numéros de la roulette. La

High roller wannabe

Si vous n'êtes qu'une verte recrue dans l'univers effervescent des casinos, on vous suggère de bien vous documenter avant de vous lancer dans la frénésie du jeu et de frayer à la même table que les *high rollers*. En effet, les «pros» n'aiment pas perdre leur temps à expliquer les règles du jeu à des novices. N'ayez crainte: certains casinos proposent des cours d'apprentissage pour vous familiariser avec certains jeux.

moitié des 38 numéros sont de couleur rouge, l'autre moitié de couleur noire. Vous pouvez parier tant que la bille tourne.

Poker

L'un des rares jeux où les joueurs n'affrontent pas la maison, mais eux-mêmes, le poker est souvent associé à la sempiternelle scène des films où le héros joue contre le méchant au regard patibulaire dans un local enfumé tout en sirotant tranquillement un whisky sous le regard attentif des partis.

Plusieurs versions existent, mais la plus courante est le *stud 5*. Le croupier distribue les cartes et ne fait que prendre un pourcentage de la cagnotte. Les joueurs se voient distribuer sept cartes en deux mains: la *high hand* et la *low hand*. Le but du jeu consiste à gagner la mise en ayant une main plus forte que l'autre.

La main la plus forte est la quinte royale (*royal flush*): l'as, le roi, la dame, le valet et le 10 de la même couleur.

Pai Gow Poker

Le Pai Gow Poker est joué de la même façon que le poker, mais on ajoute un joker qui équivaut à un as ou permet de compléter une *flush*.

Vidéopoker

Jeu dont la popularité ne cesse de croître, le vidéopoker se joue de la même façon que le poker traditionnel, mais au lieu de jouer contre un adversaire au regard intimidant, vous affrontez une machine froide et imperturbable. Il paraît qu'il s'agit de l'une des raisons pour lesquelles le vidéopoker gagne la faveur des personnes ordinaires, qui ne s'engageraient normalement pas contre un requin.

Sportsbooks (paris sportifs)

Il s'agit d'une grande salle où l'on gage sur toutes les manifestations sportives importantes qui sont diffusées sur de nombreux écrans. En janvier, durant le Super Bowl, tous les *sportsbooks* sont bondés de joueurs et de partisans anxieux qui ont les yeux rivés sur les téléviseurs.

Spectacles pour adultes

En matière de strip-tease masculin, ***Chippendales The Show*** *(Rio, 3700 W. Flamingo Rd., ☎888-746-7784)* représente le pompon du divertissement féminin. Des mecs plus vrais que nature en mettent plein la vue pour le grand plaisir d'une clientèle féminine en délire.

Haut lieu fantasmatique de la gent masculine, ***Crazy Girls*** *(Riviera, 2901 Las Vegas Blvd. S., ☎702-734-5110)* met en vedette de jolies femmes exhibant sans retenue une poitrine généreuse tout en s'affichant dans une tenue vestimentaire réduite à sa plus simple expression. De plus, ces dames se livrent à des danses suggestives en faisant du *lip-sync* sur une musique chaloupée afin d'émoustiller le plus mâle d'entre les mâles. Une comédienne vient meubler les temps morts en lançant des blagues sulfureuses.

Inspiré de la légendaire brasserie parisienne du Crazy Horse – qui célèbre la beauté féminine et l'art de la nudité depuis 1951 –, le spectacle intitulé ***La Femme*** *(MGM Grand, 3799 Las Vegas Blvd. S., ☎702-891-7777)* bat pavillon d'excellence en matière de divertissement pour adultes. Sous une musique de circonstance, des filles à la beauté pétrifiante sont artistiquement sublimées par un jeu de lumière. Qu'on se le tienne pour dit, la silicone ne fait pas partie de cette distribution. Et si les poitrines sont dénudées, les silhouettes sont d'un naturel particulièrement étonnant. Spectacle de classe.

Thunder from Down Under *(Excalibur, 3850 Las Vegas Blvd. S., ☎702-597-7600 ou 800-933-1334)*. Des danseurs sciemment sélectionnés aux sourires carnassiers exhibent leurs muscles longuement travaillés au gymnase. Clientèle majoritairement composée de femmes divorcées en quête d'un nouveau frisson et de jeunes filles hystériques qui fêtent joyeusement l'autorisation de boire en public.

Zumanity, Another Side of Cirque du Soleil *(New York-New York, 3790 Las Vegas Blvd. S., ☎888-696-9887)* représente, comme l'indique son nom anglais, «L'autre facette

du Cirque du Soleil» et tente une première incursion dans l'univers du spectacle érotique. Avant même la levée du rideau, les spectateurs sont projetés malgré eux dans l'arène de la séduction grâce aux préliminaires d'artistes au regard concupiscent qui flirtent avec des quidams, alors que des jumelles voluptueuses en bas résille distribuent des fraises entre les allées – clin d'œil aux préludes habituels des spectacles du Cirque. *Zumanity* s'articule autour d'un maître de cérémonie à l'humour irrévérencieux qui présente une succession de numéros qui abordent la sexualité sous toutes ses formes. Si l'on est loin de l'érotisme promis, le spectacle est toutefois fort divertissant, mais légèrement inégal. Un brin affriolant, un peu érotique, résolument coquin.

Strip Clubs

Le **Cheetah's** *(2112 Western Ave., ☎702-384-0074)* se taille une place de choix parmi les boîtes de *strip* de Vegas. Pour les amateurs de films de série B, sachez que c'est ici que fut tourné le navet du réalisateur Paul Verhoeven, *Showgirls*. Les messieurs peuvent même s'émoustiller en regardant le *Monday Night Football*.

Le Club Paradise *(4416 Paradise Rd., ☎702-734-7990)* est l'une des boîtes de *strip* les plus élégantes de Vegas. L'établissement attire une clientèle de touristes curieux un peu abrutis par la testostérone et de cadres dissertant à la fois sur la politique étrangère et sur les attributs physiques des danseuses au torse siliconé.

Élégant et intime, le **Jaguars** *(3355 S. Procyon St., ☎702-732-1116)* brigue sa place parmi les meilleures boîtes de *strip* de la ville du vice. L'établissement a accru sa notoriété en 2004, lorsque la chanteuse Christina Aguilera y a dédié publiquement un strip-tease à l'homme de sa vie, Jordan Bratman.

Palomino *(1848 Las Vegas Blvd. N., ☎702-642-2984)*. Selon la loi, les seins dénudés sont la seule nudité permise dans la ville du vice, mais le Palomino se targue d'être le seul établissement de Las Vegas où l'on peut boire de l'alcool et où les filles sont complètement nues. Adresse pour les messieurs qui souhaitent s'encanailler dans une ambiance de débauche contenue.

Shappire *(3025 Industrial Rd. S., ☎702-796-6000)*. Rien de moins que le nec plus ultra des boîtes de *strip* de la planète. Sur une surface de près de 6 500 m², environ 800 demoiselles à la beauté ostentatoire défilent pour les amateurs de plaisirs visuels.

Achats

Si la ville de New York est considérée comme la capitale du magasinage, Las Vegas regroupe néanmoins tous les grands noms du commerce de détail à l'échelle mondiale. Amateurs de lèche-vitrine et fouineurs y dénicheront sûrement un trophée de voyage qui saura les satisfaire.

Mis à part la pléthore de boutiques de souvenirs qui proposent de nombreuses babioles inutiles allant du t-shirt d'Area 51 à la tasse estampillée Elvis, en passant par la salière et la poivrière en forme de machines à sous, la ville possède sûrement l'une des plus grandes concentrations de boutiques spécialisées et de stylistes regroupées dans un périmètre restreint.

Si vous n'avez pas perdu tout votre argent dans les gobe-sous des casinos ou s'il vous reste une carte de crédit préférablement sans limite, Las Vegas s'assure que votre crédit sera poussé à son maximum en vous incitant à déambuler et flâner dans les allées des chics centres commerciaux climatisés. Évidemment, afin de permettre aux clients de rester le plus longtemps possible sans mettre le pied à l'extérieur, la plupart de ces chics boutiques font partie des centres commerciaux des mégacasinos.

Centres commerciaux

Desert Passage
Aladdin, 3667 Las Vegas Blvd. S.
☎702-866-0710
Centre commercial truculent s'il en est un, le Desert Passage a ouvert ses portes à l'été de l'an 2000. Son décor s'inspire des marchés exotiques de l'Orient, de l'Inde et de l'Afrique du Nord. On y dénombre environ 140 boutiques et une quinzaine de restaurants.

Fashion Show Mall
3200 Las Vegas Blvd. S.
☎702-369-0704
Malgré son nom étincelant, le Fashion Show Mall est beaucoup moins flamboyant que The Forum Shops (voir ci-dessous). Situé tout juste au nord du Treasure Island, ce spacieux centre commercial abrite malgré tout une jolie brochette de boutiques à la mode, comme Saks Fifth Ave., Macy's, Victoria's Secret et Gap.

The Forum Shops
Caesars Palace, 3500 Las Vegas Blvd. S.
☎702-893-4800

Ode au mercantile postmoderne, The Forum Shops est non seulement un mégacentre commercial, mais aussi une attraction touristique en soi ainsi qu'un établissement pour se ravitailler et se divertir. Les allées sont construites sur le modèle des voies de la Rome antique: elles sont en effet dotées de fontaines, couvertes d'un faux ciel et bordées de chics boutiques branchées et de restos. Même si vous n'achetez absolument rien, l'endroit vaut résolument le déplacement. Parmi ses boutiques à succursales multiples, mentionnons Banana Republic, Gap, Diesel, Guess, Armani, Hugo Boss, DKNY, Versace et Gucci.

The Grand Canal Shoppes
The Venetian, 3355 Las Vegas Blvd. S.
☎702-414-4500
Si l'argent ne vous pose aucun problème, et si vous désirez déambuler le long du Grand Canal de Venise, allez aux Grand Canal Shoppes, qui proposent une vingtaine de chics boutiques à écornifler, entres autres Ca'd'Oro, Cesare Paciotti, Davidoff, Kenneth Cole, Lladro, Movado et Sephora. L'expérience culmine à la place Saint-Marc, une piazza sous un plafond d'une hauteur de plus de 20 m qui prend des airs de ciel vénitien.

Las Vegas Outlet Center
7400 Las Vegas Blvd. S.
☎702-896-5599
Ce centre commercial constitue une solution de rechange aux boutiques dispendieuses des hôtels-casinos. On y retrouve de grands noms à bas prix, tels Liz Claiborne, Levi's, Reebok et Tommy Hilfiger, ainsi que plusieurs autres puisque le complexe compte plus de 130 boutiques.

Las Vegas Premium Outlets
875 Grand Central Pkwy. S.
☎702-474-7500
Si vous êtes à la recherche de vêtements de marque à prix moindres, ces quelque 120 boutiques feront votre bonheur. On y retrouve de grands noms tels que Adidas, Calvin Klein, Dolce & Gabbana, Nike et Polo Ralph Lauren, de même que plusieurs autres.

Masquerade Shops
Rio, 3700 W. Flamingo Rd.
☎702-252-7777
Pour faire vos emplettes dans une ambiance digne du Mardi gras, rendez-vous aux Masquerade Shops. S'y trouvent de nombreuses boutiques de mode et de stylistes disposées sur deux étages, le tout couvrant environ 5 550 m².

Showcase Mall
3785 Las Vegas Blvd. S.
☎702-597-3122
À la fois un centre commercial et un complexe de divertissement, le Showcase Mall a compris comment garder sa clientèle le plus

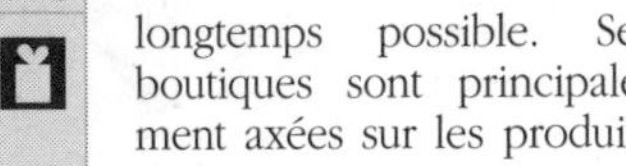

longtemps possible. Ses boutiques sont principalement axées sur les produits dédiés aux touristes.

Star Lane Shops
MGM Grand, 3799 Las Vegas Blvd. S.
☎702-891-1111
Les Star Lane Shops se présentent comme le centre commercial du MGM Grand. Le centre compte de nombreuses boutiques et plusieurs restaurants en tous genres. Les cinéphiles qui ont un faible pour les produits dérivés des films produits par la célèbre maison de production MGM y trouveront sûrement leur compte.

Via Bellagio
Bellagio, 3600 Las Vegas Blvd. S.
☎702-693-7111
Les consommateurs stressés peuvent déambuler paisiblement dans les allées dallées du Via Bellagio, sous un lumineux plafond voûté, tout en étant bercé par des airs de musique classique. Le décor faste et opulent des lieux s'inspire d'une villa italienne du XIXe siècle. On y trouve des boutiques de mode haut de gamme telles que Giorgio Armani, Tiffany, Chanel, Gucci, Prada et Hermes.

Curiosités

The Attic
1018 Main St. S.
☎702-388-4088
Les amateurs de fripes en auront plein les yeux dans cette boutique située dans un coin glauque du centre-ville de Vegas. Attention cependant, car les prix ne sont pas rétro.

M&M's World
Showcase Mall, 3785 Las Vegas Blvd. S.
☎702-736-7611
Si une envie de chocolat vous tenaille, pointez-vous dans le merveilleux monde des M&M, dédié bien entendu, aux célèbres bonbons qui portent ce nom. L'endroit mérite un détour, ne serait-ce que pour faire plaisir à vos gamins en les accompagnant à travers la visite explicative de la production de ces friandises.

The Magic Shop
Monte Carlo, 3770 Las Vegas Blvd S.
☎702-730-7777
Après avoir apprécié le spectacle de Lance Burton, certains d'entre vous voudront peut-être faire un saut à la boutique The Magic Shop pour se procurer le dernier truc de magie.

Showcase Slots and Antiques
4505 S. Industrial Rd., Suite B-110
☎702-740-5722
Vous n'achèterez probablement rien au Showcase Slots and Antiques, mais la visite mérite un détour si vous êtes un amateur de machines à sous anciennes. Si par chance vous avez les poches pleines, le personnel se fera

un plaisir de vous servir. Sachez toutefois que certains États américains interdisent les machines à sous.

Show-Off! Las Vegas Costumes
6400 S. Eastern, Suite 4, Park 2000
☎702-739-6995
Le Show-Off! Las Vegas Costumes est l'endroit tout choisi pour se déguiser en Elvis, en Batman, en Cléopâtre ou en Alice au pays des merveilles. Sur rendez-vous seulement.

Librairies

■ Généralistes

Barnes & Noble
3860 Maryland Pkwy.
☎702-734-2900
2191 N. Rainbow Blvd.
☎702-631-1775
Méga-librairie, Barnes & Noble propose une excellente variété de romans, de guides de voyage et de livres de photos, ainsi qu'un choix incomparable de bouquins en tous genres.

Borders
2323 S. Decatur Blvd., angle Sahara
☎702-258-0999
2901 N. Rainbow Blvd.
☎702-638-7866
Il serait surprenant que vous ne trouviez pas le bouquin qui vous intéresse chez Borders.

Reading Room
3930 Las Vegas Blvd. S.
☎702-632-9374
Une bonne adresse dans le cœur de l'action, avec une vaste sélection d'ouvrages généraux. Si vous êtes chanceux, peut-être aurez-vous l'occasion de visiter la librairie lors d'une séance de signatures.

■ Spécialisées

Gamblers Book Shop
630 11th St. S.
☎702-382-7555
Les joueurs compulsifs ou en devenir se pointent au Gamblers Book Store, qui propose un excellent choix de livres traitant des plaisirs du jeu… et de la ville qui lui est dédié.

Alternate Reality Comics
4800 S. Maryland Pkwy.
☎702-736-3673
Alternate Reality Comics possède un bon choix de bandes dessinées classiques ou contemporaines.

Get Booked
4643 Paradise Rd.
☎702-737-7780
Get Booked garnit ses étagères d'une bonne sélection de littérature gay et lesbienne. On y vend également des DVD.

■ **D'occasion**

Albion Book Company
2466 Desert Inn Rd. E.
☎702-792-9554
La meilleure boutique de livres de seconde main à Las Vegas.

Musique

Big B's
4761 Maryland Pkwy. S.
☎702-732-4433
Situé dans le quartier universitaire, Big B's propose une bonne sélection de CD et DVD neufs ou d'occasion.

Tower Record at WOW
4580 Sahara Ave. W.
☎702-364-2500
Si vous brûlez d'envie de vous offrir quelques CD, voici une adresse à retenir, moins dispendieuse que les commerces du *Strip*.

Souvenirs

Bonanza Gift
2440 Las Vegas Blvd. S.
☎702-385-7359
Tout ce dont vous pouvez rêver de rapporter à la maison comme souvenir… à moins que vous ne vous perdiez dans l'immensité du magasin.

Gamblers General Store
800 Main St. S.
☎702-382-9903
Les mordus seront ravis: le Gamblers General Store vend des accessoires pour le jeu, des machines à sous aux tables de black-jack.

Lost Vegas Historic Gambling Museum Store
450 Fremont St. E.
☎702-385-1883
Un peu ancien et un peu kitsch, mais dans la plus pure tradition des souvenirs «végasiens».

Références

Index

Les numéros de page en gras renvoient à des cartes.

S

T

V

X

Liste des cartes

Liste des encadrés

Lexique français-anglais

Salut!	*Hi!*
Comment ça va?	*How are you?*
Ça va bien	*I'm fine*
Bonjour	*Hello*
Bonsoir	*Good evening/night*
Bonjour, au revoir, à la prochaine	*Goodbye, See you later*
Oui	*Yes*
Non	*No*
Peut-être	*Maybe*
S'il vous plaît	*Please*
Merci	*Thank you*
De rien, bienvenue	*You're welcome*
Excusez-moi	*Excuse me*
Je suis touriste	*I am a tourist*
Je suis Canadien(ne)	*I am Canadian*
Je suis Belge	*I am Belgian*
Je suis Français(e)	*I am French*
Je suis Suisse	*I am Swiss*
Je suis désolé(e), je ne parle pas l'anglais	*I am sorry, I don't speak English*
Parlez-vous le français?	*Do you speak French?*
Plus lentement, s'il vous plaît	*Slower, please*
Comment vous appelez-vous?	*What is your name?*
Je m'appelle...	*My name is...*
époux(se)	*spouse*
frère, sœur	*brother, sister*
ami(e)	*friend*
garçon	*son, boy*
fille	*daughter, girl*
père	*father*
mère	*mother*
célibataire	*single*
marié(e)	*married*
divorcé(e)	*divorced*
veuf(ve)	*widower/widow*

■ Directions

Est ce qu'il y a un bureau de tourisme près d'ici?	*Is there a tourist office near here?*
Il n'y a pas de..., nous n'avons pas de	*There is no..., we have no...*

Où est le/la ...? *Where is...?*
à côté de *beside*
à l'extérieur *outside*
à l'intérieur *into, inside, in, into, inside*
derrière *behind*
devant *in front of*
entre *between*
ici *here*
là, là-bas *there, over there*
loin de *far from*
près de *near*
sur la droite *to the right*
sur la gauche *to the left*
tout droit *straight ahead*

■ Pour s'y retrouver sans mal

aéroport *airport*
à l'heure *on time*
aller-retour *return ticket, return trip*
aller simple *one way ticket, one way trip*
annulé *cancelled*
arrêt d'autobus *bus stop*
L'arrêt, s'il vous plaît *The bus stop, please*
arrivée *arrival*
autobus *bus*
autoroute *highway*
avenue *avenue*
avion *plane*
bagages *baggages*
bateau *boat*
bicyclette *bicycle*
bureau de tourisme *tourist office*
coin *corner*
départ *departure*
est *east*
gare *train station*
horaire *schedule*
immeuble *building*
nord *north*
ouest *west*
place *square*
pont *bridge*
quartier *neighbourhood*
rang *rural route*
rapide *fast*
en retard *late*

retour ..... *return*
route, chemin ..... *road*
rue ..... *street*
sécuritaire ..... *safe*
sentier ..... *path, trail*
sud ..... *south*
train ..... *train*
vélo ..... *bicycle*
voiture ..... *car*

La voiture

à louer ..... *for rent*
un arrêt ..... *a stop*
Arrêtez! ..... *Stop!*
attention ..... *danger, be careful*
autoroute ..... *highway*
défense de doubler ..... *no passing*
essence ..... *gas*
feu de circulation ..... *traffic light*
impasse ..... *no exit*
limitation de vitesse ..... *speed limit*
piétons ..... *pedestrians*
ralentir ..... *to slow down*
stationnement ..... *parking*
stationnement interdit ..... *no parking*
station-service ..... *service station, gas station*

L'argent

argent ..... *money*
banque ..... *bank*
caisse populaire ..... *credit union*
carte de crédit ..... *credit card*
change ..... *exchange*
chèques de voyage ..... *traveller's cheques*
Je n'ai pas d'argent ..... *I don't have any money*
L'addition, s'il vous plaît ..... *The bill please*
reçu ..... *receipt*

L'hébergement

ascenseur ..... *elevator*
auberge ..... *inn*
auberge de jeunesse ..... *youth hostel*
basse saison ..... *off season*
chambre ..... *bedroom*

climatisation ... *air conditioning*
déjeuner ... *breakfast*
eau chaude ... *hot water*
étage ... *floor (first, second...)*
gérant ... *manager, owner*
gîte touristique ... *bed and breakfast*
haute saison ... *high season*
hébergement ... *dwelling*
lit ... *bed*
logement ... *accommodation*
piscine ... *pool*
propriétaire ... *owner*
rez-de-chaussée ... *main floor*
salle de bain ... *bathroom*
toilettes ... *restroom*
ventilateur ... *fan*

■ Le magasinage

acheter ... *to buy*
appareil photo ... *camera*
argent ... *silver*
artisanat local ... *local crafts*
bijouterie ... *jewellery*
blouse ... *blouse*
blouson ... *jacket*
cadeaux ... *gifts*
cassettes ... *cassettes*
chapeau ... *hat*
chaussures ... *shoes*
C'est combien? ... *How much is this?*
chemise ... *shirt*
le/la client(e) ... *the customer*
cosmétiques ... *cosmetics*
coton ... *cotton*
crème solaire ... *sunscreen*
cuir ... *leather*
disques ... *records*
fermé(e) ... *closed*
J'ai besoin de... ... *I need...*
Je voudrais... ... *I would like...*
jeans ... *jeans*
journaux ... *newspapers*
jupe ... *skirt*
laine ... *wool*
lunettes ... *eyeglasses*
magasin ... *store*

magasin à rayons	*department store*
magazines	*magazines*
marché	*market*
montres	*watches*
or	*gold*
ouvert(e)	*open*
pantalon	*pants*
parfums	*perfumes*
pellicule	*film*
pierres précieuses	*precious stones*
piles	*batteries*
revues	*magazines*
sac	*handbag*
sandales	*sandals*
tissu	*fabric*
t-shirt	*T-shirt*
vendeur(se)	*salesperson*
vendre	*to sell*

■ Divers

bas(se)	*low*
beau	*beautiful*
beaucoup	*a lot*
bon	*good*
chaud	*hot*
cher	*expensive*
clair	*light*
court(e)	*short*
étroit(e)	*narrow*
foncé	*dark*
froid	*cold*
grand(e)	*big, tall*
gros(se)	*fat*
J'ai faim	*I am hungry*
J'ai soif	*I am thirsty*
Je suis malade	*I am ill*
joli (e)	*pretty*
laid(e)	*ugly*
large	*wide*
lentement	*slowly*
mauvais	*bad*
mince	*slim, skinny*
moins	*less*
ne pas toucher	*do not touch*
nouveau	*new*
Où?	*Where?*

pas cher .... *inexpensive*
petit(e) .... *small, short*
peu .... *a little*
pharmacie .... *pharmacy, drugstore*
plus .... *more*
quelque chose .... *something*
Qu'est-ce que c'est? .... *What is this?*
rien .... *nothing*
vieux .... *old*
vite .... *quickly*

■ La température

Il fait chaud .... *It is hot outside*
Il fait froid .... *It is cold outside*
nuages .... *clouds*
pluie .... *rain*
soleil .... *sun*

■ Le temps

année .... *year*
après-midi .... *afternoon*
aujourd'hui .... *today*
demain .... *tomorrow*
heure .... *hour*
hier .... *yesterday*
jamais .... *never*
jour .... *day*
maintenant .... *now*
matin .... *morning*
minute .... *minute*
mois .... *month*
janvier .... *January*
février .... *February*
mars .... *March*
avril .... *April*
mai .... *May*
juin .... *June*
juillet .... *July*
août .... *August*
septembre .... *September*
octobre .... *October*
novembre .... *November*
décembre .... *December*
nuit .... *night*
Quand? .... *When?*

Quelle heure est-il?	*What time is it?*
semaine	*week*
dimanche	*Sunday*
lundi	*Monday*
mardi	*Tuesday*
mercredi	*Wednesday*
jeudi	*Thursday*
vendredi	*Friday*
samedi	*Saturday*
soir	*evening*

■ Les communications

appel à frais virés (PCV)	*collect call*
appel outre-mer	*overseas call*
attendre la tonalité	*wait for the tone*
bottin téléphonique	*telephone book*
bureau de poste	*post office*
composer l'indicatif régional	*dial the area code*
enveloppe	*envelope*
fax (télécopieur)	*fax*
interurbain	*long distance call*
par avion	*air mail*
tarif	*rate*
télécopieur	*fax*
télégramme	*telegram*
timbres	*stamps*

■ Les activités

baignade	*swimming*
centre culturel	*cultural centre*
cinéma	*cinema*
équitation	*horseback riding*
faire du vélo	*cycling*
musée	*museum, gallery*
navigation de plaisance	*sailing, pleasure-boating*
pêche	*fishing*
plage	*beach*
planche à voile	*windsurfing*
plongée sous marine	*scuba diving*
plongée-tuba	*snorkelling*
se promener	*to walk around, to stroll*
randonnée pédestre	*hiking*
vélo tout-terrain (VTT)	*mountain bike*

■ Tourisme

atelier	*workshop*
barrage	*dam*
bassin	*basin*
batture	*sandbank*
belvédère	*lookout point*
canal	*canal*
chenal	*channel*
chute	*waterfall*
cimetière	*cemetery*
colline	*hill*
côte sud/nord	*south/north shore*
couvent	*convent*
douane	*customs house*
écluses	*locks*
école secondaire	*high school*
écuries	*stables*
église	*church*
faubourg	*neighbourhood, region*
fleuve	*river*
gare	*train station*
grange	*barn*
hôtel de ville	*town or city hall*
jardin	*garden*
lieu historique	*historic site*
maison	*house*
manoir	*manor*
marché	*market*
moulin	*mill*
moulin à vent	*windmill*
palais de justice	*court house*
péninsule	*peninsula*
phare	*lighthouse*
pont	*bridge*
porte	*door, archway, gate*
presqu'île	*peninsula*
réserve faunique	*wildlife reserve*
rivière	*river*
voie maritime	*seaway*

■ Gastronomie

agneau	*lamb*
beurre	*butter*
bœuf	*beef*
calmar	*squid*

chou	*cabbage*
crabe	*crab*
crevette	*shrimp*
dinde	*turkey*
eau	*water*
fromage	*cheese*
fruits	*fruits*
fruits de mer	*seafood*
homard	*lobster*
huître	*oyster*
jambon	*ham*
lait	*milk*
langouste	*scampi*
légumes	*vegetables*
maïs	*corn*
noix	*nut*
œuf	*egg*
pain	*bread*
palourde	*clam*
pétoncle	*scallop*
poisson	*fish*
pomme	*apple*
pomme de terre	*potato*
poulet	*chicken*
viande	*meat*

Les nombres

1	*one*
2	*two*
3	*three*
4	*four*
5	*five*
6	*six*
7	*seven*
8	*eight*
9	*nine*
10	*ten*
11	*eleven*
12	*twelve*
13	*thirteen*
14	*fourteen*
15	*fifteen*
16	*sixteen*
17	*seventeen*
18	*eighteen*
19	*nineteen*

20	*twenty*
21	*twenty-one*
22	*twenty-two*
23	*twenty-three*
24	*twenty-four*
25	*twenty-five*
26	*twenty-six*
27	*twenty-seven*
28	*twenty-eight*
29	*twenty-nine*
30	*thirty*
31	*thirty-one*
32	*thiry-two*
40	*fourty*
50	*fifty*
60	*sixty*
70	*seventy*
80	*eighty*
90	*ninety*
100	*one hundred*
200	*two hundred*
500	*five hundred*
1 000	*one thousand*
10 000	*ten thousand*

Tous les guides Ulysse

Comprendre

Comprendre la Chine	16,95 $	14,00 €
Comprendre le Japon	16,95 $	14,00 €

Fabuleux

Fabuleuses Maritimes - Vivez la passion de l'Acadie	29,95 $	24,99 €
Fabuleux Ouest canadien	29,95 $	23,99 €
Fabuleux Québec	29,95 $	22,99 €

Guides de conversation Ulysse

L'Allemand pour mieux voyager	9,95 $	6,99 €
L'Anglais pour mieux voyager en Amérique	9,95 $	6,99 €
L'Anglais pour mieux voyager en Grande-Bretagne	9,95 $	6,99 €
Le Brésilien pour mieux voyager	9,95 $	6,99 €
L'Espagnol pour mieux voyager en Amérique latine	9,95 $	6,99 €
L'Espagnol pour mieux voyager en Espagne	9,95 $	6,99 €
L'Italien pour mieux voyager	9,95 $	6,99 €
Le Portugais pour mieux voyager	9,95 $	6,99 €
Le Québécois pour mieux voyager	9,95 $	6,99 €

Guides de voyage Ulysse

Arizona et Grand Canyon	29,95 $	23,99 €
Bahamas	29,95 $	24,99 €
Boston	19,95 $	17,99 €
Canada	34,95 $	27,99 €
Cancún et la Riviera Maya	24,95 $	19,99 €
Chicago	24,95 $	19,99 €
Chili	34,95 $	24,99 €
Costa Rica	29,95 $	22,99 €
Cuba	29,95 $	22,99 €
Disney World	19,95 $	19,99 €
Équateur - Îles Galapagos	29,95 $	23,99 €
Floride	27,95 $	22,99 €
Gaspésie, Bas-Saint-Laurent, Îles de la Madeleine	24,95 $	19,99 €
Guadeloupe	27,95 $	19,99 €
Guatemala	34,95 $	24,99 €
Haïti	24,95 $	22,99 €
Hawaii	34,95 $	27,99 €
Honduras	27,95 $	23,99 €
La Havane	17,95 $	14,99 €
Las Vegas	19,95 $	19,99 €
Martinique	27,95 $	19,99 €
Miami	24,95 $	19,99 €
Montréal	24,95 $	19,99 €
New York	24,95 $	19,99 €
Nicaragua	29,95 $	24,99 €
Ontario	29,95 $	22,99 €
Ouest canadien	32,95 $	24,99 €
Panamá	29,95 $	22,99 €

Pérou	29,95 $	22,99 €
Portugal	19,95 $	19,99 €
Provence - Côte d'Azur	19,95 $	19,99 €
Provinces atlantiques du Canada	24,95 $	22,99 €
Le Québec	29,95 $	22,99 €
Québec et Ontario	29,95 $	19,99 €
Ville de Québec	22,95 $	19,99 €
République dominicaine	24,95 $	22,99 €
Sainte-Lucie	17,95 $	14,99 €
Saint-Martin, Saint-Barthélemy	19,95 $	17,99 €
San Francisco	24,95 $	19,99 €
Sud-Ouest américain	37,95 $	24,99 €
Toronto	24,95 $	19,99 €
Vancouver, Victoria et Whistler	19,95 $	19,99 €
Washington, D.C.	24,95 $	19,99 €

Journaux de voyage Ulysse

Journal de ma croisière	14,95 $	14,99 €
Journal de voyage Amérique centrale et Mexique	17,95 $	17,99 €
Journal de voyage Europe	17,95 $	17,99 €
Journal de voyage Prestige	17,95 $	17,99 €
Journal de voyage Ulysse: l'Écrit	12,95 $	12,95 €
Journal de voyage Ulysse: l'Empreinte	12,95 $	12,95 €
Journal de voyage Ulysse: la Feuille de palmier	12,95 $	12,95 €
Le Grand journal de voyage	14,95 $	14,95 €

Ulysse Espaces verts

Balades à vélo dans le sud du Québec	24,95 $	22,99 €
Camping au Québec	24,95 $	19,99 €
Cyclotourisme au Québec	24,95 $	22,99 €
Le Québec cyclable	19,95 $	19,99 €
Randonnée pédestre au Québec	24,95 $	19,99 €
Randonnée pédestre dans les Rocheuses canadiennes	22,95 $	19,99 €
Randonnée pédestre Montréal et environs	19,95 $	19,99 €
Randonnée pédestre nord-est des États-Unis	24,95 $	19,99 €
Le Sentier transcanadien au Québec	24,95 $	22,99 €
Ski alpin au Québec	24,95 $	22,99 €
Ski de fond et raquette au Québec	24,95 $	22,99 €

Ulysse hors collection

Balades et circuits enchanteurs au Québec	14,95 $	13,99 €
Croisières dans les Caraïbes	29,95 $	23,99 €
Délices et séjours de charme au Québec	14,95 $	14,99 €
Dictionnaire touristique Ulysse le Globe-Rêveur	39,95 $	29,99 €
Escapades et douces flâneries au Québec	14,95 $	13,99 €
Gîtes et Auberges du Passant au Québec 2007	24,95 $	19,99 €
Les plus belles escapades à Montréal et ses environs	24,95 $	19,99 €
Le Québec à moto	24,95 $	22,99 €
Le Québec accessible	19,95 $	17,99 €
Le tour du monde en 250 questions	9,95 $	9,99 €
Voyager avec des enfants	24,95 $	19,99 €

Titres	Quantité	Prix	Total

Nom:	Total partiel	
	Port	4,85$CA/4,00 €
Adresse:	Au Canada, TPS	
	Total	
Courriel:		

Paiement : ☐ Chèque ☐ Visa ☐ MasterCard

N° de carte ____________________ Expiration ______________

Signature ______________________________________

Pour commander, envoyez votre bon à l'un de nos bureaux, en France ou au Canada (voir les adresses à la page suivante), ou consultez notre site: **www.guidesulysse.com**.

Nos coordonnées

Nos bureaux

Canada: Guides de voyage Ulysse, 4176, rue Saint-Denis, Montréal (Québec) H2W 2M5, ☎514-843-9447, fax: 514-843-9448, info@ulysse.ca, www.guidesulysse.com

Europe: Guides de voyage Ulysse SARL, 127, rue Amelot, 75011 Paris, France, ☎01 43 38 89 50, voyage@ulysse.ca, www.guidesulysse.com

Nos distributeurs

Canada: Guides de voyage Ulysse, 4176, rue Saint-Denis, Montréal (Québec) H2W 2M5, ☎514-843-9882, poste 2232, fax: 514-843-9448, info@ulysse.ca, www.guidesulysse.com

Belgique: Interforum Bénélux, 117, boulevard de l'Europe, 1301 Wavre, ☎010 42 03 30, fax: 010 42 03 52

France: Interforum, 3, allée de la Seine, 94854 Ivry-sur-Seine Cedex, ☎01 49 59 10 10, fax: 01 49 59 10 72

Suisse: Interforum Suisse, ☎(26) 460 80 60, fax: (26) 460 80 68

Pour tout autre pays, contactez les Guides de voyage Ulysse (Montréal).

Écrivez-nous

Tous les moyens possibles ont été pris pour que les renseignements contenus dans ce guide soient exacts au moment de mettre sous presse. Toutefois, des erreurs peuvent toujours se glisser, des omissions sont toujours possibles, des adresses peuvent disparaître, etc.; la responsabilité de l'éditeur ou des auteurs ne pourrait s'engager en cas de perte ou de dommage qui serait causé par une erreur ou une omission.

Nous apprécions au plus haut point vos commentaires, précisions et suggestions, qui permettent l'amélioration constante de nos publications. Il nous fera plaisir d'offrir un de nos guides aux auteurs des meilleures contributions. Écrivez-nous à l'une des adresses suivantes, et indiquez le titre qu'il vous plairait de recevoir.

Guides de voyage Ulysse
4176, rue Saint-Denis
Montréal (Québec)
Canada H2W 2M5
www.guidesulysse.com
texte@ulysse.ca

Les Guides de voyage Ulysse, SARL
127, rue Amelot
75011 Paris
France
www.guidesulysse.com
voyage@ulysse.ca

Notes

Tableau des distances

Distances en kilomètres et en milles

Exemple: la distance entre Las Vegas et Toronto est de 3 669 km / 2 265 mi.

1 mille = 1,62 kilomètre
1 kilomètre = 0,62 mille

	Denver (CO)	Las Vegas (NV)	Los Angeles (CA)	Montréal (QC)	New York (NY)	Phoenix (AZ)	Portland (OR)	Reno (NV)	Sacramento (CA)	Salt Lake City (UT)	San Diego (CA)	San Francisco (CA)	Santa Fe (NM)	Tijuana (MX)	Toronto (ON)
Las Vegas (NV)	1212 / 748														
Los Angeles (CA)	1654 / 1021	444 / 274													
Montréal (QC)	2978 / 1838	4191 / 2587	4640 / 2864												
New York (NY)	2932 / 1810	4147 / 2560	4578 / 2826	617 / 380											
Phoenix (AZ)	1324 / 817	478 / 295	616 / 380	4238 / 2616	4029 / 2487										
Portland (OR)	2006 / 1238	1654 / 1021	1583 / 977	4784 / 2953	4737 / 2924	2184 / 1348									
Reno (NV)	1678 / 1036	721 / 445	770 / 475	4463 / 2755	4411 / 2723	1194 / 737	941 / 581								
Sacramento (CA)	1906 / 1182	891 / 552	627 / 389	4655 / 2886	4568 / 2832	1213 / 752	941 / 583	219 / 137							
Salt Lake City (UT)	833 / 514	676 / 417	1116 / 689	3617 / 2233	3567 / 2202	1064 / 657	1231 / 760	849 / 524	1059 / 657						
San Diego (CA)	1759 / 1086	554 / 336	206 / 127	4739 / 2925	4597 / 2836	580 / 358	1771 / 1093	919 / 567	823 / 510	1215 / 750					
San Francisco (CA)	2033 / 1255	919 / 567	617 / 381	4818 / 2974	4776 / 2948	1234 / 762	1034 / 638	356 / 220	147 / 91	1204 / 743	812 / 501				
Santa Fe (NM)	619 / 384	1021 / 633	1377 / 854	3504 / 2172	3213 / 1992	843 / 523	2195 / 1360	1731 / 1073	1879 / 1165	977 / 606	1413 / 876	1856 / 1151			
Tijuana (MX)	1761 / 1092	558 / 346	223 / 138	4733 / 2934	4572 / 2835	587 / 364	1777 / 1102	1060 / 657	847 / 525	1228 / 762	29 / 18	834 / 517	1428 / 885		
Toronto (ON)	2448 / 1511	3669 / 2265	4108 / 2537	529 / 327	852 / 526	3705 / 2287	4262 / 2631	3930 / 2426	4125 / 2558	3089 / 1907	4202 / 2594	4296 / 2652	2936 / 1820	4195 / 2601	
Vancouver (CB)	2328 / 1437	2040 / 1259	2090 / 1290	4925 / 3040	4904 / 3027	2629 / 1623	514 / 317	1460 / 901	1447 / 897	1557 / 961	2289 / 1413	1411 / 871	2519 / 1572	2285 / 1416	4390 / 2710

Mesures et conversions

Mesures de capacité

1 gallon américain (gal) = 3,79 litres

Mesures de longueur

1 pied (pi) = 30 centimètres
1 mille (mi) = 1,6 kilomètre
1 pouce (po) = 2,5 centimètres

Mesures de superficie

1 acre = 0,4 hectare
10 pieds carrés (pi^2) = 1 mètre carré (m^2)

Poids

1 livre (lb) = 454 grammes

Température

Pour convertir des °F en °C: soustraire 32, puis diviser par 9 et multiplier par 5.

Pour convertir des °C en °F: multiplier par 9, puis diviser par 5 et ajouter 32.

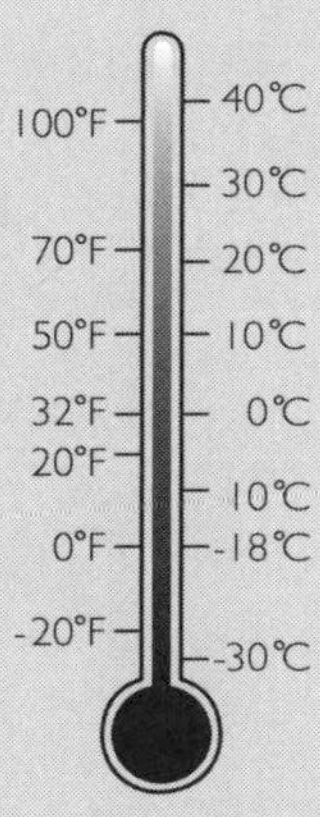

Légende des cartes

★	Attraits	✪	Capitale d'État
▲	Hébergement	⊛	Capitale provinciale ou régionale
●	Restaurants	–·–·–	Frontière internationale
	Mer, lac, rivière		Frontière provinciale ou régionale
	Forêt ou parc		Chemin de fer
	Place		Tunnel
			Route non pavée

Aéroport international — Bâtiment — Gare routière — Montagne

Barrage — Gare ferroviaire — Information touristique — Terrain de golf

Symboles utilisés dans ce guide

- @ Accès à Internet dans la chambre
- Accès aux personnes à mobilité réduite
- Air conditionné
- Animaux domestiques admis
- Baignoire à remous
- Casino
- Centre de conditionnement physique
- Coffret de sûreté
- Cuisinette
- Foyer
- Label Ulysse pour les qualités particulières d'un établissement
- # Moustiquaire
- Piscine
- Réfrigérateur
- Restaurant
- Sauna
- Spa
- P Stationnement
- Télécopieur
- Téléphone
- Ventilateur
- *pdj* Petit déjeuner inclus dans le prix de la chambre
- bc Salle de bain commune
- *tlj* Tous les jours

Classification des attraits touristiques

★★★	À ne pas manquer
★★	Vaut le détour
★	Intéressant

Classification de l'hébergement

L'échelle utilisée donne des indications de prix pour une chambre standard pour deux personnes, avant taxe, en vigueur durant la haute saison.

$	moins de 70$
$$	de 70$ à 100$
$$$	de 101$ à 130$
$$$$	plus de 130$

Classification des restaurants

L'échelle utilisée dans ce guide donne des indications de prix pour un repas complet pour une personne, avant les boissons, les taxes et le pourboire.

$	moins de 15$
$$	de 15$ à 30$
$$$	de 31$ à 60$
$$$$	plus de 60$

Tous les prix mentionnés dans ce guide sont en dollars américains.

Les sections pratiques aux bordures grises répertorient toutes les adresses utiles. Repérez ces pictogrammes pour mieux vous orienter:

Hébergement — Achats

Restaurants — Sorties